| 한국의 선거 60년사 |

김대중·노무현 정부 시기의 선거

5

지병근 저

마인드탭
MIND TAP

이 저서는 2011년 대한민국 교육부와 한국학중앙연구원(한국학진흥사업단)의 한국학총서사업(모던코리아 학술총서)의 지원을 받아 수행된 연구임
(AKS-2011-DAE-3102)

한국의 선거 60년사 ⑤

김대중·노무현 정부 시기의 선거

머리말

이 연구는 지난 1987년 이후 새롭게 등장한 한국의 민주주의 체제가 본격적으로 공고화된 시기라고 할 수 있는 김대중 정부와 노무현 정부 시기에 개최된 선거의 역사에 관한 것이다. 이 연구는 1997년 대선 이후 이명박 정부가 등장하기 전까지 개최되었던 제15대 대선(1997년)과 제16대 대선(2002년), 제16대 총선(2000년), 제17대 총선(2004년), 제2회 지방선거(1998년), 제3회 지방선거(2002년), 제4회 지방선거(2006년) 등 각 2회의 대선과 총선, 그리고 3회의 지방선거를 사례로 당시의 선거과정 및 선거결과에서 나타난 특징을 분석하였다.[1]

이 연구는 사회적 균열구조 및 선거제도와 함께 주요 행위자인 유권자들의 투표선택과 후보/정당의 선거운동전략을 모두 고려한 분석모델에 기초하여 각 선거가 진행되었던 과정을 각 선거의 시대적 배경, 선거제도, 선거행태, 선거사적 의의와 영향 등 네 가지 차원에서 분석하였다.

이 연구는 국내외 문헌들과 온라인에 공개된 다양한 질적 자료와 집합적/개인적 수준의 양적 자료들을 발굴하여 활용하였다. 주요한 질적 자료에는 선거관련 법안과 문헌, 각 정당의 당헌 및 강령, 선거관련 전문가들에 대한 인터뷰자료와 선거과정에서 중요한 역할을 담당했던 정치인들의 자서전 등이 포함된다. 여기서는 선거관련 법안과 문헌들 가운데 국회의 법률지식정보시스템(http://likms.assembly.go.kr/law/jsp/law/Main.jsp)을 통해 공개되고 있는 공직

1 노무현 정부시절에 개최된 제17대 대선(2007)은 후속연구인 '이명박 정부·박근혜 정부 시기의 선거'에서 다루어질 것이기에 이 연구에서는 이를 상세하게 다루지 않았으며, 김대중·노무현 시기에 개최된 재보궐선거와 마찬가지로 선거결과를 중심으로 개괄하는 데 한정하였다.

김대중 · 노무현 정부 시기의 선거 총괄

	1997	1998	2000	2002	2004	2006	2007
	경제위기		1차 남북정상회담		대통령 탄핵		2차 남북정상회담
대선	15대 (12.18) (김대중 당선)			16대 (12.19) (노무현 당선)			17대 (12.19) (이명박 당선)
총선			제16대 (4.13)		제17대 (4.15)		
지방선거		제2회 (6.4)		제3회 (6.13)		제4회 (5.31)	

선거법, 정당법, 선거관리위원회법 등과 중앙선거관리위원회의 홈페이지를 통해 제공되는 각종 규칙과 지침, 그리고 각 정당의 선거강령, "선거법 100배 활용하기"(중앙선거관리위원회 홈페이지, E-book), 대한민국 정당사 4/5집, 대한민국 선거사 4/5/6집, 5.31 지방선거 홍보자료집(지방/중앙)과 "선거관리위원회 50년사"(2013, 중앙선거관리위원회) 등이 주로 활용되었다. 그 외에도 각 선거의 역사적 맥락을 이해하고 주요 이슈들을 선별하기 위하여 최장집(2005), 이준한(2007), 이내영 외(2007), 서중석(2008), 이갑윤 · 이현우(2009), 지병문 외(2010) 등 여러 한국정치사와 선거연구서, 그리고 주요 저널에 게재된 선거관련 연구논문들을 활용하였다.

이 연구에 활용된 양적 자료로는 국회 및 중앙선거관리위원회를 비롯하여 동아시아연구원(EAI), 한국사회과학데이터센터(KSDC), 한국사회과학자료원(KOSSDA) 등 국내외 민관기관이 소장하고 있는 자료를 활용하였다. 후보자 및 당선자 정보, 선거구 단위 후보자 및 정당별 득표율에 관한 정보는 중앙선거관리위원회의 역대선거정보와 선거통계시스템(http://info.nec.go.kr)을 이용하였다. 그리고 여론조사자료로는 동아시아 연구원(www.eai.or.kr)의 패널조사자료(2006년 지방선거, 2007년 대선), 한국사회과학데이터센터(http://www.ksdc.re.kr)의 총선 및 대선 후 여론조사자료, 한국종합사회조사(2003~08) 등의 자료를 활용하였다. 그 외에도, 비록 본 연구의 영역을 벗어나지만, 제17대 대통령선거 투표율분석/유권자의식조사/선거총람, 제18대 국회의원선거 당선자/정당정책 공약모음집, 제18대 국회의원선거 투표율분석/유권자의식조사/선거총람, 제19대 국회의원선거 투표율분석/유권자의식조사 등의 자료들 또한 추세분석과정에서 일부 활용하였다.

이 연구는 김대중·노무현 정부 시기의 선거를 경험하지 못한 중고등학생이나 대학생, 그리고 선거에 대한 사전지식이 많지 않은 일반인들도 쉽게 이해할 수 있도록 각 선거과정의 배경과 당시에 부상했던 주요한 사건들을 비교적 상세히 설명하고자 하였다. 하지만, 이 연구는 상당수의 선거사 관련서적들처럼 단순히 선거 전후의 사건을 연대기 순으로 기술하는 데 그치지 않고 선거개최 당시 논란이 되었던 다양한 정치적 쟁점들 가운데 중요이슈들을 선별하고 이들에 대한 해설을 글상자를 통해 제시하였다(글상자 목록 참조). 아울러, 이 연구는 독자가 저자의 시각을 수동적으로 수용하기보다 주도적으로 상상하고 재구성할 수 있도록 원자료를 정리하여 각종 표, 그림 및 사진 등을 통해 제시하였다.

이 책이 주목하는 시기에 등장한 김대중·노무현 정부는 1997년 발생했던 금융위기를 극복하는 것은 물론, 1987년 6월 항쟁을 통해 쟁취한 민주주의를 더욱 심화·발전시키고, 북한의 핵개발로 악화된 남북한 간의 긴장을 완화시켜야 한다는 시대적 요구를 안고 있었다. 물론 이러한 기대에 충분히 부응하지는 못하였지만, 최소한 이들의 노력으로 한국경제가 심각한 파국의 위기를 벗어날 수 있었고, 두 차례의 남북정상회담을 통해 남북한 간의 신뢰관계가 상당히 회복되었다고 할 수 있다. 하지만, 김대중·노무현 정부하에서 추진된 각종 신자유주의적 개혁으로 인해 한국사회는 사회적 양극화가 가속화되는 가운데 민주화 이후 지속되어온 지역갈등 외에도 이념갈등과 세대갈등, 그리고 계층갈등과 같은 새로운 사회적 갈등을 경험하게 되었다.[2]

선거정치의 측면에서 이 시기에 한국은 평화적인 정권교체와 선거결과에 대한 패자의 승복을 당연시하는 정치문화를 정착시킴으로써 민주주의를 공고화시킬 수 있었다고 할 수 있다. 아울러, 민주화 이후 처음으로 비례대표제를 도입

2 이 시기를 일부 보수진영 측에서는 "잃어버린 10년"이라고 폄하하기도 한다. 이에 대하여, 진보진영 측에서는 2007년 한나라당의 재집권 이후 사회적 양극화 현상이 더욱 심화되었고, 남북 간의 긴장이 극단적으로 악화되었으며, 무리한 4대강 사업을 추진하면서 국토가 훼손되고, 국가정보원이 제18대 대선에 개입하는 등 민주주의의 핵심적 가치마저 위협받게 되었다고 주장한다.

한 2004년 총선을 통해 진보정당의 원내진입이 가능해졌을 뿐만 아니라 각종 정치관계법의 지속적인 개정을 통하여 선거공영제를 포함한 선거제도의 개선이 비교적 성공적으로 이루어졌다. 유권자들의 투표행태에서도 지역주의적 투표가 약화되고 정책, 이념, 계급 등에 기초한 다양한 투표결정이 나타나게 되었다. 그리고 이러한 변화를 통해 한국에서도 선거가 민주적 책임성(democratic accountability)을 강화하는 기제로서 제 기능을 발휘할 가능성을 어느 정도 갖추게 되었다고 할 수 있다.

하지만, 이러한 성과에도 불구하고, 이 시기는 주요정당에게 유리한 상당수의 선거제도들이 거의 그대로 존속되거나 오히려 강화됨으로써 군소정당이 이들과 공정한 선거경쟁을 수행하기 어려웠으며, 여성이나 노동부문의 정치적 대표성이 매우 제한적으로만 성장할 수 있었다. 정당공천의 민주화를 위해 도입된 국민참여경선은 흥행을 위한 여론조사경선으로 전락하였으며, 투표율이 하락하고 낙선운동을 포함한 시민들의 참여 또한 크게 제약을 받았다. 아울러, 민주화 이후 한국정치를 지배해온 지역주의적 선거행태가 지속되었으며, 공정한 선거경쟁을 위협하는 다양한 형태의 불법선거운동이 사라지지 않았다.

이 책의 출간은 한국학중앙연구원 한국학진흥사업단의 연구비 지원을 통해 이루어진 것이다. “근현대 한국 사회를 연구하고 이해하는 데 필요한 한국학 관련 자료를 생성, 축적함으로써 향후 현대 한국학 발전에 기여”하고자 추진되었던 한국학총서 발간사업에 참여할 수 있도록 배려해주신 동 사업단 관계자분들께 깊은 감사의 인사를 전한다. 아울러, ‘한국의 선거’ 총서 발간을 위한 공동연구를 이끌어주신 신두철 교수님을 비롯하여 김욱 교수님, 서복경 교수님, 엄기홍 교수님, 그리고 조예진 간사에게 그동안의 노고에 깊은 사의를 표한다. 여러모로 부족하지만, 이 연구가 김대중·노무현 정부 시기의 한국선거사를 종합적으로 이해하고 선거정치의 발전방안을 모색하는 데 조금이나마 일조할 수 있기를 기대해본다.

지병근

차 례

제1부 김대중 정부 시기의 선거

제2부 노무현 정부 시기의 선거

제 1 부 김대중 정부 시기의 선거

INTRODUCTION

서 론

김대중 정부는 1997년 제15대 대선을 통해 등장하였으며, 이 시기에는 1998년 제2회 지방선거(6.4), 2000년 제16대 총선(4.13), 2002년 제3회 지방선거(6.13)가 개최되었다. 1997년 개최된 제15대 대통령 선거는 한국 선거사에서 가장 주목을 받은 선거들 가운데 하나였다. 이는 무엇보다 민주화 이후 한국정치를 지배해왔던 '3김시대'의 주역가운데 하나였던 김대중이 대선경쟁 '4수'(1971년 제7대, 1987년 제13대, 1992년 제14대, 1997년 제15대 대선) 끝에 당선된 선거였으며, 처음으로 야당에 의한 '평화적인 권력교체'를 통해 민주주의체제를 공고화시킬 수 있는 결정적 계기를 마련하였기 때문이다(부록 1 참조).

1998년 제2회 지방선거는 제15대 대선에 이어 국민회의－자민련이 선거연합을 통해 한나라당과 경쟁하였으며, 서울, 경기, 인천 등 수도권과 호남, 그리고 충청지역의 광역단체장(시도지사) 선거에서 모두 승리하는 등 '국민의 정부'가 안착할 수 있는 정치적 기반을 조성하였다. 2000년 제16대 총선에서도 국민회의는 자민련과의 공조를 통해 수도권에서 압승하는 등 상당한 성과를 거두었다. 한나라당 또한 무소속 정몽준 의원이 당선된 울산을 제외한 영남지역의 모든 선거구에서 당선자를 배출함으로써 영남을 대표하는 정당으로서의 위세를 다시금 과시할 수 있게 되었다. 김대중 정부 말기에 개최된 2002년 제3회 지방선거는 집권여당과 김대중 정부의 각종 비리가 불거져 나오면서 한나라당의 압승으로 종결되었다.

이 시기에는 방송을 이용한 선거운동을 활성화하고 정치자금의 투명성을 제고하기 위한 선거법 개정이 이루어졌으며, 정당 및 유권자들의 선거행태 차원에서도 상당한 변화가 나타났다. 과거와 같은 대규모 군중동원을 통한 선거운동이 사라지고, 주요 후보자들이 참여하는 TV 토론이 유권자들로부터 많은 주목을 받게 되었으며, 금권선거의 관행이 크게 줄어들었다. 한나라당, 국민회의/새천년민주당, 자민련에 대한 영호남과 충청지역 유권자들의 편향적인 지지가 지속되었지만, 지역마다 상이한 양상을 보이게 되었다. 호남지역 유권자들의 정당편향성은 1997년 대선에서 정점에 달하였다가 그 이후에는 어느 정도 완화된 반면, 영남지역 유권자들의 경우에는 오히려 강화되었다. 충청지역의 경우에는 이 지역에 대한 한나라당과 국민회의의 영향력이 점차 커지면서 자민련에 대한 유권자들의 정당편향성 또한 상당히 완화되었다.

CHAPTER 01 1997년 금융위기와 제15대 대통령선거: 경제와 정치의 연계 그리고 정치연합

제1절 선거의 배경

제15대 대선에서 김대중의 당선은 1997년 초반만 하더라도 쉽게 예상할 수 없었던 것이었다. 이회창은 각종 여론조사에서 김대중의 지지율을 앞서고 있었으며, 당선을 거의 기정사실화하고 있었다. 이회창(1935~, 충남예산)은 대법관, 중앙선거관리위원장(1988.7~1989.10), 감사원장(1993.2~12), 국무총리(1993.12~1994.4) 등의 다양한 공직경력을 통해 청렴한 "대쪽" 이미지를 구축하고 있었을 뿐만 아니라 1996년 신한국당(1995.12.6~1997.11.21)에 영입된 이후에는 대표최고위원(1997.3)을 역임하며 국민적 신망이 높은 정치인으로서의 성장하고 있었다.

반면, 김대중(1924~2009, 전남신안)은 1995년 새정치국민회의를 창당(1995.9.5~2000. 1.20)하면서 1992년 대선 패배 직후의 은퇴선언을 번복한 것과 야권분열을 초래한 데 대한 국민들의 비판적 목소리가 수그러들지 않으면서 제15대 대선에서도 상당한 고전이 불가피할 것으로 예측되고 있었다.[1] 1996년 제15대 총선

1 김대중은 1995년 제1회 전국동시지방선거(6.27) 직후인 7월 18일 정계복귀를 선언하고, 새정치 국민회의를 창당하였다. 이 과정에서 민주당 의원들 가운데 다수(65석/95석)가 탈당하여 국민회의창당에 합류하였으며, 김대중은 지난 1987년 대선에 이어서 개인적인 정권욕 때문에 또다시 야권분열을 야기하였다는 비판을 피할 수 없었다. 새정치국민회의의 창당과정에 대해서는 장성민(2011a)을 참조할 것. 장성민(2011a)에 따르면, 국민회의 출범 당시 중앙일보가 실시한 여론조사에서 김대중의 정계복귀와 창당을 반대하는 이들의 비율이

(2006.4.11)에서 신한국당이 139석을, 자민련은 50석을 차지한 데 반하여 그가 정계복귀를 선언하고 민주당을 탈당한 의원들을 중심으로 창당한 새정치국민회의는 79석을 차지하는 데 그쳤다(중앙선거관리위원회 역대선거정보).[2] 당시의 선거결과는 총선 직전인 1995년에 개최된 제1회 지방선거에서 민주당이 서울시장에 조순을 당선시키는 등 상당한 정치적 성과를 얻었던 것에 비추어 볼 때 야권분열에 의한 패배였으며 김대중과 국민회의가 그 책임에서 결코 자유롭지 않다는 평가를 받았다.[3]

제2절 후보공천

국민회의는 1997년 3월 17일 간부회의를 통해 5월 19일 잠실올림픽체조경기장에서 대선후보와 총재를 선출하기로 결정하였다(한국경제신문 1997.3.18). 이

응답자들 가운데 70%가 넘었다.

2 제15대 총선(2의 지역구 선거결과만 보면 총 153석 가운데 신한국당은 121석, 국민회의는 66석, 자민련은 41석, 통합민주당은 9석, 무소속은 16석을 차지하였다. 하지만, 4.11 총선 직후 신한국당은 당선자 영입을 통해 제15대 국회를 '여대야소'로 재편하였다(중앙선거관리위원회 2009, 311). 국민회의 창당이후 통합민주당은 '꼬마민주당'으로 전락하였으며, 새로 영입한 조순대표를 중심으로 재편되었다가, 1997년 이회창의 신한국당(1995.12.6~1997.11. 21)과 함께 한나라당으로 통합되었다.

3 민자당에 합류하지 않았던 통일민주당(1987.5.1~1990.1.22) 잔류세력인 소위 '꼬마민주당(1990.6.18~1991.9.16)'은 신민주연합당(1991.4.15~, 평민당 후신)과 합당하여 민주당(1991.9.16)을 창당하였다. 하지만 1995년 제1회 지방선거 이후 김대중은 이기택이 당대표였던 민주당을 버리고 새정치국민회의(1995.9.5~2000.1.20)를 창당하였다. 그 후 김원기, 제정구, 노무현, 유인태, 원혜영 등 민주당 잔류파는 개혁신당과 합당하여 통합민주당(1995.12.21~1997.11.24; 1996년 6월 13일 민주당으로 개명)을 창당하였다. 1996년 4.12 총선에서 통합민주당은 15석을 차지하는데 그쳤다. 그 후, 대통령 후보 및 당대표로 통합민주당에 영입된 조순이 제14대 대선을 앞둔 1997년 11월 신한국당과 합당을 결정하였다. 그 당시에 양당의 합당에 반발하여 새정치국민회의에 입당한 인물들 가운데 대표적인 인물이 노무현이다. 그는 통일민주당, 꼬마민주당, 통합민주당 등에 속해 있다가 국민회의에 입당하였다. 그 당시에 신한국당에 입당했던 통합민주당 소속 정치인들 가운데 이부영과 김부겸 등은 2003년 7월 한나라당을 탈당하여 동년 10월에 창당한 열린우리당에 합류한다. 한편, 김원웅은 이들에 앞서 한나라당을 탈당하여 개혁국민정당(개혁당)에 합류하였다. 다른 한편, 조순은 2000년 총선을 앞두고 공천을 받지 못한 중진의원들과 함께 한나라당을 탈당하여 민주국민당을 창당하였지만, 참패하고 정계은퇴를 선언하였다.

날은 5년 전인 1992년 민자당 전당대회에서 반YS 후보로 출마한 이종찬이 불공정경선을 이유로 불참한 가운데 김영삼이 민자당의 대선후보로 선출된 날이었다. 4,360명의 대의원이 참여한 당일 전당대회에서 대선후보와 총재경선이 함께 실시되었는데, 김대중은 대선후보 경선에서는 4,157표의 유효표 가운데 3,223표(78%), 당총재 경선에서는 3,057표(73.5%)를 얻어 각각 대선후보경선과 당대표경선에 출마한 정대철(907표)과 김상현(1072표)을 물리치고 내각제로의 당론변경과 자민련과의 후보 단일화에 관한 협상전권을 위임받았다(장성민 2011; MBC News 1997.5.19).

국민회의의 대선후보로 김대중이 선출될 것이라는 점은 대선후보경선 이전부터 이미 기정사실로 널리 받아들여지고 있었다. 그럼에도 불구하고, 그의 경쟁상대였던 정대철은 "국민의 꿈은 정권교체입니다. 시대의 명령은 새 인물입니다", "김대중 총재를 민족의 지도자로, 정대철을 정권교체의 기수로"라는 구호로 김대중에 대한 열혈 지지층을 자극하지 않으면서도 그가 대선후보로 나설 경우 정권교체를 하기는 힘들 것이라는 점을 강조하며 경선에 참여하였다(김성호 1997).[4] 비록 국민회의의 당론으로 받아들이지는 않았지만, 정대철은 미국의 예비경선제도와 같은 "국민경선제"의 도입을 추진하였으며, 당총재 경선에 출마한 김상현 지도위 의장과 조순승 의원 등 당내 일부인사들로부터 지원을 받았다. 그는 1970년 대선후보경선과정에서 김대중이 김영삼을 물리치고 대선후보로 선출된 소위 '김대중 신화'가 '정대철 신화'로 바뀌어야 하며, 1971년 대선 당시 그의 부친 정일형이 김대중의 공동선거대책본부장을 역임했으며 이제 그 보답을 해야할 차례라는 점을 강조하였다(김성호 1997). 하지만 이러한 노력에도 불구하고 대선후보경선은 예상했던 것처럼 김대중의 압승으로 종결되었다.

---

4 정대철(1944~)은 한민당의 창당멤버이자 민주당 신파로 제2공화국 시기 외무부장관을 역임했던 부친 정일형과 여성변호사로서 호주제 폐지운동에 앞장섰던 이태영의 장남이다. 정일형은 3·4공화국시기 신민당을 대표하는 정치인들 가운데 하나였다. 그는 김대중의 정치적 후원자의 하나였으며, 1976년 9월 개최된 신민당의 대표최고위원 선거에 출마하였다가 2차투표에서 이철승 지지를 선언함으로써 전임총재였던 김영삼이 낙선하기도 하였다. 정대철은 1977년 종로구 보궐선거에 출마해 당선된 이후 1979년 제10대 총선, 1988년 제13대 총선, 1992년 제14대 총선에서 서울 중구에 출마해 당선된 4선의원이었다. 그의 아들 정호준은 제19대 총선에서 중구에 출마하여 국회의원에 당선되었다.

신한국당은 국민회의보다 두 달 가량 늦은 1997년 7월 21일 전당대회를 통해 이회창을 대통령 후보로 선출하였다. 전당대회를 앞두고 이회창은 다른 경쟁자들로부터 당대표직을 사퇴해야한다는 압력을 지속적으로 받았다. 하지만 이러한 요구를 묵살하던 그가 전당대회에 거의 임박한 7월 1일에야 마지못해 당대표직을 사임하였으며, 신한국당은 이만섭 대행체제를 구성하여 전당대회를 개최하게 되었다.[5] 당시 신한국당의 대통령 후보경선에는 소위 '9룡'이 출사표를 던졌다. 하지만, 이들 가운데 최형우, 이홍구, 박찬종 등이 중도에 포기하였고, 이회창을 비롯하여 김덕룡, 이수성, 이인제, 이한동, 최병렬 등 6명만이 끝까지 후보경선에 참여하였다. 경선결과 1차 투표에서 이한동(1,766표, 14.66%), 김덕룡(1,673표, 13.9%), 이수성(1,645표, 13.7%), 최병렬(236표, 2.0%)이 탈락하고, 4,955표(41. 1 %, 유효표 1만 2천 49표)를 얻은 이회창과 1,774표(14.72%)를 얻은 이인제가 결선에 진출하였다.[6] 결선에서는 이회창이 6,922표(59.6%, 유효표 1만 1천 5백 44표)를 얻어 4,622표(39.8%)를 얻는데 그친 이인제를 물리치고 신한국당의 대통령후보로 선출되었다(중앙선거관리위원회 2009, 340~341).

---

5 대통령 후보경선을 앞두고 신한국당에서는 이회창의 당대표직 사퇴압력이 제기되며 심각한 내분이 발생하였다. 이회창 신한국당 총재와의 5월 6일 주례회동에서 김영삼은 "당내에 분파적 행동으로 비치는 행위나 단합과 결속을 저해하는 언동이 있어서는 안 된다. 지금 당의 우선과제는 모두 결속해 조속한 시일 내에 고비용정치구조개선 등 정치개혁을 이루는 데에 당력을 집중하는 것이며 이를 위해 이(회창) 대표를 중심으로 단합하라. 당내 경선과 관련해 (이회창 대표의) 대표직 사퇴 운운하는 것은 당의 단합과 발전에 전혀 도움이 되지 않는 것으로 각별히 자제해야 할 것이다."라며 당내 분란을 잠재우려고 하였다(출처: 『동아일보』 2면, 1997.5, 김영삼 민주센터에서 재인용). 이회창은 조기사퇴의 압력에도 불구하고 당대표로서의 기득권을 포기하지 않고 있다가 7월 1일에야 사임하였다.

6 비교적 당내파 후보들에 비해서 지구당에 대한 장악력이 약했던 외부영입후보들, 즉 이회창, 이인제, 박찬종 등은 경선에 참여할 대의원의 규모를 확대할 것을 요구하였으며, 결국 현행 5천명 이내의 대의원 수를 2.5배 가까이 늘린 12,610명(당연직 2,128명, 당무회의 선출 5백명, 중앙상무위 6백명, 지방당 9,380명)으로 확대하였다. 이에 대해서는 '후광 김대중 마을'(http://cluster1.cafe. daum.net)

제 3 절 선거제도: 방송을 이용한 선거운동의 활성화와 선거비용의 투명성 제고

제15대 대선을 앞두고 여야는 1997년 10월 31일 '공직선거 및 선거부정방지법'(1994년 제정)을 개정하여 선거제도를 정비하였다(중앙선거관리위원회 2009, 332~335). 당시의 선거법 개정은 1997년 1월말에 발생한 한보사태 이후 정경유착에 대한 국민여론의 우려를 반영하여 "고비용 정치구조의 개혁을 위해 선거운동의 규모나 횟수를 축소"하는 것이 중심이었다(중앙선거관리위원회 2009, 327). 하지만 현실에 맞도록 선거운동의 주체를 확대하고, 방송을 이용한 선거운동을 촉진하는 내용도 포함되었다. 주목할 만한 개정사항으로는, 첫째, 선거운동의 주체를 확대하여 "등록된 선거운동원"만 선거운동을 할 수 있도록 제한하던 규정을 삭제하고, 법적으로 금지된 경우를 제외한 모든 선거운동을 할 수 있도록 선거방법에 대한 규제를 완화하였다. 둘째, 옥외집회를 금지하는 대신 소위 '거리 유세', 즉 공개장소 연설 및 대담을 무제한으로 허용하고, 방송광고(5회→30회 이내), 방송연설(5회→11회 이내), 경력방송(3회→8회 이상), 신문광고(4회→70회 이내), 정치자금모금광고 허용 등 방송 및 신문을 이용한 선거운동이 활성화되도록 하였다. 셋째, 단체와 공영방송사의 대담·토론회를 신설하고, 후자의 경우 3회 이상 개최하도록 의무화하였다. 넷째, 신고된 예금계좌를 통해서만 선거비용의 수입과 지출이 이루어지도록 하고 이를 선거후 40일 이내에 보고하도록 하였으며, 회계장부와 관계인에 대한 조사, 금융거래자료 요구 등이 가능하도록 하였다.

그 외에도 피선거권의 요건을 강화하여 연령제한(40세 이상) 이외에도 5년 이상 국내거주요건을 추가하였다. 아울러, 선거일을 "임기 만료전 70일 이후 첫 번째 목요일로 법정화"하였으며, 선거운동기간을 제14대 대선에 비해 5일 단축한 22일간으로 정하였다. 기탁금은 3억원에서 5억원으로 상향조정하고, 이를 반환 받는 조건 또한 유효득표율 7%에서 10% 이상으로 강화하였다(역대 선거제도의 변화에 대해서는 부록 2 참조). 이는 재정적 기반이 지극히 취약하고 지명도가 낮은 군소후보들의 대선출마를 심각하게 제약하는 것으로 양대 보수정당들의 담합에 의한 선거법 개악이라는 비판의 근거가 되었다. 최다득표후보 1인만 선출되는 대통령선거에서 기탁금만이 아니라 반환요건을 상향조정한 것은 사실상 10% 이상의 득표를 기대하기 힘든 군소후보들, 특히 진보진영의 후보들이 기탁금을 반환받을 수 있는 기회를 사실상 원천적으로 봉쇄함으로써 이들에게 심각한 재정적 부담을 안겨주었다. 선거운동기간을 축소한 것 또한 지명도가 높지 않은 군소정당 후보들이 자신들의 정책을 유권자들에게 알릴 수 있는 기회를 더욱 제약하였다고 할 수 있다.

제4절 선거과정

1. 병역비리 의혹제기

결코 무너질 것 같지 않았던 이회창의 지지율은 1997년 7월 말 그의 두 아들에 대한 병역기피의혹이 제기되면서 급속히 추락하게 되었다. 7월 21일 경 실시된 한국겔럽의 여론조사결과에 따르면 이회창은 47.2%의 지지율로 33.1%의 지지율에 머무르던 김대중을 크게 앞서고 있었다(부록 16).[7] 하지만 9월 17일 조사에서 이회창의 지지율은 18.3%로 김대중의 지지율 29.9%보다 10% 가까이 뒤처지게 되었으며, 이인제의 지지율 21.7%보다도 3.4% 정도 낮았다.

남북한이 대치하는 상황에서 한국의 유권자들에게 병역문제는 공직 후보자의 자질 검증과정에서 가장 중요한 평가기준 가운데 하나였다. 이회창의 두 자녀가 저체중을 이유로 병역을 기피하였다는 주장이 제기되자 청렴한 이미지를 갖고 있던 이회창의 지지율은 급감하게 되었다(이현우 2006, 42). 이에 이회창이 직접 해명에 나섰지만 병역기피의혹은 쉽게 사라지지 않았으며, 이에 대한 김대중과 이인제의 공세가 대선 기간 내내 지속되었다.

---

7 1997년 대선을 포함하여 역대 대선의 지지율 변동에 관한 자료는 한국겔럽(2012)을 참조할 것.

2. 아시아 금융위기에 따른 집권당의 책임

아시아의 금융위기 또한 이회창의 대선 가도에 심각한 타격을 주었다(최장집 1998). 1997년 7월 이후 태국 바트화와 인도네시아 루피아화가 폭락하는 등 아시아의 금융위기가 닥치면서, 기아, 진로, 쌍방울, 해태, 뉴코아 등 한국기업들의 연쇄부도와 법정관리 사태에 직면하게 되었다(지병문 외 2010). 한국의 국가신용등급이 급락한 가운데, 정부가 강경식 부총리와 김인호 경제수석을 경질하고 각종 금융안정정책을 내놓았지만, 환율이 폭등하는 것을 막지는 못하였다. 마침내, 1997년 11월 21일 정부가 국제통화기금(International Monetary Fund, 이하 IMF)에게 구제금융을 공식적으로 신청하고 대선 직전인 1997년 12월 3일 미쉘 캉드쉬 IMF 총재와 자금지원 양해각서를 체결하였다.[8] 하지만, 그 후에도 고려증권, 한라 등이 부도 처리되고, 대우자동차와 쌍용자동차가 매각되었으며, 환율이 폭등하면서 금융시장이 사실상 마비되었다(부록 8 참조). 이미 잘 알려져 있듯이 권위주의 체제하에서 급속한 경제발전을 경험한 한국에서 '경제성장'은 보수정당이 소유권을 행사하는 주요 이슈였다(지병근 2014d). 그럼에도 불구하고, 오히려 보수정권인 김영삼 정부 하에서 경제위기가 초래되었다는 사실은 집권당이었던 신한국당과 이회창의 입장에서는 일종의 재앙이었다고 볼 수 있다.[9]

그런데, 이회창의 대선가도에 가장 결정적인 타격을 준 것은 신한국당의 당내 대통령후보경선에서 패배한 이인제가 경선결과에 불복하고 대선에 출마한 것이었다. 이인제는 1988년과 1992년 총선에서 각각 통일민주당과 민자당 소속

---

8 당시 구제금융의 조건으로는 "성장률 3%, 소비자 물가상승률 5% 이내, 긴축통화정책 실시, 금융개혁법안 1997년 이내 처리, 부실금융기관 폐쇄, 자본자유화 조기 추진 등이 포함되었다"(중앙선거관리위원회 2009, 315).

9 1997년 경제위기의 원인과 관련하여 단기환차익을 노리는 국제투기자본 등에 책임을 전가하는 외인론과 함께 한국의 고질적인 정경유착과 외환관리의 실패 등에 책임을 돌리는 내인론이 제기되었다. 예를 들어, 난토(Nanto 2001, 10)는 미의회보고서에서 한국에서 발생한 금융위기의 원인으로 "취약한 은행제도, 단기국제부채의 누적"등을 지적하였다. 집권당인 한나라당이 외인론에 초점을 두고 위기에 대처하는 과정에서 국민회의가 협조적이지 않았다는 점을 강조하였던 반면, 국민회의를 포함한 야당은 내인론에 초점을 두고 김영삼 정부와 한나라당의 무능함을 비판하였다. 따라서, IMF의 입장에서는 당시의 경제위기의 원인을 진단하면서 내인론을 제기하는 국민회의가 오히려 유리한 파트너였다. 김대중의 승리로 종결된 대선결과는 한국의 유권자들이 경제위기의 책임을 국제금융자본만이 아니라 집권당에게 전가하였을 가능성이 있음을 보여주는 것이라고 볼 수 있다.

으로 당선되었으며, 1993년에는 김영삼 정부의 초대 노동부 장관을 역임하고, 1995년 지방선거에서는 경기도지사에 당선되는 등 성공적으로 정치경력을 쌓아가며 언론의 주목을 받던 판사출신의 젊은 정치인이었다.

이인제는 두 아들의 병역기피의혹으로 이회창 후보의 지지율이 급락하자, 9월 8일 경기지사직을 사퇴한 이후 9월 13일에는 신한국당을 탈당하여 대선출마를 선언하였다.[10] 중앙일보의 보도에 따르면, 신한국당의 대선후보로 확정될 당시, 이회창의 지지율은 무려 50.3%에 달하였으며, 김대중은 그의 절반인 28.2%에 그쳤다. 하지만, 두 아들이 병역회피 시비에 휘말린 이후 이회창의 지지율은 급속히 하락하였으며, 이회창으로는 '정권재창출'이 어렵다는 중론이 당내에 형성되면서 신한국당 내부에서 후보교체론이 급속히 부상하게 되었다(김종철 1997a). 이인제는 10월 10일 국민신당(1998년 9월 이만섭과 이인제가 새정치국민회의에 입당함으로써 해산)을 창당하고 대선경쟁에 본격적으로 뛰어들었다.[11]

3. 김대중 비자금설 제기

한편, 이회창은 신한국당 전당대회(1997.9.30)를 계기로 지지율이 다시 상승하면서 이인제를 추월하는데 성공하였다. 하지만, 30% 내외의 지지를 얻고 있던 김대중의 지지율에는 미치지 못하고 있었다(원성호 1997). 이에 이회창은

---

10 신한국당의 후보경선 1차 투표에서 이인제(14.7%)는 이한동을 가까스로 누르고 과반수 득표에 실패한 이회창(41.1%)과 함께 결선투표에 올랐으나, 결선 투표에서 39.8%를 얻는데 그쳐 59.6%를 얻은 이회창이 대통령후보로 최종 선출되었다(중앙선거관리위원회 2009, 340~341).

11 그는 동년 8월경 각종 여론조사에서 김대중에 뒤이어 2위의 지지율을 기록하는 등 이회창보다 더 많은 인기를 누리고 있었다. 그는 박정희를 연상시키는 모습으로 TV토론에 참여하는 등 경제위기에 직면한 한국인들의 박정희에 대한 '향수'를 자극하였다. 그가 2012년 박근혜 후보에 대한 지지를 선언하며 새누리당에 입당하였을 때, 그의 당적변경횟수는 세간의 화제가 되었다. 그는 대표적인 '철새' 정치인으로, 통일민주당, 민자당, 국민신당, 새정치국민회의, 새천년민주당, 자민련, 국민중심당, 새천년민주당, 통합민주당, 자유선진당, 선진통일당, 새누리당 등 무려 12개 정당의 당적을 보유했던 것으로 나타났다. 그는 2002년 대선에서도 새천년민주당의 대선후보 선출을 위한 국민참여경선에 참여하였다가 패배가 유력해지자 후보를 사퇴(2002.4.17)하였으며, 노무현·정몽준의 후보단일화 이후 노무현의 지지율이 급상승하자 탈당하여(12.2) 자민련에 입당(12.8)하고 이회창 지지를 선언하였다. 2007년 5월에는 국민중심당을 탈당하고 새천년민주당 후보로 대선에 출마하였다(부록 3-2 참조).

10월 7일 신한국당의 강삼재 사무총장을 통해 670억원에 이르는 김대중의 비자금설을 폭로함으로써 지지율의 반등을 모색하였다(김성호 1997). 이회창은 김대중 후보의 비자금 관련 자료를 강삼재에게 전달하여 이를 폭로하게 함으로써 정치쟁점화하는데 성공하였다(신승근 1997a; 한겨레21 1997.11.6a). 하지만, 대검찰청 중앙수사부가 이를 수사하겠다고 발표한 다음날인 10월 21일 김태정 검찰총장이 갑자기 '수사불가론'을 제기하여 이를 번복하였으며, 이를 계기로 그의 선거전략에 심각한 차질이 빚어지게 되었다(한겨레21 1997.11.6.b).[12]

4. 신한국당 내부의 갈등과 후보교체론

이를 계기로 이회창은 김영삼 대통령은 물론 신한국당 내부의 '민주계'와의 심각한 갈등을 빚게 되었으며, 당내에서는 노골적으로 '후보교체론'이 거론되고 심지어 분당 가능성에 대한 전망들이 제기되기도 하였다(신승근 1997a).[13] 김대중 후보의 비자금 수사를 중단할 것이라는 김태정 검찰총장의 발표 다음날인 10월 22일 이회창은 김영삼 대통령에게 탈당을 요구하고, 김영삼 대통령을 포함하여 1992년 대선에 참여했던 후보들의 대선자금 일체에 대한 수사확대를 요구하는 등 강하게 반발하였다.[14] 그는 한나라당(1997.11)을 창당한 이후에도 '3김

---

12 김태정은 "과거의 정치자금에 대해 정치권 대부분이 자유스러울 수 없다고 판단되는 터에 대선을 불과 2개월 앞둔 시점에서 이 사건을 수사할 경우 극심한 국론 분열, 경제 회생의 어려움과 국가 전체의 대혼란이 분명하다고 보인다"고 밝혔다(김대중 2010a, 664). 이러한 결정은 대선비자금 수사가 대선 결과에 결정적인 영향을 미칠 것이 확실시 되었던 상황에서 검찰이 자칫 정치검찰이라는 오명을 쓸 위험성과 당시 대선자금수사에 호남의 민심이 좋지 않았다는 점을 고려한 것이라고 볼 수 있다. 하지만, 호남출신인 김태정을 검찰총장으로 발탁하였고, 그가 대통령의 재가 없이 이러한 결정을 단독으로 하기 어려운 위치에 있었다는 점에서 김영삼 대통령의 의중이 반영되었다는 주장 또한 제기되었다(한겨레21 1997.11.6b).

13 강삼재 신한국당 사무총장은 자신이 주도한 이 폭로전의 기초자료가 이회창 후보로부터 나왔다고 진술하였다. 이회창은 이인제의 탈당을 김영삼 대통령이 적극적으로 말리지 않았고, 그의 측근인 이원종 전청와대 정무수석이 이인제를 지원하였다는 점에서 김영삼 대통령을 불신하고 있었다. 이에 대해서는 한겨레21(한겨레21 1997. 11.6a)을 참조할 것.

14 1997년 1월 23일 한보철강이 부도처리된 이후 김영삼 대통령의 차남인 김현철이 한보에 대한 특혜대출에 개입하였다는 의혹이 제기되었으며, 검찰은 일부 여야정치인들에 대한 소환조사를 통해 구속처리 하였지만 김현철은 혐의가 없는 것으로 발표하였다. 하지만, 동년 3월 설치된 국정조사특위가 김현철의 국정개입 및 공천개입 사실을 밝혀내고, 각종 이권개입에 관한 폭로가 이어지자 검찰은 5월 17일 그를 구속하였다. 한보비리사건과 대통

청산'을 선거운동의 핵심전략으로 삼으며 이미 국민들의 신망을 잃어버린 현직 대통령 김영삼과의 관계개선보다는 단절을 시도하였다(김종철 1997b; 한겨레21 1997.11.6.b).[15]

5. DJP 연합

이회창 대세론은 김대중과 김종필 사이에 소위 'DJP 연합'이 성사되면서 무너져 버렸다.[16] DJP 연합은 유래를 찾기 힘들 만큼 이념적으로 상이한 두 정치세력 간의 선거연합이었다는 점에서 상당한 주목을 끌었다. 김대중과 김종필의 단일화협상은 7월 22일 소위원회를 구성하면서 시작되었으며, 국민회의의 한광옥과 자민련 김용환이 실무책임을 맡아 김대중으로 대통령 후보를 단일화하는 대신 김종필이 요구한 내각제 개헌을 추진하기로 10월 26일 합의하고, '야권 후보 단일화 합의문 서명식(11.3)' 직후인 11월 6일 이를 공표하였다(지병문 외 327~328).[17]

령의 차남인 김현철이 연루된 각종 비리사건들이 터져 나오고, 마침내 국가부도사태가 도래하면서 당시 집권당이었던 신한국당의 이회창은 김영삼 정부와의 사이에 거리를 두기 시작했다(지병문 2010).

15 선거전략 차원에서 현정부의 업적을 '승계'하기보다는 과오로부터 '단절'하는 것이 유리하다고 집권당 대선후보가 판단할 경우 이러한 경향성은 더욱 가중될 수 있다. 이처럼 집권당 후보가 현정부와의 단절을 시도한 것은 노무현 정권 말기에 집권당이었던 열린우리당의 주요 인사들이 탈당하여 대통합민주신당을 창당하는 과정에서도 재연되었다. 2012년 대선을 앞두고, 한나라당의 박근혜 후보가 새누리당을 창당한 것도 이러한 경향성과 크게 다르지 않다. 민주화 이후 한나라당을 제외한 역대 모든 집권당들이 현직 대통령 혹은 대통령 후보의 주도로 해산되고 신당으로 대체되었다: 민자당(노태우), 새천년민주당(김대중), 열린우리당(노무현)은 현직대통령에 의해, 신한국당(김영삼), 한나라당(이회창), 새누리당(박근혜)은 대통령 후보가 주도하여 창당되었다.

16 DJP 연합은 1996년 11월 1일 김대중과 자민련 사무총장이었던 김용환이 만나 내각제 개헌과 후보단일화를 논의한 소위 '목동회동'에서 출발한다고 알려져 있다. 장성민(2011c)에 따르면, 김용환은 당일 회동에서 대선 직후 내각제 개헌을 공약화할 것을 요구하였지만 김대중은 이에 난색을 표명하였다. 다만, 정권교체의 필요성에 대한 공감대를 확인하고 공동정부 구성에 관한 논의를 1997년 중반에 시작하기로 하였다. 그 후 김종필은 내각제 개헌을 위해 신한국당과 협조할 수 있다는 발언을 통해 김대중을 계속 압박하였다. 장성민은 이러한 상황에서 신한국당의 강삼재 사무총장이 "개헌을 전혀 고려하지 않고 있고, 자민련과 협상할 생각도 없다"고 발언하는 등 자민련의 요구에 신한국당 측이 전혀 호응하지 않음으로써 DJP 연합을 오히려 가속화시키는 전략적 오류를 범했다고 평가했다.

17 제15대 국회의원 선거결과에 따라 국회는 '여소야대'가 되었으나, 무소속 의원들의 영입을 통해 다시 '여대야소'로 재편되었다(중앙선거관리위원회 2009, 323). DJP 공조는 4.11 총선

'DJP연합 합의문'조인식(1997년 11월 3일)

출처: 대한민국선거사 제4집, p.321.

[김대중 비자금 논란] 당시 우리는 자민련과 후보 단일화 협상을 하고 있었다. 그러자 재야 민주화 운동 출신들의 반발과 비판이 있었다. 당내에서는 김근태 씨 등 재야 출신 소장 의원들이, 당 밖에서는 종교계 인사들이 반발했다. 나는 이런 반발에 '색깔론 망령'과 3당 합당 이후 강화된 호남 고립 구도를 타파하기 위해서는 자민련과의 연합이 필요하다고 설득했다. 특히 6월 항쟁 이후 '반독재 민주화'라는 전선이 이완되고 3당 합당으로 구축됐던 반호남 구도가 자민련의 창당으로 그 일각이 붕괴되었음을 상기시켰다. 과거에 대립했던 세력과의 연합에 거부감이 있겠지만 현실 정치에서 소신과 명분 못지않게 현실적 선택도 중요하다는 것을 얘기했다. 우리에게 필요한 것은 정권 교체라고 역설했다.

출처: 김대중(2010a, 665).

직후 신한국당이 국회 과반수 의석을 차지하기 위해 무소속 영입을 시도하자 국민회의와 자민련이 '총선민의수호 야당 대책위원회'를 결성하여 공동 장외투쟁을 하고, 12회에 걸쳐 합동의원총회를 개최하는 과정에서 무르익었다. 다른 한편, 김대중은 내각제 수용의사를 밝히는 강연과 함께 보수세력의 반발을 무마하기 위하여 국가안전기획부를 방문하고 한총련 해산을 요구하기도 하였다. 이에 대해서는 장성민(2011b)을 참조할 것. 그 외에도 야당은 '정책공동추진협의회'를 구성하는 등 정책공조를 지속하였으며, 보궐선거에서 단일후보를 공천하여 당선시키는 등 선거공조를 지속하였다(중앙선거관리위원회 2009, 321).

김대중은 자신에게는 마지막 도전이 될 대통령선거에서 비자금설로 인해 당선이 위협받는 상황에서 대폭적인 정치적 양보를 통해 김종필과의 연합을 추진하였다고 볼 수 있다.[18] "여야간의 정권교체를 위한 새정치국민회의·자유민주연합의 대통령후보 단일화와 공동정부의 구성·내각책임제의 추진에 관한 협약"이라는 긴 제목을 가진 양당의 합의문은 총 4개의 장으로 구성되어 있었다. 보다 구체적으로 1장에는 "공동 정부의 구성 및 운영" 2장에는 "내각 책임제로의 개헌", 3장에는 "합의 사항의 대국민 공약", 4장에는 "양당의 공동 선거 대책 기구 구성" 등에 관한 합의사항이 포함되어 있다(이숙이 1999.1.7, 내각제 합의문 전문은 부록 3-3 참조). 이에 따르면, 제16대 총선 이전인 1999년 말까지 대통령이 직접 개헌안을 발의하고 독일식 순수내각제를 추진하기로 구체적인 시기와 방법이 규정되어 있으며, 이는 김대중의 입장에서 결코 양보하기 쉽지 않은 것이었다.

<내각제 합의문 전문>

가. 국민회의는 단일화 협상의 마무리와 함께 내각책임제 당론을 당헌 및 강령에 명시하고, 양당은 제15대 국회 임기 내에 내각책임제로 개헌 할 것임을 대국민 공약하기로 한다.

나. 내각책임제 헌법은 대통령을 국회에서 간선하고, 수상이 국정 전 반을 책임지는 순수내각제로 한다. 정부의 안정을 위한 장치로서 내각성립 후 1년 동안은 내각불신임결의를 금지하고(다만, 개별국무위원에 대한 불신임은 허용) 독일헌법의 건설적 불신임제도를 채택하기로 한다.

다. 내각책임제를 당론으로 하는 양당이 제15대 국회 임기 내 개헌을 공약하고 대선에서 승리할 경우, 이는 내각책임제 개헌과 그 시기에 관하여 국민의 뜻을 물은

18 김대중은 DJP연합의 성사를 위하여 영남지역으로 영향력 확대를 위해 노력하고 있던 김종필이 적극적으로 구애하고 있던 박태준을 설득하기 위해 노력했다. 『동아일보』에 연재되었던 이종찬회고록에 따르면 박태준은 1997년 9월 월드컵 예선전이 열린 일본에서 김대중을 만나 네 가지를 물었다고 한다: "첫째 집권하면 전라도 사람들이 통반장까지 다 해 먹을 것이라는 말이 있다, 둘째 김대중은 빨갱이 아니냐, 셋째 거짓말쟁이 김대중을 어떻게 믿느냐, 넷째 '광주사태'에 대해 어떻게 생각하고 있느냐."; 이종찬은 이와 관련하여 김대중이 자서전에서 "박[태준] 의원은 내게 솔직하게 물었다. '만일 집권하시면 호남 사람들이 다 해 먹을 것이라는데, 그게 사실입니까? 또 김 총재님의 사상은 어떤 것입니까?' 나 또한 솔직하게 답했다. 박 의원은 나와 생각이 같았다. 그의 식견은 뛰어났다. 이내 서로를 믿게 되었다"고 밝혔지만, 세 번째와 네 번째 질문의 존재와 응답에 대해서는 언급하지 않았다고 전하였다(김창혁 2015.4.11).

것이므로 대통령이 개헌안을 직접 주도 발의하여 늦어도 1999년 12월 말까지 개헌을 완료하기로 한다.

라. 양당은 공동정부 출범 즉시 개헌안의 추진과 관계법안의 준비를 위하여 (가칭) '내각책임제 개헌추진위원회'를 설치–운영하기로 한다. 위원회는 양당 동수의 대표로 구성하고, 내각책임제를 지지하는 양당 이외 의 세력도 참여할 수 있게 한다.

마. 양당은 내각책임제 정부 출범시에도 공동정부하에서의 공조정신을 견지하면서 연립정부를 구성하고, 새 정부에서 대통령과 수상은 자유민주연합측이 선택의 우선권을 갖기로 한다. 1997년 10월 31일

출처: 조선일보 주요기사 전문서비스(1999.7.14)

하지만 DJP 연합을 통해 김대중은 김종필을 지지하던 충청지역 유권자들로부터 지지를 얻을 수 있게 되었다는 점 외에도 그동안 보수세력의 '색깔론'과 같은 이념공세를 사전에 차단할 수 있는 결정적 계기를 마련하게 되었다. 실제로, 대선직전인 12월 5일 국가안전기획부가 새정치국민회의 창당발기인이었던 오익제가 북한으로 밀입국(1997.8.15)한 이후 김대중 후보에게 전화와 서신을 보냈다는 내용을 담은 소위 '오익제 편지사건'에 대한 소명을 요구하자 김종필이 기자회견에 나서서 '정치공작'임을 주장하여 '북풍'을 차단하는데 큰 도움을 주었다(조준상 1997).[19]

6. 한나라당의 창당

DJP 연합에 맞서 이회창은 대선 직전인 11월 21일 조순의 민주당과 신한국당을 합당하여 한나라당(1997.11.21~2012.2.12)을 창당하고 조순이 당권을 맡는 대신에 자신이 대통령 후보를 맡기로 하였다.[20] 한나라당의 창당은 다름 아니라

19 '오익제 밀입국 사건' 외에도 12월 12일 윤홍준과 김영훈이 김대중 후보가 북한으로부터 지속적인 선거자금지원을 받았다는 주장을 각각 북경과 동경에서 동시에 기자회견을 통해 동시에 밝히는 등 소위 '북풍'으로 알려진 일련의 정치공작에 대하여 김대중 정부시절 검찰조사가 이루어졌으며, 이를 통해 국가안전기획부장 권영세가 윤홍준에게 공작금 25만 달러를 지급하도록 지시한 혐의로 구속되는 등 일부 진상이 밝혀져 관련자들이 처벌을 받았다(중앙선거관리위원회 2009, 406).

20 창당 이후 실시된 한국갤럽의 여론조사 결과 일주일 전보다 이회창 후보의 지지율은 약

단일정당에 의한 지배체제가 영남지역에 들어서게 되었음을 의미하는 것이었다. 지난 1990년 삼당합당 과정에서 민자당에 합류하지 않고 '꼬마민주당'에 남아 있다가 1995년 창당된 국민회의에도 합류하지 않고 양대 지역정당의 틈바구니에서 독자생존을 모색하던 민주당이 한나라당의 창당과 함께 소멸됨으로써 더 이상 영남지역에서 복수정당들 사이의 경쟁적 선거정치를 기대하기 힘들게 되었다는 것이다. 아울러 이는 호남지역을 대표하는 정당이 충청 지역을 대표하는 정당과의 연합을 하지 않고서는 사실상 집권이 어렵게 되었다는 것을 의미하였다.[21]

7. 진보진영의 '건설 국민승리21' 결성

다른 한편, 민중운동진영은 대선이 임박한 1997년 9월 7일 '국민후보 추대와 국민승리21(가칭) 준비위원회'(이하 건설 국민승리21)를 결성하고 대통령후보로 민주노총 위원장이었던 권영길(1941~)을 선출하였다. 이로써 민중운동진영은 1987년 민주화 과정에서 개최된 제13대 대선(중도 사퇴)과 1992년 제14대 대선(백기완 23만8천표, 유효 득표율 1%)에 이어서 또 한번의 대선후보전술을 구사할 수 있게 되었다. 그는 기자로 1971년 이후 서울신문사에 재직하였으며, 1980년 이후 파리특파원을 지내다 귀국하여 1987년 언론노동조합연맹 위원장을 역임하였으며, 1995년 11월 11일 창립된 전국민주노동조합총연맹의 초대위원장을 맡았다.

비록 선거운동방식을 둘러싸고 내부에서 심각한 갈등이 빚어지기도 하였

6.3% 가까이 상승하였다(중앙선거관리위원회 2009, 399). 조순 서울시장은 동년 5월 19일 국민회의 전당대회에서 김대중이 대선후보로 선출된 직후 정권교체를 역설하는 축사를 한 바 있다. 하지만 그는 자신을 서울시장후보로 영입했던 김대중의 국민회의에 참여하지 않았으며 1995년 12월 30일 꼬마민주당을 탈당했다. 그는 대선출마를 위해 1997년 8월 20일 민주당에 재입당하여 총재로 추대되었으며, 9월 11일 민주당 전당대회에서 대선후보로 선출되었다. 하지만 지지도가 오르지 않자 당총재직을 맡는 조건으로 신한국당과의 합당을 결정하였다. 신한국당과 민주당의 합당과정에 대해서는 김진·김현기(1997.11.8)를 참조할 것.

21 3김 정치와 지역주의적 정당정치에 저항했던 이들 가운데 일부는 2002년 대선을 계기로 노무현의 당선과 열린우리당의 창당과정에서 핵심적인 역할을 하였다. 최근에도 영호남 지역정당체제를 극복하려던 이들의 정치적 지향은 안철수 현상으로 이어졌다고 볼 수 있다.

지만, 지난 대선후보전술들과 달리 '국민승리21'에는 진보정당운동을 추진해왔던 대부분의 진보세력들이 참여하였다(지병근 2014d). 더구나 국민승리21의 결성은 민주노총이라는 기층조직의 지원을 받을 수 있었다. 민주노총은 1997년 3월 27일 제2기 대의원 대회에서 2000년 총선을 통한 원내진출을 위하여 진보정당을 건설하겠다는 의지를 밝힌 바 있으며, 동년 7월 24일에는 임시대의원대회를 통해 "민주적이고 개혁적인 후보" 선출을 위한 공동선거대책기구를 구성하기로 결의하였다(성공회대학교 민주자료관, 1990). 전국연합 또한 동년 6월 14일 6기 대의원대회에서 "국민후보"를 추대하기로 결정하였고, 진보정치연합 역시 7월 6일 진보정당건설을 위한 국민후보운동을 전개하기로 결의하였다(성공회대학교 민주자료관, 1990). 이들 이외에도 "노동자－민중의 정치세력화 진전을 위한 정치연대(준)" 등 일부 급진세력도 진보진영의 독자후보추대를 통한 대선후보전술을 지속시키려는 흐름에 합류하였으며, 마침내 1997년 10월 26일 "민주와 진보를 위한 국민승리21"이 발족하게 되었다.

8. 선거경쟁: 3김 청산론, 정권교체론, 세대교체론

선거운동(11월 26일~12월 17일) 과정에서 이회창은 "깨끗한 정치, 튼튼한 경제"와 "3김 청산" 등을 각각 선거구호와 핵심전략으로 삼고, 김영삼 정부와의 차별화를 시도하였다(중앙선거관리위원회 2009, 353). 그는 이인제에 대한 투표가

제15대 대통령선거 후보자 선전벽보

출처: 대한민국선거사 제4집, p.363(편집).

김대중의 당선으로 이어질 사표라는 주장으로 자신에 대한 이인제 지지자들의 전략적 투표를 유도하며, 300만명 이상의 고용창출, "책임 국무총리제" 도입, 정전협정의 평화협정 전환 등 다양한 공약을 제시하였다. 이에 반해 김대중은 "준비된 대통령, 경제대통령"과 "정권교체" 등을 각각 선거구호와 핵심전략으로 삼고, 경제위기극복을 위한 IMF와의 재협상, 2000년 이후 내각책임제 실시, 나진·선봉 특구에 대한 투자, 복지예산 확대 등의 공약을 제시하였으며, TV토론 등 미디어전을 중심으로 선거운동을 전개하였다.[22] 이인제 후보는 "세대교체"를 핵심선거구호로 제시하고 이회창 후보의 사표주장에 대하여 "이인제를 찍으면, 이인제가 됩니다"는 주장으로 반박하고, 이회창의 국가경제의 파탄에 대한 책임과 병역회피의혹을 김대중 후보와 함께 집중적으로 제기하였다.

9. TV 토론회 개최

선거운동 과정에서 나타난 특성으로 주목할 만한 것은 첫째, 민주화 이후 개최된 대통령선거에서는 처음으로 도입된 공영방송사의 TV대담·토론회가 50%가 넘는 시청율을 기록하는 등 핵심적인 선거운동으로 부상하였으며, 이는 유권자들의 투표결정에도 상당한 영향을 미친 것으로 나타났다는 점이다. TV대담·토론회는 KBS, MBC, SBS, YTN의 공동주관으로 이회창, 김대중, 이인제 등 국회교섭단체를 구성한 정당의 후보 혹은 여론조사에서 10% 이상 지지를 얻는 후보들이 참여하는 3회의 토론회(1997.12.1, 12.7, 12.14 개최)와 권영길, 허경영, 신정일 등 약소후보들이 참여하는 1회의 토론회(1997.12.14 개최) 등 총 4회에 걸쳐 실시되었다. 3회 실시된 주요 후보들 간의 TV토론회는 각각 경제, 정치, 사회·문화 등이 주제였으며, 경제파탄에 대한 책임공방(여당 책임론 vs. 여야 공동책임론), 일자리창출방안, 내각제 개헌, 국제통화기금 재협상론, 병역문제(이회창 후보 두 아들은 물론 김대중 후보의 병역면제 의혹, 이인제 후보의 입영기피의혹), DJ 비자금 문제 등이 제기되었다.[23]

---

22 후보자들의 선거방송광고 등의 실태에 대해서는 중앙선거관리위원회(2009) 참조.

23 국제통화기금 재협상론은 김대중 후보가 2차 TV토론회에서 제기한 것이다. 이에 대하여 이회창 후보는 이러한 주장이 오히려 국제사회의 불신을 자초한다며 공략하였다.

제15대 대통령선거 언론기관 대담·토론회(1997년 11월 17일 조선일보 주최)

출처: 대한민국선거사 제4집, p.381.

이때 제기된 이슈들 가운데 대부분은 이미 김대중과 김종필의 'DJP 연합'과 이회창과 조순의 한나라당 창당 등 정계개편에 의한 세력규합이 이루어지는 과정에서 제기된 것이었다. 하지만 TV 토론은 효과적으로 후보자들의 입장을 유권자들이 이해할 수 있도록 도와주는 당시에는 획기적인 역할을 하였다. 그 외에도 제15대 대선과정에서 청와대의 국민신당 지원설(김현철 관련 인사들의 국민신당 입당, 창당자금 제공 등), 김대중 후보의 건강문제(TV 토론에서 김대중 후보가 사용한 주요 개념의 혼돈, 안면 경련 등), 오익제 편지사건을 포함한 북풍설 등을 둘러싸고 후보자들 사이의 공방이 이루어졌다.[24]

24 한 가지 주목할 만한 것은 대통령선거 막바지에 이회창 후보측에게 유리한 '북풍' 시도(오익제 편지 사건)와 거의 동시에 김대중 후보 측에게 유리한 병역비리 폭로가 이어졌다는 점이다: 1997년 12월 10일 서울병무청 공무원이었던 이재왕이 기자회견을 통해 이회창의 장남인 이정연의 병역기피시도가 사실이라고 주장하였다. 하지만, 그가 한나라당 관계자에게 금품을 요구하다 거절당하자 허위주장을 한 것으로 밝혀져 이듬해 실형을 선고받았다. 이와 유사하게, 2002년 대선에서도 병역관련 의정부사관이었던 김대업이 이회창의 부인 한인옥이 이정연의 병역면제에 개입하였다고 폭로하였으나 병역비리혐의를 입증하지는 못하였다(중앙선거관리위원회 2009).

10. 선거범죄

민주화 이후에 개최된 제13대 대선과 제14대 대선과 마찬가지로 제15대 대선에서도 후보자들이 선거결과에 불복할 만큼 심각한 불법·타락선거는 나타나지 않았다. 선관위가 단속한 선거범죄 관련 사건 수는 총 300건으로, 이는 지난 1992년 대선 당시 715건이었던 것에 비해 절반 이하로 감소한 것이며, 이들 가운데 8건의 고발(5건 기소, 3건 기소유예 또는 내사중지), 52건의 수사의뢰(11건 기소, 41건 기소유예 또는 내사종결), 80건의 경고, 60건의 주의 촉구, 9건의 사직당국이첩 등이 이루어졌다(중앙선거관리위원회 2009, 422). 검찰에 의해 입건된 사건만을 보더라도 전체 391건으로 지난 제13대 대선과 제14대 대선에서 각각 827건과 2,258건이었던 것에 비해 현격하게 감소하였다. 선거범죄의 유형을 살펴보면, 흑색선전사범이 제14대 대선의 경우 87명이었던 것이 100명으로 증가한 반면, 금품살포가 현격하게 감소하였다(선거범죄의 추이는 부록 7 참조).[25]

이처럼 선거사범, 특히 금품살포 관련 범죄가 급격히 감소한 것은 많은 이들이 지적하는 것처럼 옥외집회를 금지하고 방송을 이용한 선거운동이 활성화되었기 때문인 것으로 보인다. 하지만, 이러한 변화에도 불구하고 당시의 TV 대담·토론이 주요 후보들을 중심으로 이루어짐으로써 선거경쟁의 불공정성 문제가 제기되기도 하였다. 그 외에도 이미 앞서 언급하였듯이 기탁금이 제14대 대선에서는 3억 원이었는데 5억원으로 상향조정 되었을 뿐만 아니라 방송을 이용한 선거운동 비용이 지나치게 높기 때문에 선거운동자금을 마련하기 어려운 군소후보들이 불리하다는 지적이 제기되기도 하였다(중앙선거관리위원회 2009, 337).

---

25 선거범죄의 유형과 추이를 살펴보면 다음과 같다: 첫째, 지방선거, 총선, 대선 순으로 선거범죄가 많은 것으로 나타났다. 이는 광역 및 기초단체장, 광역 및 기초의원, 광역 및 기초비례대표의원 등 다수의 의원들을 뽑는 지방선거, 300여명의 국회의원을 뽑는 총선, 1명의 대통령을 뽑는 대선의 순으로 선거경쟁에 참여하는 후보자들이 많다는 점에서 당연한 것이라고 할 수 있다. 오히려 흥미로운 것은 지방선거에 비해서 총선에서 발생한 선거범죄의 빈도가 현격하게 차이가 나지 않는다는 점이다. 둘째, 입건된 선거범죄 가운데 불구속 사례가 구속사례보다 훨씬 더 많았으며, 이는 대부분의 선거범죄가 구속사유에 해당하지 않는 경범에 해당하기 때문이라고 할 수 있다. 셋째, 시기적으로 2007년 대선, 2000년 총선, 2002년 지방선거에서 선거범죄와 피의자를 불구속시킨 사례의 빈도가 가장 높았다. 하지만, 피의자를 구속시킨 선거범죄는 2002년 대선, 2004년 총선, 2006년 지방선거에서 가장 많이 발생하였다. 이는 중요도가 높은 선거에서 중범죄가 일어날 가능성은 증가한다는 것이다. 구속을 감수할 만큼 선거에서 얻을 수 있는 보상이 크기 때문이다.

예를 들어, 당시의 대선에서 방송연설은 김대중, 이회창 후보가 법적으로 허용된 11회를 모두 사용한 반면, 이인제 후보는 3회, 권영길 후보는 단 1회만 이용하였다(중앙선거관리위원회 2009, 369).

11. 대선자금

후보들의 재정상태를 보여주는 지표로서 중앙선관위에 보고한 이들의 지출액의 규모를 살펴보면, 먼저 김대중 후보의 경우 가장 많은 261억여원이었으며, 이회창 후보의 경우 200억여원, 이인제 후보의 경우 130억여원이었다(당시 대선에서 법적 선거비용지출 상한액은 310억4천만원). 군소 후보들 가운데에는 권영길 후보가 가장 많은 15억여원을 지출한 것으로 나타났다(중앙선거관리위원회 2009, 409). 김대중, 이회창, 권영길의 수입규모 또한 각각 200억여원, 143억여원, 56억여원, 14억여원 등이었다(중앙선거관리위원회 2009, 408).

아울러, 대선자금과 관련하여 한 가지 더 주목할 만한 것은 지정기탁금제도가 폐지됨으로써 주요정당의 후보들이 선거운동자금의 조달에 상당한 어려움을 겪게 되었다는 점이다. 제14대 대선 당시만 해도 지정기탁금제를 통해 여당이 세무사찰을 우려하는 기업들로부터 천문학적인 액수의 선거운동자금을 마련할 수 있었다. 노태우가 관리하던 비자금의 규모만 보더라도 그 액수가 무려 2,358억여원에 달하였으며, 신한국당은 1996년에만 340억원, 1994년부터 1997년까지 무려 741억여원을 지정기탁 받았다(신승근 1997b). 반면에, 노동조합은 정치자금의 기부가 금지되어 있었기에 대선에 참여한 권영길 후보 등 군소정당의 후보들이 불이익을 받았다(정영태 1998, 209). 하지만 제15대 대선을 앞둔 10월 29일 여야가 합의하여 지정기탁금제가 폐지되고, 대신 후원회 연간기부한도가 상향조정되었다(유현종, 2011).

제5절 선거결과

1. 1.6%p, 39만여 표차로 김대중 승리

1997년 12월 18일에 개최된 제15대 대선에서 김대중 후보는 불과 39만여 표 차이로 이회창 후보를 누르고 당선되었다. 그는 강원도와 영남권을 제외한 나머지 지역, 다시 말해 호남권은 물론 서울, 경기, 인천 등 수도권에서 이회창보다 더 많은 득표에 성공함으로써 당선될 수 있었다. 김대중 후보는 전국에서 유효투표의 40.3%(1천32만여 표)를 얻은데 반하여, 이회창 후보는 38.7%(994만여 표)를 얻는데 그쳤다. 양후보의 득표율 격차는 불과 1.6%p로, 이는 역대 대선에서 1위와 2위 후보 사이의 득표율 격차 가운데 가장 적은 것이었다. 3위를 차지한 이인제 후보는 493만여 표(19.2%)를 얻었다. 이는 1987년 제13대 대선에서 3위를 차지한 김대중 후보의 611만여 표(13대, 27.04%)보다는 적었지만, 1992년 제14대 대선에서 3위를 차지한 정주영 후보가 얻은 388만여 표(14대, 16.3%)보다 많은 것이었다.

2. 후보 득표율의 지역편향성

이번 선거에서 각 후보가 얻은 득표율의 지역편향성이 또다시 극명하게 드러났다. 아래의 <표 1-1-1>에서 잘 나타나듯이 각 후보들의 득표율은 지역마다 현격히 차이가 있었다. 특히, 김대중은 광주에서 무려 97.3%, 전남과 전북에서 각각 94.6%와 92.3%를 득표한 반면, 이회창은 대구(72.7%), 경북(61.9%), 경남(55.1%), 부산(53.3%), 울산(51.4%) 등 모든 영남지역과 강원지역에서는 김대중보다 현격히 많은 표를 얻었다.

〈표 1-1-1〉 제15대 대통령 선거(1997) 결과

시도명	유권자수	유권자 비중	이회창	김대중	이인제	권영길	허경영	김한식	신정일
합계	32,290,416	100.0	38.7	40.3	19.2	1.2	0.2	0.2	0.2
서울	7,358,547	22.8	40.9	44.9	12.8	1.1	0.1	0.2	0.1
부산	2,692,311	8.3	**53.3**	15.3	29.8	1.2	0.1	0.1	0.2
대구	1,707,338	5.3	**72.7**	12.5	13.1	1.2	0.1	0.1	0.3
인천	1,639,655	5.1	36.4	38.5	23.0	1.6	0.1	0.2	0.1
광주	*870,554*	2.7	*1.7*	***97.3***	*0.7*	*0.2*	*0.0*	*0.1*	*0.0*
대전	881,474	2.7	29.2	**45.0**	24.1	1.2	0.2	0.2	0.1
울산	654,125	2.0	**51.4**	15.4	26.7	6.1	0.1	0.1	0.2
경기	5,707,087	17.7	35.5	39.3	23.6	1.0	0.2	0.2	0.2
강원	1,077,853	3.3	**43.2**	23.8	30.9	1.0	0.4	0.2	0.5
충북	1,015,921	3.1	30.8	**37.4**	29.4	1.3	0.4	0.3	0.4
충남	1,330,627	4.1	23.5	**48.3**	26.1	1.0	0.3	0.4	0.4
전북	*1,391,537*	4.3	*4.5*	***92.3***	*2.1*	*0.4*	*0.1*	*0.4*	*0.2*
전남	*1,519,292*	4.7	*3.2*	***94.6***	*1.4*	*0.2*	*0.1*	*0.4*	*0.2*
경북	1,988,379	6.2	**61.9**	13.7	21.8	1.5	0.3	0.2	0.8
경남	2,094,036	6.5	**55.1**	11.0	31.3	1.7	0.2	0.1	0.5
제주	361,680	1.1	36.6	40.6	20.5	1.4	0.2	0.3	0.5

출처: 중앙선거관리위원회, 역대선거정보(15대 대통령선거)

3. 김대중 승리의 원인: 집권세력의 분열, DJP 연합, 병역비리, 그리고 경제위기

이미 앞서 언급하였듯이 김대중이 대선출마 '4수' 끝에 제15대 대선에서 당선된 것은 그가 지난 1992년 제14대 대선 직후 정계은퇴를 발표했던 당시는 물론, 선거경쟁 초반만 하더라도 예상하기 힘들었던 결과였다. 그가 승리할 수 있었던 것은 대체로 다음과 같은 이유에서 찾을 수 있다. 1) 제3후보 효과: 이인제

의 출마와 이회창 지지세력의 분열, 2) DJP 선거연합의 실현, 3) 병역비리 이슈 효과, 4) 경제위기: 집권당 후보에 대한 유권자들의 '징계.'

<표 1-1-1>에서 잘 나타나듯이, 김대중의 당선은 전국적으로 19.2%를 득표한 이인제의 출마에서 기인한 것이라고 할 수 있다.[26] 이회창과 이인제의 득표율을 합할 경우 과반인 59.5%이며, 이들의 지지층이 상당 부분 중첩되었다는 점을 고려하면, 만약 이인제가 출마하지 않았다면, 이회창이 어렵지 않게 김대중 후보를 물리칠 수 있었을 것으로 보인다.[27]

아울러, 그의 당선은 충청 지역에 지지층을 두고 있던 김종필과의 'DJP 연합'으로 인해 가능한 것이었다.[28] 김대중은 충남, 충북, 대전에서 각각 48.3%, 37.4%, 45.0%를 얻는 등 충청권에서 이회창보다 더 많은 득표에 성공하였다. 이는 의원내각제로의 개헌합의를 매개로 성사된 엘리트 수준의 DJP 연합이 유권자 수준의 호남-충청 지역연합으로 성공적으로 전환하였음을 의미한다. 물론, 병역비리 문제가 불거져 나오면서 이회창 후보의 지지율이 급감하였다는 점과 함께 정경유착에 의존하여 발전해온 재벌중심의 한국경제가 파국에 이르게 된 점 또한 김대중 후보에게 유리하게 작용한 것으로 보인다.

26 이병완(2009, 49)은 1997년 대선에서 DJP연합이 김대중의 승인이었다면, 이인제의원의 탈당과 대선출마가 이회창의 패인이었다고 주장한다. 이와는 대조적으로 정상호(1998)는 대선승리의 원인을 단순히 이인제의 "치기어린 소영웅주의"와 같은 개인적 행보에서 찾기보다는 대선의 승리는 "1급 이상의 공무원과 지방의회의원, 시도 경찰국장"의 재산을 공개하도록 의무화한 공직자 윤리법 개정(p.87)과 금융실명제, 그리고 진보적 인사의 등용과 같은 "문민정부의 개혁에 기원을 둔 집권당의 분열"이라고 규정하였다(p.90).

27 1997년 대선에서 이인제의 탈당으로 결정적인 타격을 입었던 이회창이 2007년 대선에서는 이명박이 BBK 사건으로 궁지에 몰리게 되자 11월 7일 한나라당을 탈당하고 대선에 출마하였다. 이는 병역기피 문제로 이회창이 궁지에 몰리게 되자 신한국당을 탈당하여 대선에 출마했던 이인제를 연상시키는 행보였다. 더욱 역설적인 것은 이회창은 2011년 9월 8일 자유선진당을 재창당하면서 이인제와 정치적인 동거를 시작하였으나, 19대 총선에서 자유선진당이 참패한 직후 비상대책위원장을 맡은 이인제와의 갈등으로 탈당하였다.

28 최장집(1998, 111)은 김대중의 당선으로 정권교체가 이루어짐으로써 "경상도를 핵심으로 하고 호남을 소외시키는 지역패권/지역소외 구조의 완화에 의해 가능한 것이었다"고 평가하고 있다.

국가재정위기와 유권자들의 투표행태

유권자들의 투표행태를 설명하기 위해 기존의 선거연구자들은 크게 네 가지 모델을 제시하였다: 정당일체감 모델(party identification model), 사회학적 모델(sociological model), 합리적 선택 혹은 이슈 모델(issue voting model), 이념 모델(ideological model)(이현우 2006, p.42~43; Hague 2007). 이들은 각각 유권자들이 느끼는 정당에 대한 일체감, 지역 혹은 계급과 같은 소속집단에 대한 소속감, 이슈에 대한 유권자의 합리적 평가, 이념적 정향에 따라 투표한다는 것이다.

한국 유권자들의 투표행태에 관한 연구들은 전통적으로 지역주의에 주목해왔다. 이들은 대체로 사회학적 모델 혹은 정당일체감 모델, 즉 유권자들이 속한 지역에 대한 소속감 혹은 지역을 대표하는 정당 혹은 정치 지도자에 대한 애착을 바탕으로 투표할 후보/정당을 선택한다는 주장을 제기해 왔다.

하지만 1997년 국제금융위기 직후 한국의 유권자들이 경제적 차원에서 현정부의 업적이나 과오에 대한 평가에 근거하여 투표할 후보를 결정하는 성향이 부상하게 되었다는 주장이 제기되었다. 이에 따르면, 유권자들이 경제위기를 초래한 책임을 묻기 위해 집권당이었던 한나라당의 후보였던 이회창에 대한 지지를 철회하거나, 이 문제를 잘 해결할 수 있다고 믿는 김대중 후보에게 투표하였다는 것이다.[29]

물론 한국에서 유권자들이 과거의 업적을 토대로 회고적 투표(retrospective voting)를 하였는지, 아니면 미래에 이를 잘 해결할 것이라고 믿는 후보에 대한 기대를 토대로 전망적 투표(prospective voting)를 하였는지는 분명치 않다. 아울러, 국가경제에 대한 평가를 근거로 사회적 성향의 투표(sociotropic voting)를 하였는지, 아니면 자신의 경제적 상황에 대한 평가를 근거로 개인적 성향의 투표(egotropic voting)을 하였는지에 대해서는 여전히 논란의 대상으로 남아있다.

한국에서는 유권자들이 대체로 전망적 투표를 할 가능성이 높다고 알려져 왔는데, 그 이유는 무엇보다 대통령 단임제이기 때문에 정부의 업적에 대한 평가가 재선에 임하는 대통령을 대상으로 이루어질 수 없다는 점과 집권여당의 후보자들이 대선이 개최되는 정권말기 지지율이 하락한 과거정부와의 단절을 통해 자신에게 부과될 수 있는 정치적 책임을 회피하려고 노력하기 때문이라고 할 수 있다.

29 1997년 대선 결과가 한국유권자들의 경제투표(economic voting) 성향에 의한 것이었다는 주장에 반하여 이병완(2009, 95)은 한국에서 "정권의 심판은 없었다"고 단언하며, "대선후보(또는 진영)들의 전략과 전술운용이 승패의 열쇠"라고 주장하였다. 그가 제기한 이러한 주장의 이면에는 2007년 이명박의 압승으로 종결된 대선 결과가 노무현의 성과와 무관함을 강조하기 위한 것일 수 있다.

제6절 선거의 영향: 민주주의 체제의 공고화 및 심화

제15대 대선은 무엇보다 평화로운 정권교체를 통해 한국 민주주의 체제의 공고화(consolidation) 및 심화(deepening)에 기여했다는 점에서 의미를 찾을 수 있다. 선거정치의 양상에도 당시의 대선은 상당한 영향을 미쳤다고 볼 수 있다. 1) 선거결과의 불확실성(uncertainty)과 선거공학적 사고의 확대, 2) 충청지역과 같은 비영호남 지역을 대표하는 정당과의 선거연합의 가치 확인: 지역－정책－이념 연합(호남/충청－내각제－좌/우), 3) 내각제 연합의 실패에 따른 정책연합의 한계인식, 4) 호남에 대한 영남유권자들의 반감 증가와 전략적 선택의 필요성 자각, 5) 투표행태 차원에서 경제투표 성향의 부상과 이념공세('색깔론')의 약화(DJP 연합 효과), 6) 이인제의 경선불복 및 탈당 후 대선참여 과정에 대한 문제의식과 경선제도정비의 필요성 제고.

1. 대선결과의 '불확실성(uncertainty)'과 선거공학적 사고의 확대

첫째, 당시의 대선은 선거초반에 나타났던 이회창 대세론이 무색하게 김대중의 당선으로 귀결됨으로써 정당일체감이 약한 인해 한국유권자들의 후보선택이 매우 불안정하다는 점을 잘 보여주었다. 대선이 개최된 1997년 초만 하더라도 이회창 후보의 당선가능성이 매우 높았음에도 불구하고 두 아들의 병역특혜를 계기로 지지율의 반전이 이루어지고, 이인제의 탈당과 독자출마, 국가재정위기, DJP 연합 등 다양한 요인들에 의해 김대중 후보가 당선된 것은 한국의 대선결과의 '불확실성(uncertainty)'이 매우 높다는 점뿐만 아니라 정책대결을 통해 안정적으로 지지층을 확보하기보다 상대후보에 대한 인신공격과 후보자들 사이의 합종연횡에 의존해 집권할 수 있다는 '선거공학적 사고'와 '한탕주의'를 촉진시켰다고 볼 수 있다.[30]

30 이는 가치와 이념을 무시한 정치세력들 사이의 합종연횡을 촉진하였다는 점에서 부정적으로 볼 수도 있지만, 양당중심의 정치체제에서 소수정당의 정치적 대표성을 신장시키는 합의제적 정치요소로 작용한다는 점에서 긍정적으로 볼 수 있다.

2. 충청지역의 정치적 영향력 확대

둘째, 당시의 대선은 영호남에 기반을 둔 양대 지역정당의 후보들 가운데 영남정당 후보가 구조적으로 호남정당 후보에 비하여 더 유리하지만, 호남정당 후보가 충청지역과 같은 비호남 지역을 대표하는 정당후보와의 선거연합을 통해 승리할 수 있다는 사실을 분명히 보여줌으로써 이들 모두에게 충청지역을 대표하는 정당과의 선거연합을 구축하려는 경향성을 강화시켰다고 볼 수 있다. 앞서 살펴보았던 표 1에서 잘 드러나듯이, 영남(28.3%)의 유권자가 호남(11.7%)과 충청(10.0%)의 유권자를 모두 합친 것보다 더 많았다. 따라서 이번 선거는 호남에 기반을 둔 지역정당이 대선에서 승리하기 위해서는 충청지역을 대표하는 정당과의 선거연합을 성사시켜야하며, 반대로 영남을 대표하는 정당은 이를 차단할 수 있는 선거전략의 필요성을 제기하였으며, 결과적으로 충청지역 유권자들의 정치적 영향력이 확대 되었다고 볼 수 있다.

3. 선거연합의 가능성과 한계 확인

셋째, 당시의 대선에서 김대중의 당선에 결정적인 도움을 주었던 'DJP 연합'은 이념과 정책의 차이가 현격한 후보자 사이의 선거연합이 성사될 수 있다는 사실과 함께 결국 국민회의－자민련의 연정이 지속되지 못하였다는 점에서 선거연합의 가능성과 한계를 동시에 보여주었다. '국민의 정부' 초기에는 김대중과 김종필이 각각 대통령과 총리직을 맡아 이들 사이의 공조가 순조로운 듯 보였다. 하지만, 내각제에 대한 국민들의 동의를 선거과정에서 얻지 못한 김대중과 김종필 사이의 내각제 합의는 결국 백지화되고 말았다. 아울러, 대북정책을 둘러싼 갈등이 임동원 통일부장관의 해임안 처리과정(2001년 9월)에서 심화되면서 국민회의(새천년 민주당)－자민련 사이의 연합정부는 마침내 해체되고 말았다. 임동원의 해임건의안이 자민련의 지지 속에 통과된 이후 2000년 제16대 총선 직후 자민련으로 당적을 옮겼던 4명의 국회의원들이 민주당으로 복귀하였으며, 자민련은 원내교섭단체의 지위를 상실하게 되었다(이만섭 2004, 496).

4. 호남 몰표에 대한 반감과 영남 독점정당체제의 형성

넷째, 당시의 대선은 유권자들 특히 영남의 유권자들에게 호남의 심각한 몰표에 대한 문제의식과 반감을 갖게 만들었다고 할 수 있다. 비록 영남지역에서도 이회창의 득표율이 김대중에 비해서 압도적으로 높았지만, 호남에서 김대중이 얻은 득표율에 비하면 한참 뒤지는 것이었다. 이는 이회창 후보의 패배가 호남의 몰표 때문이라는 인식을 낳았으며, 2000년 총선을 비롯하여 그 후에 개최된 선거에서 영남 유권자들을 결집시키는 '반호남' 이데올로기의 근거를 제공하였다(서중석 2008, 248). 아울러 대선과정에서 꼬마민주당을 흡수하여 창당한 한나라당은 이후 각종 선거에서 영남지역을 독점적으로 대표하는 정당으로 성장할 수 있게 되었다.[31]

5. 새로운 투표행태의 부상

다섯째, 김대중의 당선으로 귀결된 당시의 선거결과는 DJP 연합을 통해 충청과 호남 유권자들에 대한 정치적 동원을 바탕으로 가능했다는 점에서, 한국 선거에서 정당들 사이의 지역연합만이 아니라 유권자들의 지역주의적 투표행태의 결정적인 영향력을 보여주었다고 할 수 있다. 하지만, 역설적으로 당시의 대선은 그 동안 한국의 선거정치를 지배해왔던 지역주의 이외에 경제위기와 같은 사회적 이슈들도 유권자들의 투표결정에 중요한 영향을 미칠 수 있음을 보여주었다고 할 수 있다(지병근 2014c; 지병근 2015).[32] 당시의 대선에서 이회창이 패배한 것은 그동안 '경제성장' 이슈에 대한 '소유권(ownership)'을 행사해온 한나라당에 대하여 대선 직전에 발생한 경제위기를 초래한 책임을 묻고 선거에서 지지를 철회함으로써 정치적 응징을 시도한 유권자들의 '경제투표(economic voting)'

---

31 김대중은 당선 직후인 반란모의 참여와 뇌물수수혐의로 복역 중이던 전두환과 노태우 등 두 전직대통령에 대한 사면을 건의하였으며, 이것이 받아들여져 1997년 12월 22일 이들은 사면을 받았다(최경환 2010, 137). 하지만 이러한 화해의 노력이 이후 개최된 선거에서 영남유권자들의 새천년민주당에 대한 지지로 이어졌다고 보기는 힘들다.

32 소위 '지역주의적 투표행태', 즉 영호남 유권자들의 정당편향적 투표행태의 역사적 변화에 대한 연구는 대체로 집합적 수준의 선거결과를 이용하였으며, 대표적으로 하세헌(2005), 김진하(2010), 김태완(2012), 정병기(2012) 등이 있다.

현상 때문이었다고 할 수 있다(황아란 2000; Jhee & Shin 2007; Jhee 2008b). 아울러 이는 그동안 지역감정을 동원하는데 치중해왔던 각 정당들의 선거전략에도 상당한 변화의 계기를 주었다고 할 수 있다.

6. 정당의 후보공천관련 제도정비

여섯째, 제도적인 차원에서, 당시의 대선은 소위 '영남정권 재창출'의 기회를 날리는 데 결정적인 원인을 제공한 이인제 후보의 당내 경선불복과 대선 출마가 규범적으로 심각한 문제가 있다는 인식을 확산시켰으며, 각 정당들이 후보공천 과정에서 경선에 불복한 후보자의 출마를 금지하는 방안을 법제화하는 계기가 되었다. 비록 이 방안이 위헌소지가 있다는 반론에 직면하여 쉽게 합의에 이르지는 못하였지만, 2005년 8월 비로소 공직선거법(57조 2항)에 신설되었다.[33] 비록 많은 이들이 주목하지는 않았지만 이러한 법제화가 정당정치를 강화하는 효과 이외에도 영남정당 내부의 분열을 원천적으로 차단함으로써 호남정당이 대선에서 승리할 가능성을 크게 낮추었다고 할 수 있다.[34] 아울러, 이 법안은 이미 앞서 언급한 대로 충청지역을 대표하는 정당과 이 지역 유권자들의 선택이 대선 결과에 미치는 영향력을 더욱 강화하였다고 할 수 있다. 이는 호남정당 내부에서 비호남 지역에 지지기반을 둔 정치인의 영향력 또한 강화시켰다고 할 수 있다.[35]

---

33 "공직선거법 제57조의2(당내경선의 실시): ② 정당이 당내경선[당내경선의 후보자로 등재된 자(이하 '경선후보자'라 한다)를 대상으로 정당의 당헌·당규 또는 경선후보자간의 서면합의에 따라 실시한 당내경선을 대체하는 여론조사를 포함한다]을 실시하는 경우 경선후보자로서 당해 정당의 후보자로 선출되지 아니한 자는 당해 선거의 같은 선거구에서는 후보자로 등록될 수 없다. 다만, 후보자로 선출된 자가 사퇴·사망·피선거권 상실 또는 당적의 이탈·변경 등으로 그 자격을 상실한 때에는 그러하지 아니하다"[본조신설 2005.8.4] [일부개정 2013.3.23 법률 제11690호](선거법령정보).

34 이러한 주장은 호남에 비해서 영남의 유권자들이 더 이질적이며, 분화가능성이 크다는 점을 가정하고 있다. 대구·경북과 부산·경남 지역사이의 이질성과 영남유권자의 비중이 호남에 비해서 2.5배 가까이 크다는 점을 고려하면 이러한 주장이 전혀 근거가 없는 것은 아니라고 할 수 있다.

35 2012년 대선에서 민주통합당의 문재인이 대선후보로 선출되고, 무소속 안철수가 유력한 대선후보로 성장하고 신당창당까지 모색할 수 있었던 것은 이들이 모두 비호남출신이라는 점이 크게 작용하였다. 그리고 이들의 높은 정치적 영향력은 호남출신 정치인들이 호남정당이라고 알려진 민주통합당이나 새정치민주연합 내에서 '역차별'을 받고 있다는 불만을

7. 진보진영의 정당추진 동력형성

그 외에도 1997년 대선은 선거참여 및 '민중의 정치세력화' 방식에 대한 진보진영의 고민을 숙성시켰다고 할 수 있다. 거의 모든 진보진영이 결집하여 추대한 권영길의 득표율이 지난 1992년 대선에서 소수정파에 의해 민중후보로 추대되었던 백기완이 얻은 1%의 득표율과 거의 차이가 없는 1.2%의 득표율에 그쳤다는 사실은 진보진영에게 '국민후보' 전술의 한계와 함께 민주노총을 비롯한 기층조직으로부터의 지지를 창출하기 위한 노력의 필요성을 각인시켰다. 국민승리21이 선거슬로건으로 사용한 '일어나라 코리아'에서 단적으로 표현된 '민중후보'가 아닌 '국민후보' 추대라는 모호한 성격의 대선후보전술은 국민회의를 비롯한 야당과의 차별성을 제대로 부각시키지도 못하였을 뿐만 아니라, 진보진영의 정체성에 대한 내부의 갈등을 유발하였다.

아울러, 1997년 대선참여는 진보진영이 단순한 후보전술보다 민주노동당과 청년진보당과 같은 정당의 창당을 통해 2000년 총선을 대비하도록 만드는 계기를 마련하였다고 볼 수 있다. 비록 당시의 '독자후보전술'이 전국연합을 비롯하여 여전히 김대중에 대한 '비판적 지지'를 넘어서지 못했던 일부 진보진영의 소극적인 태도로 인해 그 취지가 퇴색하고 말았지만 당시의 경험은 적어도 진보진영이 민중의 독자적 정치세력화에 대한 합의수준을 제고하고 이를 추진할 수 있는 동력을 마련하였다고 볼 수 있다. 그 외에도, 나중에 후술하겠지만 1997년 대선을 통해 김대중이 집권함으로써 민주노총의 합법화(1999.11.23. 노조신고필증 교부)를 포함한 노동개혁이 추진되고 제도적인 차원에서 진보정치가 성장할 수 있는 계기가 마련되었다는 점 또한 부정할 수 없다.

토로하게 만들기도 하였다.

CHAPTER 02 1998년 제2회 동시지방선거와 지방자치: 중앙정치와 지방정치의 분화

제1절 선거의 배경

1998년 실시된 제2회 6.4 동시지방선거는 김대중의 '국민의 정부'가 출범한 이후 처음 맞이한 전국 단위의 선거였다.[1] 민주화 이후 지방자치선거의 도입에 관한 논의가 지속되었지만, 실제로 이를 도입하게 된 것은 1990년 김대중의 단식투쟁을 계기로 기초의회와 광역의회 선거가 실시된 1991년이었다. 하지만 당시의 지방선거에서는 광역 및 기초단체장선거가 배제되어 있었으며, 1995년에야 비로소 이를 포함한 제1회 동시지방선거가 개최될 수 있었다. 이미 앞서 언급하였듯이 그 당시에는 국민회의가 창당되기 직전 민주당으로 야권이 통합되어 있었기에 집권당이던 민자당이 참패하고 서울시장에 조순이 당선되는 등 야당이 승리하였다.

제2회 동시지방선거는 김대중 정부가 출범한지 약 4개월도 안되어 실시되

1 1997년 대선이후 개최된 첫번째 선거는 1998년 4월 2일 국회의원보궐선거였다. 당시의 선거는 4개 선거구에서 개최되었으며, 쌍용양회회장에 복직하기 위해 사직한 김석원(대구 달성군)을 비롯해 제15대 총선에서 당선된 한나라당 소속의원의 3개 지역구(부산 서구, 대구 달성군, 경북 문경시/예천군)와 자민련 소속의원의 1개 지역구(경북 의성군) 등 4개 선거구에서 개최되었다. 당시의 재보궐선거에는 박정희 전대통령의 장녀였던 박근혜(대구 달성군)가 출마하여 주목을 끌었다. 선거결과 박근혜를 포함한 한나라당 후보들이 모두 당선되었다.

었으며, 당시에는 국민회의－자민련 공동정부를 구성하여 김대중과 함께 DJP 연합의 주체였던 김종필이 총리서리로 재직하고 있었다. 김대중 정부는 출범 초기부터 기업, 금융, 공공, 노동부문 등 4대 부문의 개혁을 추진하는데 역점을 두었다. 특히 금융개혁을 통해 관치금융의 청산과 부실은행의 퇴출을 추진하였다(김대중 2010b, 55).[2] 국회에서는 경제위기의 책임론과 해법에 관한 정치공방이 지속되고 있었다. 국제통화기금(IMF)의 압력으로 한국의 경제정책은 인플레이션을 억제하기 위한 저성장정책과 고금리정책을 기조로 추진되었으며, 이로 인한 실업률 상승과 비정규직 양산, 중산층 감소와 사회적 양극화가 심화될 가능성이 점쳐지고 있었다.[3] 이러한 경제위기의 여파는 고비용 정치구조에 대한 우려로 이어져 지방의회 정수는 물론 선거사무원의 정수 또한 축소되었다(중앙선거관리위원회 2013).

제2절 후보공천

제2회 지방선거는 광역 및 기초자치단체장과 광역 및 기초의회의원 등 4개 선거가 동시에 치러졌다. 16개 광역단체장 선거에는 40명의 후보(2.5:1)가 출마하였다(제2회 전국동시지방선거총람, 1998, 68). 제2회 지방선거를 맞이하여 국민회의와 자민련은 각각 8개의 광역시도단체장 선거를 분할하여 후보자를 공천하였다. 국민회의의 경우 광주광역시(고재유), 전남(허경만), 전북(유종근) 등 호남지

2 김대중은 집권초기 신자유주의적 개혁이 불가피하다고 보고 4대 부문의 경제개혁을 추진하였다. 그는 자서전에서 다음과 같이 주장하였다: "경제를 회생시키려면 사정없이, 냉엄하게 개혁을 해야 했고 그러자니 대규모 실업은 피할 수 없었다. … (중략) … 1998년 봄은 내 일생에 가장 아픈 날들의 연속이었다. … (중략) … 외환 위기의 급한 불은 껐지만 불씨는 남아있었다. … (중략) … 튼실한 한국, 그것은 관치경제를 청산하고 진정한 시장 경제로 옮겨 가야만 가능했다. … (중략) … 선택의 여지가 없었다."(2010b, 53~54).

3 난토(Nanto 2001, 18~20)의 의회보고서를 포함해 다수의 연구자들이 이미 지적해왔듯이 IMF의 금융지원방식이 지나친 긴축재정을 요구하고, 노동자들을 포함한 사회적 약자들에 대한 고려를 충분히 하지 않은 채 통화안정에 주력함으로써 경제회복을 더디게 하는 등 다양한 문제가 야기되었다.

역과 서울(고건), 경기(임창렬), 부산(하일민/), 경남(강신화/), 제주(우근민) 등에서, 자민련은 대전(홍선기), 충남(심대평), 충북(이원종) 등 충청지역과 인천(최기선), 강원(한호선/), 대구(이의익/), 경북(이판석/), 울산(차화준/) 등에서 후보를 공천하였다.[4] 거점지역이라고 할 수 있는 호남과 충청을 제외한 10개 광역자치단체장 선거에 양당은 각각 5개 지역을 양분하여 후보를 공천하였으며, 이들 지역에는 선전이 기대되는 지역들이 일부 포함되어 있었다: 국민회의 후보가 출마한 서울, 경기, 제주와 자민련 후보가 출마한 인천, 강원.

당시 광역단체장 후보들의 공천과정에서 주목해야할 것은, 첫째, 김대중과 김종필의 영향이 지대하였다는 점이다. 특히, 서울시장 후보로 당시에 물망에 오르던 한광옥과 노무현을 제치고 고건이 공천을 받게 된 것은 비정치인 출신의 후보를 선호했던 김대중의 의중이 작용하였기 때문이라고 알려져 있다. 아울러, 당시 경기지사 후보였던 임창렬이 자민련 후보로 출마할 예정이었지만, 김종필의 거부로 인천지역에서 최기선이 국민회의가 아닌 자민련으로 당적을 옮겨 출마하는 해프닝이 벌어졌다.[5] 이 과정에서 일종의 희생양이었던 한광옥이나 최기선이 반발하기도 하였지만 공동정부를 구성하고 연합후보의 공천을 추진한 양당 지도부의 결정을 거부하기는 힘들었다. 하지만, 양당이 합의하여 자민련의 한호선을 강원도지사 후보로 공천한 것에 불만을 품은 국민회의의 이상룡(26.9%) 전도지사(1988.5~1990.12)가 탈당하여 무소속후보로 출마하기도 하였다.

둘째, 경제위기의 책임론에서 자유롭지 못했던 한나라당은 대선 직후 개최된 당시 지방선거에서도 패배가 거의 확실시 되었으며, 호남 3개 지역과 대전에서는 광역단체장 후보를 아예 공천도 하지 못하였다. 한나라당 이외에 이인제의 국민신당은 대구(유성환), 인천(김용모), 울산(강정호), 대전(송천영) 등의 4개 광역단체장 선거에 후보를 공천하는데 그쳤다. 한편, 국민승리21을 비롯하여 공

4 /표시는 낙선자

5 애초에 경기도는 자민련, 인천시는 국민회의가 광역단체장 후보를 내기로 합의하였음에도 경기도지사 후보로 이미 국민회의에 입당한 임창렬이 후보로 거론되었다. 최기선은 본래 민자당 소속으로 제1회 동시지방선거에서 인천시장에 당선되었으며 한나라당 소속으로 재직하다가 제2회 동시지방선거 직전인 1998년 4월 3일 탈당하였다. 그 후 그는 국민회의 입당을 시도하다가, 결국 동년 4.27일 자민련에 입당하였다가 2002년 2월 20일 DJP 공조가 깨진 것을 명분으로 자민련을 탈당하였다(경기일보 2002.2.21).

화당, 기독성민당, 민주국민연합, 바른나라정치연합, 통일한국당 등 또한 광역 및 기초단체장선거와 광역의회선거에 단 한명의 후보도 공천하지 않았다.

셋째, 대부분의 광역단체장선거에는 현역단체장이 공천을 받아 재선을 시도하였다. 현역 광역단체장이 출마의사를 밝히지 않은 지역은 서울(조순), 경기(이인제 사임으로 임수복 권한대행), 강원(최각규) 등 3개에 불과하였다. 나머지 13개 광역시도 가운데 전남(허경만), 전북(유종근), 대전(홍선기), 충남(심대평), 충북(주병덕), 대구(문희갑), 경남(김혁규), 경북(이의근) 등 8곳에서는 현역 광역자치단체장이 공천을 받는데 성공하였으나, 부산(문정수)와 광주(송언종), 제주(신구범) 등 3곳에서는 당내경선에서 탈락하였다.[6]

총 232명을 선출하는 기초단체장 선거에는 전국적으로 총 672명의 후보가 출마하였다(평균 경쟁률 2.9:1). 이들 가운데 새정치국민회의는 가장 많은 169명을 공천하였으며, 한나라당은 148명, 자민련은 91명, 무소속은 229명을 공천하였다. 616명을 선출하는 광역의회선거에도 총 1,567명의 후보자들 가운데 국민회의가 가장 많은 477명, 한나라당은 440명, 자민련은 267명, 국민신당은 41명, 무소속 342명을 공천하였다(평균경쟁률 2.5:1). 3,489명을 선출하는 기초의회선거에는 7,725명의 후보가 출마했지만 정당공천이 허용되지 않았다(평균경쟁률 2.2%).[7]

---

6 국민회의의 광주광역시장 후보공천과정에서 송언종 현역시장과 강운태 전내부부장관 등이 가장 유력한 후보로 꼽혔으나 고재유가 대의원경선에서 예상 외로 승리하였다. 그 후 고재유 후보의 선거운동원이 금품을 살포했다는 폭로로 논란이 되었으며, 시민단체의 반발과 시민후보로 윤장현 시민연대모임을 추대하려는 시도가 이어졌지만, 조세형 총재권한대행을 포함한 당지도부는 경선결과를 번복하지 않았다. 이에 대해서는 한겨레21(1998.5.11)을 참조할 것.

7 중앙선거관리위원회의 역대선거정보(후보자)와 달리 '제2회 전국동시지방선거총람'에는 기초단체장 선거에 677명의 후보(2.9:1), 광역의회선거에는 1,571명의 후보(2.6:1), 광역비례대표선거에는 180명의 후보(2.4:1), 기초의회선거에는 7,754명의 후보(2.2:1)가 출마하였다고 밝히고 있다(제2회 전국동시지방선거총람, 1998, 68).

제3절 선거제도

제2회 동시지방선거를 목전에 둔 1998년 4월 30일 일부 선거관련법안의 개정이 이루어졌다. 이들 가운데 주목할 만한 것을 요약하면 다음과 같다. 첫째, 고비용 선거운동의 방법을 개선하기 위하여 시도지사 선거의 경우 선거운동원의 수를 구·시·군수의 2배수에서 1배수로 줄이고, 시도지사선거의 방송광고를 폐지하고, 연설회는 구·시·군마다 3회를 허용하던 것을 1회로 줄였다. 그 대신 배우자의 연설 및 대담을 허용하였으며, 방송연설 횟수를 광역단체장 선거의 경우 TV·라디오별 5회, 기초단체장 선거의 경우 2회로 확대하였다(제2회 전국동시지방선거총람, 1998, pp.71~72).

둘째, 선거일전 120일부터 후보예정자에 대한 대담을 허용하도록 개정한 대통령선거 관련법안(1997.11.14)에 맞추어 시도지사 선거에서도 선거일전 60일부터 후보예정자들과의 대담을 허용하도록 하였다. 셋째, 기탁금 반환요건을 강화하여 단체장 선거는 유효투표의 득표율이 10% 이상인 경우, 지방의원 선거는 평균득표율의 50% 이상인 경우 기탁금을 반환하던 것에서 일괄적으로 평균 유효득표율 또는 유효득표율 20% 이상인 경우 반환하도록 개정하였다(제2회 전국동시지방선거총람 1998, 68). 이로써 기탁금 반환율은 1995년 제1회동시지방선거 시기의 90.4%에서 87.0%로 하락하였다(p.69).

남북관계와 선거

한국에서 북한에 대한 태도는 한국 유권자들의 이념을 구성하는 핵심적인 요소이며, 투표결정과정에서 가장 결정적인 영향을 미치는 것으로 알려져 있다. 그 이유는 500여만명의 사상자가 발생한 한국전쟁의 경험 및 북한에 의한 현실적인 안보위협과 함께 역대권위주의정부가 지배이데올로기로 한국인들에게 내면화시킨 강한 반공/반북이데올로기와 관련이 깊다. 예를 들어, 진보적인 유권자들은 북한에 대한 인도적 지원을 선호하는 반면 보수적인 유권자들은 그렇지 않다(지병근 2013b; Jhee & Kim 2011).

역대 대선에서 북한이슈는 가장 중요한 변수들 가운데 하나였다(주봉호 2007). 1987년 대선직전의 KAL기 폭파사건(11월 29일), 1992년 대선을 앞두고 10월 발표된 '이선실 사건', 1997년 대선 후 밝혀진 '총풍사건', 2002년 대선 직전 발생한 10월 2차 북핵위기 등 대선을 앞두고 다양한 북한관련 이슈들이 발생하였다.

하지만 '국민의 정부' 이후 소위 "햇볕 정책"으로 불리어지는 유화적 대북정책을 통해 남북관계가 급속히 호전되면서, 남한 시민들의 냉전적 사고방식 또한 현격히 변화하게 되었다(Kim 2014, 86). 특히, 금강산 관광사업과 연이은 남북정상회담은 이러한 변화를 촉발시킨 중요한 정치적 계기였다. 아울러, 이러한 변화는 선거정치에도 커다란 변화를 가져왔다. 대표적으로 유권자들의 투표결정과정에서 보수정당이 소유한 소위 '대북이슈'의 중요성이 약화되었다.

물론 연평도 사건이나 천안함 사건과 같이 북한과의 물리적 충돌이 여전히 한국 선거정치의 중요변수로 남아있는 것은 사실이다. 하지만 과거와 같이 남북한 관계를 악화시켜 북한에 대한 한국 유권자들의 공포감 혹은 혐오감을 유발함으로써 보수정당이 선거에서 결정적인 이익을 얻을 수 있을 것이라는 주장은 점차 설득력을 잃어가고 있다(주봉호 2007).[8]

김대중 정부와 노무현 정부시기와는 대조적으로 이명박 정부 시기에는 남북관계가 급격히 경색되었으며, 2010년 발생한 천안함 사건과 연평도 사건은 한국 유권자들의 보수화를 가속화시켰다. 천안함 사건은 이명북 정부시기였던 2010년 3월 26일 남한의 해군 초계함이 침몰한 사건으로 남한의 해군 40명이 사망하였으며 6명이 실종되었다. 침몰이유를 둘러싸고 북한의 어뢰공격 때문이라는 남측과 이를 부정하는 북한 사이에 진실공방이 오갔으며, 초기 국방부의 발표가 번복되면서 남측 주장의 신빙성에 대한 논란이 지속되었다. 연평도 사건은 동년 11월 23일 연평도에 북한군이 포격을 가한 사건이다. 이로 인해 해병대원 2인과 민간인 2인이 사망하였으며, 20여명 가까이 중경상을 입었다. 당시 한미간의 연례훈련인 호국훈련이 진행되고 있었으며, 북한은 남측에서 먼저 포격을 가했다고 주장하였다. 이 사건은 휴전 이후 처음으로 북한군이 남한영토에 직접 포격을 가한 사건이라는 점에 많은 우려를 낳았다. 천안함사건과 연평도 사건은 이명박 정부의 등장 이후 남북한 관계가 지극히 경색되면서 발생한 사건으로 한국사회 내부에 심각한 이념논쟁을 가져왔다. 연평도 사건이 채 마무리되기도 전인 2011년 12월 17일 북한의 김정일(1941~2011)이 사망하였다.

8 주봉호(2007, 39)는 제15대 대선에서 "북풍"이 선거결과에 미친 영향을 분석하였으며, 당시 "미풍"에 그쳤던 이유를 국민의식의 성장, 국민회의의 철저한 대응, 경제위기 속에서 북한 문제가 크게 주목을 받지 못하게 된 점 등에서 찾았다.

제4절 선거과정

제2회 동시지방선거에서 가장 주목을 받은 선거는 수도권의 서울시장선거와 경기도지사선거, 그리고 강원도지사선거와 부산시장선거였다. 서울시장선거의 경우 국민회의의 고건과 한나라당의 최병렬이 경합을 벌였다.[9] 선거과정에서 두 후보 모두 서울시장을 역임한 경험을 바탕을 시정개혁을 주창하였으며, 고건 자신과 그의 차남에 대한 병역기피의혹과 최병렬에 대한 단국대부지 풍치지구해제를 둘러싼 의혹이 제기되기도 하였다. 경기도지사 선거에서는 국가부도사태 당시 경제부총리(1997.11~1998.3)로서 대통령당선자 신분이었던 김대중의 신임을 받았던 국민회의의 임창렬과 정치학자 출신으로 보건복지부장관(1996.11~1997.8)을 역임한 한나라당의 손학규가 외자유치 및 수도권 정비와 규제철폐, 중소기업 지원과 수도권정비계획법의 철폐 등을 공약으로 제시하며 경합을 벌였다.

강원도지사 선거는 비영남지역에서는 유일하게 한나라당에게 유리한 후보 경합구도(자민련의 한호선과 한나라당의 김진선, 무소속 이상룡) 속에서 진행되었다. 가장 유력한 후보로 꼽히던 이상룡은 두 차례(1988.5.~1990.12, 1993.12~1995.3) 강원도지사를 역임한 경력이 있었으나 한호선을 공천하기로 국민회의가 자민련과 합의하자 국민회의를 탈당하여 무소속으로 출마하였으며 강원도 행정부지사(1995~1998)였던 김진선과 경합을 벌였다. 부산시장선거의 경우에는 한나라당의 안상영과 한나라당을 탈당하여 무소속으로 출마한 김기재가 경합을 벌였다. 국민회의의 하일민의 경우 지지율이 저조하여 당선가능성이 그다지 높지 않았던 반면, 부산시장(1994.9~1995.6)을 역임했던 김기재는 한나라당의 안상영에게는

9 고건은 역대 정권에서 행정관료로서 화려한 경력을 쌓아왔다. 전두환정권 초기부터 교통부장관(1980.9~1981.3), 농수산부장관(1981.3~1982.5), 내무부장관(1987.5~7)과 관선 서울시장(1988. 12~1990.12)을 역임한 데 이어서 김영삼 정권 시절 말기 국무총리(1997.3~1998.3)를 역임하였다. 기자 출신(한국일보, 조선일보)이었던 최병렬 또한 제12대 전국구 의원(민정당)으로 정계에 입문한 이후 제14대 전국구의원(민자당), 제15대 지역구의원(서초, 신한국당), 노태우정부 시절에는 문화공보부 장관(1988.12~1989.12)와 공보처 장관(1989.12~1990.12), 그리고 노동부 장관(1990.12~1992.6), 관선 서울시장(1994.11~1995.6)을 역임하였다. 이에 대해서는 대한민국헌정회와 신동아(1998.6).

매우 위협적인 존재였다.[10] 높은 지지율에 비해 당내지지기반이 취약했던 그는 중앙당이 당내경선을 추진하자 이를 거부하고 한나라당을 탈당하여 무소속으로 출마했다. 이로써 그가 출마한 부산은 영남지역에서 유일하게 한나라당 후보를 누르고 비한나라당 광역단체장을 탄생시킬 수 있는 지역으로 주목을 받았다.

제5절 선거결과

1. 광역자치단체장 선거: 국민회의와 자민련 연합의 완승

1998년 제2회 6.4 동시지방선거의 투표율은 제1회 6.27 동시지방선거의 68.4%보다 무려 15.7% 하락한 52.7%였으며, 국민회의와 자민련 등 집권여당의 완승으로 종결되었다(부록 12 참조). 아래의 <표 1-2-1>에서 나타나는 바와 같이 서울, 인천, 경기 등 수도권뿐만 아니라 호남과 충청, 제주 지역에서 여당의 광역단체장 후보들이 당선되었다. 국민회의와 자민련이 대선에 이어 지방선거에서도 공조를 통해 상당한 성과를 거두게 된 것이다.[11] 지난 1995년 제1회 지방선거에서 민자당은 수도권 가운데 서울(조순, 국민회의)을 제외한 경기(이인제)와 인천(최기선)의 광역단체장 선거에서 후보를 당선시켰다. 그런데 이번 광역자치단체장 선거에서는 민자당의 후신인 한나라당의 후보들이 이들 지역에서 모두 낙선하고 대신 국민회의와 자민련의 공천을 받은 후보자들이 당선되었다.

---

10 안상영은 2~3회 부산시장선거에서 승리하였지만, 금품수수 혐의로 구속되었다가 2004년 2월 초에 구치소에서 자살하였다. 그의 사망 이후 오거돈(2003.10~2004.5)과 안준태(2004.5~2004.6)가 권한대행을 하였다.

11 당시의 지방선거에서 투표율과 관련하여 주목할 만한 것은 대도시와 농어촌 지역 사이의 현격한 차이가 있었다는 점이다. 7개 광역시장선거의 경우 평균투표율은 47.3%로 농촌지역이 많은 도지사 선거의 62.3%보다 무려 15.0%의 차이가 있었다(정대화 1998, 186). 이호철(1998, 153)은 금융위기가 정치적 무관심을 유발하였으며, 이에 따라 투표율이 하락하였다고 보았다. 이와 달리, 정대화(1998, 189~190)는 당시 지방선거에서 나타난 낮은 투표율이 경제위기에 따른 정치적 무관심보다 지역대결구도에 따른 정치불신과 "제한적 경쟁상황"과 국민회의와 자민련의 "연합공천"에 따른 낮은 "불확실성"에서 기인한 것이라고 주장하였다.

그럼에도 불구하고, 지난 1995년 제1회 지방선거에서 무소속 후보가 당선되었던 대구와 자민련이 당선자를 배출했던 강원도에서는 한나라당 후보가 광역자치단체장에 당선되었다. 대구광역시장선거의 경우 1995년 무소속으로 당선되었던 문희갑이 1997년 12월 3일 한나라당에 입당하여 한나라당 후보로 재선에 성공하였다(정용균, 동아일보 1997/12/5). 아울러, 강원도지사선거의 경우에는 자민련의 한호선(득표율 33.8%)과 국민회의를 탈당하여 무소속으로 출마한 이상룡(26.9%)이 여권의 표를 분점하게 됨으로써 한나라당의 김진선(39.3%)이 어부지리로 당선될 수 있었다.

〈표 1-2-1〉 제2회 광역자치단체장선거(1995, 1998) 결과: 당선자 소속정당

지역	제1회 (1995.6.27)	제2회 (1998.6.4)
서울특별시	● 조순	● 고건
부산광역시	○ 문정수	○ 안상영
대구광역시	√/○ 문희갑	○ 문희갑
인천광역시	○/◇ 최기선	◇ 최기선
광주광역시	● 송언종	● 고재유
대전광역시	◇ 홍선기	◇ 홍선기
울산광역시	–	○ 심완구
경기도	○ 이인제	● 임창열
강원도	◇ 최각규	○ 김진선
충청북도	◇/○ 주병덕	◇ 이원종
충청남도	◇ 심대평	◇ 심대평
전라북도	● 유종근	● 유종근
전라남도	● 허경만	● 허경만
경상북도	○ 이의근	○ 이의근
경상남도	○ 김혁규	○ 김혁규
제주특별자치도	√/● 신구범	● 우근민

○ 민자당(1회), 한나라당(2회), ● 민주당(1회), 국민회의(2회), ◇ 자민련, √ 무소속

자민련은 대전, 충남, 충북 등 충청지역과 인천에서 광역단체장을 차지하였지만, 국민회의와의 후보단일화를 통해 출마시켰던 5개 지역 가운데 인천을 제외한 강원, 대구, 경북, 울산 등지에서 당선자를 배출하는데 실패하였다. 이는 국민회의가 호남지역 이외에 후보를 출마시킨 5개 지역 가운데 서울, 경기, 제주 등 3곳에서 당선자를 배출한 것과 비교할 때 상대적으로 초라한 성적이라고 할 수 있었다. 더구나, 지난 제1회 지방선거에서 당선자를 배출했던 강원도지사 선거와 박태준이 적극 지원한 울산광역시장 선거에서 모두 패배하는 등 자민련은 별다른 세력 확대를 이루지 못하였다(한겨레21 212, 19).[12]

현역 광역단체장의 재선여부를 살펴보면, 16개 광역시도 가운데 9개 지역의 현역단체장들이 출마한 가운데 충북을 제외한 8곳에서 재선에 성공하였다. 대구의 문희갑, 경남의 김혁규, 경북의 이의근 등이 한나라당 후보로, 인천의 최기선과 대전의 홍선기, 충남의 심대평이 자민련의 후보로, 전남의 허경만과 전북의 유종근이 국민회의의 후보로 재선에 성공한 것이다. 현역 광역단체장으로는 충북지사에 다시 출마한 주병덕만이 유일하게 낙선하였다.[13] 이는 한국의 지방선거에서 현역단체장의 재선가능성이 매우 높다는 점을 보여주는 것이다. 굳이 관권을 동원하지 않더라도 높은 인지도와 행정경험이 선거경쟁에서 그들에게 상당한 도움을 주었다고 볼 수 있다.

당시의 광역단체장선거에서도 당선자의 소속정당에서 지역편향성이 확연하게 나타났다. 국민회의는 광주광역시, 전남, 전북 등 호남의 광역단체장선거

---

12 박태준(1927~2011)은 육군사관학교 재학시절(6기) 교관이던 박정희를 만났으며, 5.16 군사쿠데타에는 참여하지 않았으나 그와의 각별한 친분으로 포항제철 건설추진위원장에 임명되어 포철의 성공신화를 이끈 기업인으로 성장하였다(중앙일보 2011.12.14). 그는 1980년 국가보위입법회의에 참여한 이후 제11대, 제13대, 제14대 국회의원(비례대표)을 역임하였으며, 민자당 창당시기 민정당의 대표였다. 1992년 제14대 대선시기 민자당 최고위원이었던 그는 김영삼의 도움을 거절했다는 이유로 문민정부시절 정치적 탄압을 받았으며 이를 피해 해외에 머물렀던 것으로 알려져 있다. 그는 1997년 7월 24일 개최된 포항 북구 재보궐선거에서 무소속으로 출마하여 당선되어 정계에 복귀하였으며, 김종필에 의해 영입되어 동년 11월 21일 자민련 총재가 되었다. 자민련에 박철언이 영입된 것은 당시 당내에서 대구경북지역을 대표하던 박철언을 견제하기 위한 김종필의 의중이 작용하였지만, 역설적으로 그가 내각제 개헌에 소극적인 모습을 보임으로써 당내에서 이를 둘러싼 갈등이 유발되었다(윤승모 1999).

13 그는 1997년 자민련을 탈당해 신한국당에 입당한 후 한나라당 후보로 도지사선거에 출마하였다.

에서, 자민련은 대전, 충남, 충북 등 충청지역의 광역단체장선거에서 모두 승리하였다. 대구, 경남, 경북, 울산, 부산 등 영남지역에서는 모두 한나라당 후보가 광역단체장선거를 휩쓸었다. 지난 제2회 지방선거에서는 대구에서 무소속 후보였던 문희갑이 당선되기도 하였지만, 이번 지방선거에서 그와 같은 예외는 발생하지 않았다.[14]

2. 기초단체장 선거

기초단체장 선거 결과 역시 집권여당의 승리와 함께 정당별 당선자 분포에서 심각한 지역편향성이 나타났다는 점에서 광역단체장 선거결과와 크게 다르지 않았다. 기초단체장 선거에서 국민회의는 36.3%, 한나라당은 31.9%, 자민련은 12.5%의 당선자를 배출하였다. 지역별로 당선자들의 분포를 살펴보면, 한나라당은 호남과 충청지역에서 단 한명의 기초단체장도 당선시키지 못하였다. 국민회의와 자민련 또한 각각 경북 1곳과 경북 2곳을 제외하면 대구, 부산, 경남, 울산에서 단 한 명의 기초단체장도 당선시키지 못하였다. 국민회의는 충북 두 곳에서 기초단체장을 당선시켰지만, 자민련은 호남의 어느 곳에서도 기초단체장을 당선시키지 못하였다. 국민신당은 충남 1곳에서만 당선자를 배출하는데 성공하였다.[15]

14 정대화(1998, 183)는 당시의 선거를 "극단적 지역주의와 극단적인 정치적 무관심의 공동축제"라고 묘사하였다. 그의 분석(p.194)에 따르면, 단독후보 혹은 무투표 당선자는 광역단체장선거의 경우 2개(전남과 전북), 기초단체장선거는 23개, 광역의원선거는 49개, 기초의원선거는 무려 684개에 달하였다. 그(p.196)는 무소속 후보의 약진, 사회운동단체 출신 후보의 진출, 낮은 투표율이 지역대결구도에 대해 "거부하는 움직임"이라고 보았다.

15 제1회 지방선거에서 민주당은 경북과 부산에서 각각 1명의 기초단체장과 1명의 시의원을 배출하였으며, 자민련은 대구에서 1명의 기초단체장, 그리고 대구와 경북에서 각각 7명과 2명의 시의원을 배출하였다. 제2회 지방선거에서 국민회의는 경북에서 1명의 기초단체장을, 자민련은 2명의 기초단체장, 그리고 부산과 경북에서 각각 1명과 5명의 시의원을 배출하였다(중앙선거관리위원회 역대선거정보).

〈표 1-2-2〉 제2회 기초자치단체장선거(1998) 결과

지역	(당선자수)	한나라당		새정치국민회의		자민련		국민신당		무소속	
합계	(232)	31.9	(74)	36.2	(84)	12.5	(29)	0.4	(1)	19.0	(44)
서울특별시	(25)	20.0	(5)	76.0	(19)	4.0	(1)	0.0	(0)	0.0	(0)
부산광역시	(16)	68.8	(11)	0.0	(0)	0.0	(0)	0.0	(0)	31.3	(5)
대구광역시	(8)	87.5	(7)	0.0	(0)	0.0	(0)	0.0	(0)	12.5	(1)
인천광역시	(10)	0.0	(0)	90.0	(9)	10.0	(1)	0.0	(0)	0.0	(0)
광주광역시	(5)	0.0	(0)	100.0	(5)	0.0	(0)	0.0	(0)	0.0	(0)
대전광역시	(5)	0.0	(0)	20.0	(1)	80.0	(4)	0.0	(0)	0.0	(0)
울산광역시	(5)	60.0	(3)	0.0	(0)	0.0	(0)	0.0	(0)	40.0	(2)
경기도	(31)	19.4	(6)	64.5	(20)	6.5	(2)	0.0	(0)	9.7	(3)
강원도	(18)	72.2	(13)	5.6	(1)	11.1	(2)	0.0	(0)	11.1	(2)
충청북도	(11)	0.0	(0)	18.2	(2)	54.5	(6)	0.0	(0)	27.3	(3)
충청남도	(15)	0.0	(0)	0.0	(0)	73.3	(11)	6.7	(1)	20.0	(3)
전라북도	(14)	0.0	(0)	64.3	(9)	0.0	(0)	0.0	(0)	35.7	(5)
전라남도	(22)	0.0	(0)	68.2	(15)	0.0	(0)	0.0	(0)	31.8	(7)
경상북도	(23)	60.9	(14)	4.3	(1)	8.7	(2)	0.0	(0)	26.1	(6)
경상남도	(20)	70.0	(14)	0.0	(0)	0.0	(0)	0.0	(0)	30.0	(6)
제주도	(4)	25.0	(1)	50.0	(2)	0.0	(0)	0.0	(0)	25.0	(1)

( )안은 당선된 기초단체장의 수
출처: 중앙선거관리위원회, 역대선거정보

3. 광역의회선거

광역의회의원선거에서도 정당별 당선자들의 분포는 심각한 지역편향성이 나타났다. 전국에서 광역의회의원으로 당선된 이들 가운데 여당인 국민회의와 자민련 소속 후보자들이 각각 44.0%와 13.3%를 차지하였으며, 한나라당 후보자들은 36.4%를 차지하였다. 하지만 지역별로 살펴보면, 이들은 각각 호남, 충청, 영남에서 거의 모든 광역의회선거에서 승리함으로써 독점적 지위를 재생산하는

데 성공하였다. 반면, 이들은 자신들의 지지기반을 제외한 다른 지역에서는 거의 당선자를 배출하지 못하였다. 한나라당은 호남과 충청에서, 국민회의는 영남에서, 자민련은 대구와 울산, 그리고 경남에서 단 한명의 광역의원도 당선시키지 못하였다. 국민회의는 충남에서 1명(3.1%), 충북에서 3명(12.5%), 자민련은 전남에서 1명(2.0%), 경북에서 5명(9.3%), 부산에서 1명(2.3%)의 광역의원을 배출하는데 그쳤다. 국민신당은 총 616명을 뽑는 광역의회선거에서 단 한 석도 차지하지 못하였다.16

제2회 지방선거에서 집권여당인 국민회의가 승리할 수 있었던 이유는 무엇보다 지방선거의 개최시기가 김대중 정부가 출범한지 얼마 되지 않은 '허니문 기간(honeymoon period)'이었기에 여당에 대한 기대를 유권자들이 갖고 있었다는 점에서 찾을 수 있다. 아울러, 국민회의는 지난 제15대 대선에서와 마찬가지로 자민련과의 선거공조를 통해 여당지지자들의 결집을 이룸으로써 승리했다고 볼 수 있다. '5공 청산'과정에서 민자당 내부의 민정계와 대구경북지역민들의 반발, 그리고 김종필과 공화계 인사들이 탈당하여 자민련을 창당한 이후 실시된 제1회 지방선거에서 민자당이 참패한데 이어서 제2회 지방선거에서도 반한나라당 연합이라고 할 수 있는 국민회의-자민련 연합에 의해 민자당의 후신인 한나라당이 패배하고 만 것이다.

---

16 정대화(1998, 197)에 따르면 한국노총이 42명, 민주노총이 23명, 환경운동연합이 21명, 전국농민회가 21명의 당선자를 배출하였다. 그는 민주노총이 울산에서 무소속으로 출마한 2명의 구청장(울산 북구의 조승수, 동구의 김창현)을 당선시켰다는 사실에 주목하고 "노동자 밀집지구에서 노동자계급정치의 가능성"을 보여주었다고 주장하였다. 김창현은 울산연합을 대표하는 정치인으로 당선 직후인 1998년 7월 25일 소위 "동창회사건"으로 알려진 사건에 연루되어 국가보안법혐의로 구속되었으며 징역2년을 선고받았다(동아일보 2009.9.25). 그는 1995년 제1회 지방선거를 통해 경남도의원으로 선출된 경력이 있었다. 그는 2004년 문성현 대표체제에서 민주노동당의 사무총장이 되었으며, 2010년 제5회 지방선거에서 울산시장에 출마하였다가 낙선하였다. 조승수 역시 1995년 울산시의원이 되었으며, 2004년 제17대 총선에서 울산북구의 국회의원으로 당선되었다가 사전선거운동 혐의로 의원직을 박탈당하였다. 그는 2008년 2월 민주노동당을 탈당하여 진보신당을 창당하였다. 2009년 울산북구 국회의원선거에서 여론조사를 이용한 후보단일화경선에서 김창현을 이기고 본선에 출마하여 재선되었다. 2011년에는 진보신당을 탈당하고 통합진보당 창당흐름에 합류하여 2012년 제19대 총선에 울산 남구갑에 출마하였지만 후보단일화 경선에서 탈락하였다. 2012년 말 통합진보당을 탈당하고 정의당을 창당하였으며, 2014년 제6회 지방선거에서는 울산시장에 출마하였으나 낙선하였다.

〈표 1-2-3〉 제2회 광역의회의원선거(1998) 정당별 당선자 분포

지역	(당선자수)	한나라당		새정치국민회의		자민련		무소속	
합계	(616)	36.4	(224)	44.0	(271)	13.3	(82)	6.3	(39)
서울특별시	(94)	16.0	(15)	83.0	(78)	1.1	(1)	0.0	(0)
부산광역시	(44)	97.7	(43)	0.0	(0)	2.3	(1)	0.0	(0)
대구광역시	(26)	100.0	(26)	0.0	(0)	0.0	(0)	0.0	(0)
인천광역시	(26)	15.4	(4)	76.9	(20)	3.8	(1)	3.8	(1)
광주광역시	(14)	0.0	(0)	100.0	(14)	0.0	(0)	0.0	(0)
대전광역시	(14)	0.0	(0)	0.0	(0)	100.0	(14)	0.0	(0)
울산광역시	(14)	64.3	(9)	0.0	(0)	0.0	(0)	35.7	(5)
경기도	(88)	20.5	(18)	69.3	(61)	10.2	(9)	0.0	(0)
강원도	(42)	50.0	(21)	28.6	(12)	7.1	(3)	14.3	(6)
충청북도	(24)	0.0	(0)	12.5	(3)	70.8	(17)	16.7	(4)
충청남도	(32)	0.0	(0)	3.1	(1)	93.8	(30)	3.1	(1)
전라북도	(34)	0.0	(0)	94.1	(32)	0.0	(0)	5.9	(2)
전라남도	(50)	0.0	(0)	84.0	(42)	2.0	(1)	14.0	(7)
경상북도	(54)	81.5	(44)	0.0	(0)	9.3	(5)	9.3	(5)
경상남도	(46)	89.1	(41)	0.0	(0)	0.0	(0)	10.9	(5)
제주도	(14)	21.4	(3)	57.1	(8)	0.0	(0)	21.4	(3)

( )안은 당선된 기초단체장의 수
출처: 중앙선거관리위원회, 역대선거정보

앞서 살펴본 대로 이번 지방선거에서도 당선자들의 정당별 분포가 확연히 지역편향적이었다. 국민회의, 한나라당, 자민련은 각각 호남, 영남, 충청 지역의 모든 광역단체장 후보를 당선시키는 데 성공하였다. 그런데, 한 가지 주목해야 할 것은 이번 지방선거를 계기로 자민련은 충청지역에서 독점적인 지위를 유지할 수 있었지만, 영남지역의 지지기반을 거의 상실하였다는 점이다. 반면, 한나라당은 1997년 대선을 계기로 조순의 민주당이 사라진 조건에서 처음 실시된 당시의 지방선거를 영남지역에서의 독점적 지위를 더욱 확고히 할 수 있었다.

사회적 균열과 정치연합에 따른 영호남 유권자들의 정당편향성

한국에서는 1987년 대선과 1988년 총선을 계기로 지역정당체제가 구성되었으며 영호남 유권자들의 정당편향적 투표행태가 지속되어왔다. 그런데 1997년 대선을 정점으로 호남 유권자들의 정당편향성이 약화된 반면, 그 직후 개최된 1998년 지방선거에서는 영남 유권자들의 정당편향적 투표행태가 강화되었다. 하지만 이러한 변화의 원인이 각 지역시민들의 지역감정이 개선되었다거나 악화되었기 때문이라고 단정하기는 힘들다(지병근 2013a; 지병근 2014c; 지병근 2015). 사회적 균열이 정치적 균열의 중요한 원인인 것은 틀림없지만, 반드시 그런 것은 아니며, 따라서 정치적 균열의 원인을 사회적 균열로만 환원시킬 필요는 없다. 영호남 유권자들의 정당편향성 혹은 정당득표율/당선율의 지역편향성이 지난 1995년 제1회 지방선거에 비해 1998년 제2회 지방선거에서 심화된 것은 꼬마민주당과 신한국당이 1997년 합당하여 영남지역을 대표하는 단일정당인 한나라당을 창당하였을 뿐만 아니라 단순다수제하에서 국민회의와 자민련이 추진한 양당의 선거연합에 따른 것이라고 할 수 있다. 2002년 제3회 지방선거와 2004년 17대 총선에서 한나라당이 충청지역에 진출할 수 있었던 것 역시 지역감정이 완화되었기 때문이라기보다 민주당-자민련 연합의 약화에 따른 것이라고 할 수 있다. 지역균열만이 아니라 선거제도, 정치연합 등 또한 선거결과에 영향을 미친다(지병근 2015). 아울러 한국사회에서 세대, 이념, 계층/계급 균열 등 새로운 사회적 균열의 부상이 반드시 지역균열의 약화로 귀결되지는 않는다. 이들 사이의 균열구조가 교차하지 않고 중첩되어 있을 가능성이 없지 않기 때문이다.

제6절 선거의 영향

1. 지역주의적 정당체제의 강화

제2회 지방선거에서는 다음과 같은 점에서 주목할 만한 변화가 나타났다. 첫째, 이번 선거를 계기로 한나라당, 국민회의, 자민련이 각각 영남, 호남, 충청지역에서 지지자의 분할이 더욱 분명하게 나타났다. 국민회의와 자민련은 영남

지역으로 정치적 영향력을 확대하는데 실패하였다. 특히, 자민련의 경우 박태준을 통해 영남지역으로 영향력을 확대하는데 실패하였으며, 충청지역을 대표하는 지역정당에 머무르게 되었다. 한나라당 또한 호남은 물론 충청지역에서 별다른 성과를 얻는데 실패하였다. 이로써 이번 선거는 1988년 총선을 기점으로 출현한 3개의 지역정당이 지지기반의 외연을 확정함으로써 매우 '순수한' 형태로 '지역주의적 정당체제'를 강화시킨 선거라고 할 수 있다.

> 1997년·2002년 대선시기의 선거연합
>
> 1997년 대선에서 '내각제 개헌'을 매개로 김대중과 김종필 등 정치엘리트가 주도한 호남-충청연합이 이루어진 반면, 2002년 대선에서는 '신행정수도 공약'을 매개로 유권자 차원의 호남-충청연합이 추진되고, 정치엘리트 차원의 호남-부경연합이 추진되었다고 할 수 있다. 의원내각제와 '신행정수도 공약'은 모두 충청권 유권자들의 지지를 얻기 위하여 정책적으로 추진된 것이며, '민주당계' 정당의 후보자들이 제기한 것이라는 점에서 공통점이 있다. 하지만 전자는 충청지역을 대표하는 정치인이었던 김종필과의 연합을 위해 그가 원하는 정책을 김대중이 수용한 것이라면, 후자는 충청지역의 상층정치엘리트가 아닌 일반 유권자들을 대상으로 노무현이 제시한 것이다. 이들의 차이는 '3김 시대'의 정치와 그 이후 시대의 정치적 특성을 잘 보여준다.

2. 여당내부의 균열

둘째, 제2회 지방선거는 국민회의와 자민련 사이의 공조체제가 약화되는 계기가 되기도 하였다. 한나라당의 반대로 국무총리임명이 지연되었음에도 불구하고 이를 적극적으로 대처하지 않은 김대중에 대한 김종필의 불만이 커지고 있던 상황에서, 수도권 및 강원도의 광역단체장 후보선정을 둘러싸고 자민련과 국민회의 사이의 갈등이 발생하였다. 이미 앞서 언급하였듯이 소위 'IMF 체제'로의 이행과정에서 전국적으로 인기가 급상승한 임창렬 경제부총리와 제2회 지방선거를 앞두고 한나라당을 탈당한 현직 인천시장 최기선 후보를 둘러싸고 양당 사이에 경쟁이 벌어졌으며, 결국 김종필의 요구에 따라 임창렬 경제부총리는 국민회의 후보로, 최기선은 자민련 후보로 각각 경기와 인천지역에서 출마하게 되었다. 강원도지사선거에서도 이상렬 전지사가 후보단일화에 불만을 품고 국민회의를 탈당하여 무소속으로 출마함으로써 결국 자민련 후보였던 한호선이 낙선하고 새누리당 후보인 김진선이 당선되자 그의 출마를 막지 못한 국민회의에 대한 자민련의 불만이 적지 않았다.

3. 한나라당의 지도부재편

셋째, 한나라당 또한 지방선거에서 패배한 책임론을 둘러싼 내부 갈등과 지도부 교체요구가 부상하며 조순체제가 위협받게 되었다. 이미 앞서 언급한 것처럼 조순은 지난 대선 막바지에 자신을 영입했던 민주당과 신한국당을 통합하는 조건으로 당시 신한국당의 대선후보였던 이회창을 지지하는 대신 자신이 신당의 총재를 맡기로 합의하였다. 하지만, 자신의 정치력을 시험하는 첫 무대였던 이번 지방선거에서 그의 고향인 강원도를 제외하면 영남 이외의 지역에서 개최된 광역단체장선거에서 단 한명의 당선자도 배출하지 못함으로써 당내의 주류로부터 신임을 얻지 못하게 되었다.

4. 국민신당의 몰락

넷째, 이인제가 주도하여 창당한 국민신당의 경우 당시 지방선거에서 기초단체장 1명(전일순, 논산시장)만을 당선시키는데 성공함으로써 소멸의 길에 들어서게 되었으며, 결국 1998년 8월 29일 국민회의와 통합하였다(이연홍·전영기. 1998). 당시 통합은 이만섭 국민신당 총재와 김대중 국민회의총재 사이의 합의로 이루어졌으며, 형식적으로는 당대당 통합이지만 실질적으로는 국민회의에 국민신당이 흡수통합된 것이다. 통합당시에는 국민신당 소속 의원들 가운데 6인만이 양당의 통합에 동의하였으며, 2인은 관망하는 자세를 취했다. 1명의 의원(김학원)만이 국민회의에 입당하기를 거부하고 자민련에 입당하였다.

5. 7.21 재보궐선거(1998)

1998년 제2회 동시지방선거 직후인 7월 21일에는 국회의원 재보궐선거가 실시되었다.[17] 당시의 재보궐선거에는 제15대 총선에서 한나라당 소속의원들이 당선되었던 6개 지역구(서울시 종로구, 서울시 서초갑, 부산 해운대구·기장군, 수원시 팔달구, 경기도 광명을, 강원도 강릉을)와 자민련 의원이 당선된 1개 지역구(부산 해운대구/기장군)가 포함되었다. 이명박(종로구)은 선거법 위반혐의로 당선무효가 임박하자 의원직을 사퇴하였으며, 최욱철(강릉시)은 법정선거비용초과 혐의로 의원직을 상실하였다. 이들 외에도 최병렬(한나라당, 서울시장 후보), 김기재(한나라당, 부산시장 후보), 손학규(한나라당, 경기지사 후보) 등 3인은 모두 결국 낙선하였지만 제2회 동시지방선거에 광역단체장으로 출마하기 위해 국회의원직을 사퇴하였다. 남평우(수원시 팔달구)의 경우에는 지병으로 사망하였기에 보궐선거가 실시되었다.[18]

당시의 재보궐선거에는 한나라당의 총재였던 조순, 5공 청문회의 스타였으며 이후 제16대 대통령에 취임한 노무현, 사망한 남평우의 장남으로 2014년 경기도지사에 당선된 남경필이 출마하였다. 당시의 보궐선거를 통해 국민회의는 한나라당 의원의 지역구였던 종로구(노무현 당선)와 광명을(조세형 당선) 등 2개 지역구에서 승리함으로써 의석수를 늘리게 되었으며, 자민련 역시 해운대구/기장군(김동주)에서 승리함으로써 국회내 의석을 지킬 수 있었다. 한나라당은 서초갑(정원홍), 대구 북구갑(박승국), 수원시 팔달구(남경필), 강릉시(조순) 등 4개 지역구에서만 당선자를 배출할 수 있었다. 하지만 당시의 선거는 집권여당인 국민회의와 자민련이 승리하였다고 보기는 어렵다. 왜냐하면, 당시 보궐선거가 개최된 7개 지역구 가운데 과반수인 4개 지역구에서 한나라당이 승리하였을 뿐만 아니라 제2회 지방선거에서 압승했던 것을 고려할 때 국민회의가 수도권인 경기 광명을에서 신승하고, 수원팔달구에서도 한나라당 후보에게 패배하였기

17 역대 재보궐선거결과는 부록 19를 참조할 것.

18 재보궐선거가 국민의 세금으로 실시된다는 점에서 그 원인을 제공한 정당의 경우 후보를 공천하지 못하게 하거나, 사퇴한 이에게 선거비용의 일부를 부담지우는 방안 등 이를 억제하기 위한 다양한 방안에 대하여 다양한 논의가 제기되어왔다(지충남·최길수 2009).

때문이다.[19]

6. 3.30·6.3 재보궐선거(1999)

1999년 3월 30일 개최된 재보궐선거는 당선무효가 된 이신행(서울시 구로구 을)과 사망한 제정구(경기도 시흥시) 등 2명의 한나라당 소속 국회의원들과 뇌물혐의로 구속된 이석용 경기도 안양시장으로 인해 실시된 것이었다. 선거결과 서울시 구로구 을에서는 집권여당 소속의 후보인 한광옥(새정치국민회의), 경기도 시흥시에서는 김의재(자민련), 안양시장으로는 신중대(한나라당)이 당선되었다. 동년 6월 3일에는 당선무효가 된 이기문(인천시 계양구 강화군갑, 새정치민주연합)과 홍준표(송파구갑, 한나라당) 등 두 명의 여야 국회의원들에 대한 보궐선거가 개최되었다. '고승덕 파문'으로 물의를 빚었던 송파구 갑 국회의원 보궐선거의 경우 한나라당 이회창 총재가 직접 출마하여 당선되었으며, 강화구 갑 국회의원 보궐선거 역시 한나라당의 안상수 후보가 당선되었다(시사저널 1999.5.20). 한편, 2000년 1월 25일에도 인천 남동구와 부산해운대구에서 구청장 재보궐선거가 실시되어 한나라당 후보자들이 모두 당선되었다.

19 이 때문에 정해구(1998, 286)는 당시의 선거에서 한나라당이 승리하였다고 보았다.

CHAPTER

03 2000년 제16대 국회의원선거와 여소야대체제의 재생산

제1절 선거의 배경

1. 한나라당의 이회창 체제의 확립과 조폐공사파업유도 및 옷로비 사건에 대한 특검

제16대 총선은 김대중 정부가 집권한지 2년이 경과된 2000년 4월 13일에 개최되었다. 따라서, 이 선거는 1998년 시작된 '국민의 정부'를 평가하는 중간선거임과 동시에 2002년 대선을 앞둔 전초전의 성격을 띠고 있었다고 볼 수 있다. 지난 제15대 대선을 통해 등장한 김대중 정부 하에서 국민회의와 자민련은 공동정부를 구성하였으며, 자민련 총재 출신인 김종필(1998.3~2000.1)에 이어 총선 직전인 2000년 1월 박태준(2000.1~2000.5)이 국무총리직을 맡았다. 집권초반 김대중 정부는 경제위기를 극복하기 위한 다양한 구조조정을 진행하였으며, 비교적 성공적으로 한국경제를 안정화시켰다는 평가를 받았다.

1997년 제15대 대선 이후 한나라당은 이회창 중심의 체제를 재정비하는 데 주력하였다. 1998년 4월 10일 전당대회를 통해 조순과 이회창을 각각 총재와 명예총재로 재추대하고, 대표위원직을 폐지하고 이한동, 김윤환, 이기택, 김덕용, 신상우 등 여러 당내 계파들을 대표하는 이들을 부총재로 지명하였다(MBC News

1998.4.10). 하지만, 1998년 제2회 6.4지방선거에서 참패한 이후 이회창과 김윤환은 조기전당대회를 요구하며 조순을 압박하였다. 결국, 이회창은 동년 8월 31일 개최된 전당대회에서 총재(1998.8~2000.5)에 선출되었으며, 조순은 명예총재로 추대되었다(MBC News 1998.8.31).

그런데 한나라당의 전당대회 직후 검찰이 정치인 비리와 함께 지난 대선에서 국세청과 안기부를 동원한 불법선거자금모금에 대한 수사를 시작하였다. 이회창은 이를 정치보복과 한나라당 파괴공작으로 규정하고 국민회의 대선자금에 대한 조사와 특검 도입을 요구하는 등 맞불을 놓았다(MBC News 1998.9.10). 하지만 총풍사건마저 터져 나오면서 한나라당은 궁지에 몰리게 되었다. 비록 1999년 조폐공사파업유도 및 옷로비 사건에 대한 특검 실시를 요구하여 관철시키는 등 정치공세를 펼치기도 하였으나 대선자금모금을 둘러싼 의혹이 제기되고 검찰수사결과가 발표되면서 한나라당은 심각한 위기에 처하게 되었다.[1]

2. '젊은피 수혈론'과 새천년민주당의 창당

한편, 새정치국민회의는 1999년 소위 '젊은피 수혈론'과 '전국정당화'를 통한 정당개혁을 추진하였으며, 2000년 4.13총선 직전인 2000년 1월 20일에는 당을 해산하고 새천년민주당(2000.1.20~2006.6.27)으로 재창당 하였다.[2] 자민련은

1 옷로비 사건은 1998년 10월 남편의 구명을 위해 외화밀반출 혐의를 받고 있던 신동아그룹 최순영 전 회장의 부인 이형자가 김태정 검찰총장의 부인 연정희에게 통일부장관의 부인을 통해서 로비를 시도한 사건이다. 검찰은 연정희가 유명디자이너 앙드레 김의 의상실에서 1천3백만원 상당의 호피무늬 반코트를 구입한 이후 이형자에게 대납요구를 하였다는 의혹을 샀으며, 검찰수사결과의 발표 이후에도 의혹이 가라앉지 않자 특검을 통해 재수사가 이루어졌다. 헌정사상 처음으로 특검이 실시되었음에도 불구하고, 당시의 특검은 청문회 증인으로 출석했던 앙드레 김의 본명이 김봉남이었다는 것 이외에 밝혀낸 것이 없었다는 비웃음을 샀다(월간 조선 2014년 2월호, 231); 조폐공사파업유도사건은 1999년 6월 진형구 대검공안부장이 기자들과의 술자리에서 조폐창 조기통폐합으로 파업을 유도했다는 발언을 한 것이 발단이 되었으며, 특검수사를 통해 결국 진형구가 구속되었다(pp. 228~229).

2 젊은피 수혈론은 김대중 대통령이 총선을 앞둔 1999년 3월 "내가 생각하는 정계개편은 정치권에 들어오지 못한 뜻있는 젊은 일꾼들을 수혈해 새로운 정치기풍을 일으키는 것이다"는 발언을 하여 주목을 받았다(99년 3월19일 김대중 대통령, 한겨레21 1999년 5월 13일 제257호). 그 후 한국정치의 세대교체와 관련한 정치권의 논의가 활발해졌다. 동년 4월 말에는 당시 집권여당이었던 자민련 박태준 총재의 사위였던 40대 초반의 고승덕 변호사(1957~, 광주출생)가 한나라당 입당선언을 하고 선거법 위반으로 의원직을 상실한 홍준표의 송파갑 재선거(1999.6.3)에 공천을 받았다가 결국 가족들의 만류로 사퇴하는 해프닝이

2000년 1월 총재였던 박태준이 국무총리에 임명되자 1월 11일 한나라당을 탈당한 이한동의 총재권한대행체제를 구성하였다.[3] 자민련은 동년 2월 16일 중앙위원회를 개최하여 이한동 총재를 선출하고 "보수세력 대통합, 내각책임제 실현, 법치주의 국가 확립, 경제분야 국가간섭 배제, 전국민의 중산층화" 등을 포함하는 "신보수선언문"을 채택하며 총선에 대비하였다.[4] 하지만, 내각제 개헌논의 연기를 둘러싼 민주당과의 갈등은 물론 자민련 내부의 불화와 지도부 교체로 자민련이 인해 총선에 제대로 대응하기는 사실상 어려웠다.[5]

3. 한나라당의 공천파동과 조순의 민주국민당 창당

제16대 총선을 앞두고 한나라당 또한 이회창 중심의 당내 지도력을 정비하였으며, 그 일환으로 김윤환, 신상우, 이수성, 이기택 등 중진의원들을 공천에서 배제하며 '개혁공천'을 시도하였다. 하지만 공천에서 탈락한 이들이 크게 반발하면서 한나라당은 심각한 내분에 휩싸였다. 이회창이 이른바 '공천파동'에 대한 대국민사과와 함께 측근인 윤여준을 선거대책위원회 종합조정실장에서 물러나게 하는 등 수습을 시도하였지만 분당을 막지는 못하였다. 조순은 신당창당준비위원회를 구성하고 본인이 위원장을 맡고 김윤환, 신상우, 이기택, 장기표, 김광일 등은 최고위원에 임명하였으며, 일인지배, 밀실정치와 지역정치 타파를 내걸고 창당발기인대회(1998.2.28)와 창당대회를 연이어 개최하며 민주국민당을 창당(2000.3.8)하였다.

발생하여 세간의 화제가 되었을 뿐만 아니라 젊은피의 범위에 대한 논란이 일었다.

3 이한동(2000.5~2002.7)은 총선 직후인 2000년 5월 이후 부동산 명의신탁 의혹으로 사퇴한 박태준에 뒤이어 총리직을 맡았다.

4 자민련의 중앙위원회에 대해서는 전북도민일보(2000.2.16)를 참조할 것.

5 자민련은 국민회의 강령에 포함되어 있던 내각제 개헌 사항이 새천년민주당 강령에는 누락된 것과 함께 상당수의 자민련 의원들에 대한 낙천낙선운동을 펼치고 있던 시민연대의 요구에 대하여 수용의사를 밝힌 청와대와 민주당에 대하여 음모설을 제기하며 규탄대회(2000.1.27)를 여는 등 상당한 수준의 불만을 노출하며 양당의 공조파기 가능성을 시사하였다(한겨레21 2000.2.17).

신자유주의적 경제개혁과 선거정치

'국민의 정부'가 추진한 경제정책에 대하여 일부는 정경유착을 근간으로 발전해 왔던 '천민적' 한국자본주의의 체질을 변화시키려는 시도였다고 주장한다. 하지만, IMF의 요구를 수용한 신자유주의적 경제개혁으로 한국 사회의 경제적 양극화를 심화시켰다는 비판을 피할 수는 없었다(지병문 외 2010).[6] 그런데, 흥미로운 것은 1997년 발생한 국가재정위기를 극복한다는 명분으로 추진된 신자유주의적 경제개혁이 경제적 차원의 변화뿐만 아니라 정치적으로, 특히 노동부문의 정치적 대표성에 중요한 변화를 가져왔다는 점이다.[7]

국민의 정부가 추진했던 노사정위원회는 합법영역에서 노동운동의 성장과 노동부문의 정치적 대표성을 강화시키는 촉매 역할을 하였다고 볼 수 있다. 노사정대타협은 김대중의 대통령 당선 직후인 1998년 2월 6일 처음으로 이루어졌으며, 이를 통해 노동계가 노조의 정치활동과 교원 및 공무원의 단결권 허용 등 노동부문의 정치세력화를 가속화시킬 수 있는 정치적 기반을 마련하게 되었다(조준상 1998; 지병문 외 2010, 341). 하지만, 그 대가로 노동계는 정리해고제와 근로자파견제 등의 법제화를 양보해야 했다(조준상 1998). 심각한 경제적 위기 속에서 노동부문은 타협을 요구하는 외압을 거부하기 힘들었다.

아울러, 금융위기 이후 신자유주의적 경제개혁에 따른 심각한 수준의 경제적 양극화가 보수적 기성정당들에 대한 불만을 촉진함으로써 열린우리당(2003.11.11.~2007.8.18)이나 유시민의 개혁당, 안철수의 새정치연합과 같은 제3정당의 등장을 촉진하였다고 볼 수 있다. 이들은 특정한 정치이념의 실현보다 기성 정당정치의 한계에 대한 불만을 정치적으로 조직화하려는 시도였다는 점에서 공통점이 있다(지병근 2014a).

---

6 경제적 양극화의 지표인 소득불평등 지수에 대해서는 부록 9를 참조할 것. Gini 계수는 1996년 0.27이었던 것이 1997년 경제위기를 계기로 점차 악화되어 노무현 정부 말기인 2007년에는 0.32에 달하였다. 상대적 빈곤율과 5분위배율 또한 동일시기에 지속적으로 악화되는 추세를 보여주었다. Kim(2014, 207)에 따르면 김대중정부와 노무현정부 시절의 사회복지지출은 정부지출 가운데 7.9%에 머물렀으며, 이는 OECD 국가의 평균 지출인 22.1%에 훨씬 못 미치는 것이다. 이 시기에 이루어진 한국의 복지정책은 "잔여적"이라는 점에서 특징이 있으며, 비정규직 노동자들은 배제되어 있으며, 재원을 조세가 아닌 노동자들에 대한 기여금에서 마련하였다는 점에서 소득분배의 효과가 적었다(박용수 2007). 이처럼 한국의 복지정책이 지체되고 있는 이유로는 오랜 권위주의체제하에서 억압받아온 노동부문의 낮은 정치적 대표성과 경제성장을 우선순위에 두고 사회복지를 경시하는 경제정책에서 찾을 수 있다(Woo 2004; Kwon and Holliday 2007; 박용수 2007).

7 소위 '1987년 체제'에 비해서 '1997년 이후 체제'에서 나타난 정당 및 유권자들의 선거행태

한편, 진보진영은 '국민승리21'을 개편하여 1999년 8월 29일 창당발기인대회에 이어 2000년 1월 30일 창립대회를 개최하며 민주노동당을 창당하였다(성공회대 민주자료관 www.demos-archives.or.kr). 민주노동당은 4.13총선을 김대중정부의 신자유주의에 대항하는 연대투쟁의 장으로 활용하고 "대안정당으로서의 원내 입지 확보"와 "보수 대 진보", 그리고 "당 간부 역량의 양적 확대와 질적 강화" 및 "당원의 일상적 결합력을 높여 일상체계의 기틀"을 마련하고자 하였다.[8] 그 외에도 청년진보당이 민주노동당에 앞서 1998년 11월 29일 창당하였으며, 제16대 총선을 맞이하여 서울지역을 중심으로 후보들을 공천하기로 결정하였다.

제2절 후보공천

제16대 총선에는 227개의 지역구에 총 1,038명의 후보가 출마하였다(경쟁율 4.57 : 1). 새천년민주당과 한나라당은 전체 지역구 가운데 2곳(한나라당의 경우 울산과 전남, 민주당의 경우 경기와 경북의 각 1개 지역구)을 제외한 거의 모든 지역구에 225명의 후보를 각각 공천하였다(중앙선거관리위원회 역대선거정보 후보자 통계). 양당의 공천을 받은 후보자는 전체 지역구 출마자 가운데 각각 21.7%에 해당한다. 자민련의 경우에는 170명(후보자 총수의 16.4%), 민주국민당은 124명(11.9%)의 후보자를 공천하였다. 군소정당들의 경우에는 총 92명(8.9%)의 후보자를 공천하는데 그쳤다: 희망의 한국신당과 민주노동당이 각각 21명(2.0%), 공화당이 4명(0.4%), 청년진보당이 46명(4.4%)의 후보를 공천하였다. 무소속 출마자는 202명(19.5%)에 달하였다.

의 특성에 대한 연구는 아직까지 충분하게 이루어지지 않고 있다.

8 민주노총은 총선투쟁의 목적을 "① 파벌정치와 지역분할정치를 일삼아온 보수정당 일색의 정치구도를 바꿔낼 대안정당으로서 위치를 확보 ② 적극적인 후보 대응으로 선거 시기 당원들의 결합력을 높여내고 이후 지역 활동의 기반을 형성 ③ 전국적 선거 대응으로 민주진보진영의 제 단체들과 함께 신자유주의에 맞서는 연대투쟁전선을 형성한다"는 데에 두었다(성공회대 민주자료관).

후보자들을 직업별로 살펴보면 현역국회의원(205명)이 가장 많았으며, 변호사(63명), 교육자(43명), 상업(33명)이 그 뒤를 따랐다. 학력별로는 대졸자(572명)가 가장 많았으며, 대학원졸업자(262명), 대학중퇴자(64명), 고졸자(63명), 대학원 수료자(33명) 등이 그 다음으로 많았다. 성별로는 압도적으로 남성이 더 많았다. 전체 1038명의 후보자들 가운데 1,005명이 남성이었으며, 여성은 33명에 불과하였다. 연령별로는 60세 이상이 227명, 50세~60세미만이 334명, 40세~50세미만이 308명, 30세~40세미만이 134명, 30세 미만이 35명으로 나타났다(중앙선거관리위원회 역대선거정보 후보자 통계).

당시 진보진영의 후보공천과정에서 주목을 끌었던 것은 울산북구 후보공천을 둘러싼 민주노동당 내부의 갈등이었다. '울산북구파동'이라고 불리었던 이 사건은 민주노동당 울산지부의 당원경선을 통해 울산북구의 후보로 선출된 최용규 세종공법 노조위원장의 후보인준여부를 둘러싸고 벌어졌다. 당초 후보자로 선출될 것이라고 예상되었던 이상범 전 현대자동차노조위원장이 일반당원경선에서 탈락하였는데, 그 이유가 울산연합이 개입하여 불공정경선이 이루어졌기 때문이라는 시비가 일었다. 이미 이상범이 현대자동차 내부의 예비경선에서 울산연합이 추천한 후보에게 이겼기 때문에 그를 포함한 일부당원들은 경선결과를 수용하기 어려웠다. 울산북구가 민주노동당 후보의 당선가능성이 가장 높은 노동자 밀집지역이었다는 점에서 이 파동의 여파는 매우 컸다(한겨레21 2000.3.23).

청년진보당은 45개의 지역구가 있는 서울의 모든 지역구와 인천부평 등 46개 지역구에 후보를 공천하였다. 학생운동에 기반을 두고 성장해온 단일 정파가 대학생 혹은 대학을 갓 졸업한 이들을 중심으로 국민승리21을 계승한 민주노동당보다 2배 이상 많은 후보자를 공천하였다는 점에서 당시 청년진보당의 후보전술은 진보진영 내외의 주목을 받았다. 당시 청년진보당의 후보자들 가운데 최연소자는 25세의 김광수(연세대 부학생회장 출신)였으며, 최고령자는 35세의 이창수 당부대표였다. 청년진보당의 최혁 당대표 역시 불과 34세였다.

제 3 절 선거제도: 국회의원 정원 감축, 여성할당, 단체초청 대담토론회 허용, 기탁금 증액 등

제16대 총선은 정당 의석수에 기초한 '전국구 의원'을 선출한 마지막 선거였으며, 비례대표의원후보에 대한 30% 여성할당제를 처음으로 시행한 선거였다(전진영 2000).[9] 제16대 총선을 앞두고 국회는 경제위기에 따른 고비용 정치구조의 개선을 명목으로 공직선거법을 개정(2000.2.16)하였다. 1994년 공직선거법 제정 이래 최대의 개정으로 평가받는 당시의 개정에는 국회의원 정수를 299명에서 273명으로 감축하는 것과 함께, 단합대회를 포함한 집회금지, 반론보도청구권도입, 과태료부과 범위확대, 단체초청 대담토론회 허용, 선거운동 허용 단체의 범위 확대 등이 포함되었다(중앙선관위 2013b, 589).[10] 그 외에도 주요 변경사항으로는 1) "50인 이내의 선거부정감시단" 설치, 2) 후보자와 직계비속의 병역 및 소득세와 재산세 납부실적증명서(이상 3년간) 제출, 전과기록 공개, 3) 기탁금 상향조정(기존 1천만원에서 국회의원은 2천만원, 기초단체장은 1천5백만원으로), 4) "정당의 후보자 추천에 관한 단순 지지·반대의견의 개진" 허용, 5) 시각장애인과 청각장애인을 위한 점자형 선거공보와 소형인쇄물 발송 및 모든 선거운동에 수화통역·자막방송 실시, 6) 선거비용 수입 및 지출보고서 미제출시 선거비용 보전 불허, 위법행위 소요 혹은 초과비용의 2배 금액의 보전 불허, 7) 금품 및 향응 제공관련 선거범죄자에 대한 "동행 또는 출석요구권과 증거물품 수거권"을 선관위의 위원과 직원에게 부여, 8) 고발사건에 대한 재정신청권을 선관위에게 부여하는 내용이 포함되었다(제16대 국회의원선거 총람, 192~193). 정당법의 경우에도 "당비납부자나 자원봉사자에 한하여 공직선거후보자와 당직자의 선거권을 부여"하고, 비례대표 국회의원선거와 비례대표 광역의회선거의 후보자 가운

9 국회의원과 지방의원의 비례대표후보에 대한 여성할당비율은 2004년 총선을 앞두고 50%로 상향조정되었으며, 2010년 제5회 지방선거에서는 광역의회선거와 기초의회선거 가운데 하나는 국회의원 지역구마다 1인 이상의 여성후보를 할당하도록 확대되었다. 이를 포함한 최근의 공직선거법 개정에 대해서는 김래영(2012, 19)을 참조할 것.

10 국회의원 정수는 제16대 총선을 제외하고 1987년 제13대 총선 이후 2008년 제18대 총선까지 299명이었으며, 2012년 제19대 총선에서는 세종특별자치시 지역구의원을 포함하여 300명으로 증원되었다(김래영 2012).

데 30%를 여성으로 추천하도록 개정되었다. 정치자금법의 경우에도 단위사업장의 노조를 제외한 노동조합의 정치자금기부를 허용하도록 개정되었다(제16대 국회의원선거 총람, 193~194).

제 4 절 선거과정: 총선시민연대의 낙선운동

제16대 총선과정에서 가장 주목할 만한 것은 시민단체들이 선거과정에 직접적으로 개입하였다는 것이다. 2000년 1월 11일 경제정의실천시민연합(경실련)은 151명의 낙천대상자 명단을 발표하였다(중앙선관위 2013b, 591, 601). 이튿 날인 1월 12일에는 400여개의 시민단체들이 '2000년 총선시민연대'를 만들어 공직선거법 제87조의 개정을 요구하고 낙천 및 낙선운동을 본격적으로 전개하기 시작하였다.[11] 그런데, 중앙선거관리위원회는 1월 17일 의결을 통해 "단체가 낙선운동·공천반대운동 등 명목 여하에 불문하고 특정 선거에 있어서 지지 또는 반대하는 특정 정당·후보자를 직접 거명하여 공표하는 행위"를 불법선거운동으로 규정하고 총선시민연대의 활동과 관련한 총72건에 달하는 조치를 취하였다(중앙선관위 2013b, 602).[12]

낙선운동과 선거의 공정성

1999년 국감시민연대의 발족과 2000년 총선시민연대 결성에 뒤이은 낙천낙선운동은 밀실공천관행을 근절하기 위한 정당개혁을 가속화시킨 것은 물론 시민들의 정치참여를 촉진하였다는 점에서 한국의 정치발전에 기여하였다.

11 낙선운동은 1995년 지방선거이후 참여연대가 검토해왔던 것이었다(지병문 외 2010, 345). 이에 관한 것은 하승창(2001)을 참조할 것.

12 당시에 중앙선관위가 발표한 '단체의 선거관련 활동의 한계에 관한 운용기준(2000. 1. 17)'은 특정정당·후보자를 명시하지 않은 활동을 허용하였다는 점에서 의미가 있었다. 하지만, 이 조항 또한 과도하게 선거권을 제한하였다고 비판을 받았다.

총선시민연대는 부패 행위, 선거법 위반 행위, 민주헌정질서 파괴 및 반인권 전력, 의정활동의 성실성, 법안 및 정책에 대한 태도, 정치인의 기본자질을 의심할만한 반의회적 반유권자적 행위, 기타 기초 공개사항(병역, 재산등록 등)을 기준으로 공천반대자를 선정하였다(2000년 총선시민연대 2000, 18).

2000년 총선시민연대가 2000년 1월 24일 발표한 제15대 국회의원 공천반대 대상자 명단에는 총67명(전체 299명의 국회의원들 가운데 22.4%)이 포함되어 있었다. 이들 가운데 한나라당 소속 의원이 30명(전체 낙천자 대비 44.8%)으로 가장 많았으며, 새천년민주당과 자민련이 동일하게 16명(23.9%)이었으며, 무소속 의원은 5명(62.5%)이 포함되었다.

자민련의 경우 53명의 소속의원들 가운데 무려 30.2%, 한나라당과 새천년민주당의 경우에는 각각 22.6%와 15.2%가 낙천대상자였다. 이처럼 정당들 가운데 한나라당이 가장 많은 수의 낙천자를 보유하고 있었지만, 자민련 역시 가장 높은 비율로 소속의원들이 낙천대상자에 포함되어 낙천운동에 대하여 부정적일 수밖에 없었다.

총선시민연대가 발표한 제15대 국회의원 공천반대 대상자 명단

정당	15대 국회의원수	낙천대상자	낙천대상자 총수 대비 비율	의원수 대비 비율
한나라당	133	30	44.8	22.6
새천년민주당	105	16	23.9	15.2
자민련	53	16	23.9	30.2
무소속	8	5	7.5	62.5
합계	299	67	100.0	22.4

출처: 2000년 총선시민연대(2000, 24)

이후 6명의 의원이 추가되어 낙천대상자는 총73명(2000.2.2)으로 늘어났다(시미즈 도키유키 2013, 168). 이들을 정당별로 살펴보면, 한나라당이 34명(46.6%)으로 가장 많았으며, 집권여당인 민주당이 18명(24.7%), 자민련이 16명(21.9%), 무소속은 5명(6.8%)이었다. 따라서 한나라당과 자민련은 당시의 낙천운동을 당파적 행위로 규정하고 중앙선관위 또한 이에 대한 제재에 나서게 되었다.

총선시민연대가 당시에 추진했던 낙천운동은 전 국민적인 호응을 불러 일으켰다. 당시 총선시민연대가 발표한 여론조사결과에 따르면 무려 79.8%가 낙선운동에 대한 찬성의사를 밝혔다. 그럼에도 불구하고 2000년 총선 시기의 낙천낙선운동은 공정한 선거경쟁을 훼손할 수 있다는 우려 때문에 논란되었다(진영재·엄기홍 2006,

175). 하지만, 낙천낙선운동의 위법성을 둘러싼 당시의 논란은 민주주의를 심화시키기 위해 시민들이 숙고해야할 중요한 논점을 제기한다. 단순히 현행법의 위반 여부를 떠나 시민들의 정치참여와 공정한 선거경쟁이 상호 충돌할 가능성이 있으며, 이를 해결하기 위한 사회적 합의의 중요성을 보여주었다.

당시에 중앙선관위가 발표한 '단체의 선거관련 활동의 한계에 관한 운용기준(2000.1.17)'은 특정정당·후보자를 명시하지 않은 활동을 허용하였다는 점에서 의미가 있었다. 하지만, 이 조항 또한 과도하게 선거권을 제한하였다고 비판을 받았다. 중앙선거관리위원회의 의결사항(2000.1.17)은 아래와 같다(선거법령정보 2000).

1. 다음의 행위는 선거에 관한 단순한 의사의 표시로서 선거운동으로 보지 아니한다.
   가. 단체가 그 설립목적과 관련이 있는 사항에 관하여 자신의 정치적·정책적 주장을 개진하거나, 그러한 정책에 동조 또는 반대하는 정당이나 후보자(입후보예정자 포함. 이하 같음)를 직접 거명하지 아니하고 지지·반대한다는 일반적 논평을 하는 행위
   나. 단체가 후보자 또는 정당을 거명하지 아니하는 범위 안에서 후보자 또는 정당의 선택에 관한 일반적인 기준을 제시·공표하는 행위
   다. 단체가 정당의 후보자 추천과 관련하여 지지·반대하는 후보자 명단을 외부에 공표하지 아니하고 그 소속 정당에만 통지하는 행위
   라. 단체가 지지·반대의 의사표시 없이 단순히 선거권자의 판단을 돕기 위하여 설립목적과 관련이 있는 사안에 대한 정책이나 주장에 동조하거나 반대하는 후보자에 관하여 정확한 자료를 바탕으로 한 객관적 사실을 언론기관에 자료로 제공하거나, 인터넷·컴퓨터 통신에 게시하여 두는 행위
2. 다음의 행위는 선거운동으로 본다.
   단체가 낙선운동·공천반대운동 등 명목여하에 불문하고 특정 선거에 있어서 지지 또는 반대하는 특정 정당·후보자를 직접 거명하여 공표하는 행위

제 5 절 선거결과

1. 새천년민주당의 수도권 완승과 한나라당의 영남 독점

제16대 총선에서는 11개 정당이 참여하였으며, 이들 가운데 한나라당, 새천년민주당, 자민련, 민주국민당, 희망의 한국신당 등 5개의 정당만이 의석을 얻는데 성공하였다. 한나라당은 227개 지역구 의석 가운데 거의 절반에 가까운 112석(49.3%, 비례대표 21석)을 확보하였으며, 새천년 민주당이 96석(42.3%, 비례대표 19석), 자민련은 12개 의석(5.3%, 비례대표 5석)을 차지하였다(비례대표 총46석, 제15대와 제16대 총선결과는 부록 5, 6 참조). 조순의 민주국민당과 김용환의 한국신당이 각각 1석(한승수, 강원도 춘천, 0.4%, 비례대표 1석; 김용환, 충남 서천)의 지역구 의석을 차지하는데 그쳤다. 이들을 제외한 나머지 정당들, 즉 공화당, 기독성민당, 민주노동당, 애국번영당, 청년진보당, 통일한국당 등은 의석 확보에 실패하였다.

이번 선거에서 나타난 특징으로는, 첫째, 한나라당이 수도권에서 새천년민주당에게 대패하였음에도 불구하고 국회의원 총의석의 절반에 가까운 의석을 차지하였다는 점이다. 15대 총선과 비교하더라도 의석비는 47.8%에서 49.3%로 오히려 증가하였다. 한나라당이 이러한 성과를 얻을 수 있었던 것은 무엇보다 영남지역에서의 압도적인 승리에서 기인하였다. 29개 지역구가 있는 호남에서도 거의 모든 의석을 새천년민주당 후보가 차지하였지만, 무소속 후보 또한 4개의 의석을 차지하였다. 이에 반해, 59개 지역구가 있는 영남 5개 광역시도 가운데 대구·경북은 물론 부산·경남의 모든 지역구에서 한나라당 후보들이 전승하였다. 울산에서도 5개 지역구 가운데 한나라당이 1개 지역구만 무소속 후보에게 내주고, 나머지 4개 지역구에서 모두 승리하였다.

〈표 1-3-1〉 제16대 국회의원 선거(2000, 지역구) 결과(의석수, 의석비)

시도명	당선인 수	한나라당		새천년 민주당		자유민주 연합		민주 국민당		희망의 한국신당		무소속	
합계	227	112	49.3	96	42.3	12	5.3	1	0.4	1	0.4	5	2.2
서울	45	17	37.8	28	**62.2**	0	0.0	0	0.0	0	0.0	0	0.0
부산	17	17	100.0	0	0.0	0	0.0	0	0.0	0	0.0	0	0.0
대구	11	11	100.0	0	0.0	0	0.0	0	0.0	0	0.0	0	0.0
인천	11	5	45.5	6	54.5	0	0.0	0	0.0	0	0.0	0	0.0
광주	6	0	0.0	5	**83.3**	0	0.0	0	0.0	0	0.0	1	16.7
대전	6	1	16.7	2	33.3	3	50.0	0	0.0	0	0.0	0	0.0
울산	5	4	80.0	0	0.0	0	0.0	0	0.0	0	0.0	1	20.0
경기	41	18	43.9	22	53.7	1	2.4	0	0.0	0	0.0	0	0.0
강원	9	3	33.3	5	55.6	0	0.0	1	11.1	0	0.0	0	0.0
충북	7	3	42.9	2	28.6	2	28.6	0	0.0	0	0.0	0	0.0
충남	11	0	0.0	4	36.4	6	54.5	0	0.0	1	9.1	0	0.0
전북	10	0	0.0	9	**90.0**	0	0.0	0	0.0	0	0.0	1	10.0
전남	13	0	0.0	11	**84.6**	0	0.0	0	0.0	0	0.0	2	15.4
경북	16	16	100.0	0	0.0	0	0.0	0	0.0	0	0.0	0	0.0
경남	16	16	100.0	0	0.0	0	0.0	0	0.0	0	0.0	0	0.0
제주	3	1	33.3	2	66.7	0	0.0	0	0.0	0	0.0	0	0.0

출처: 중앙선거관리위원회, 역대선거정보(16대 국회의원선거)

둘째, 비록 한나라당이 영남에서 압승하였지만, 새천년민주당 또한 수도권에서 압승함으로써 국회 의석수를 늘리는데 성공하였다. 비록 국회의 총의석수가 줄어들었음에도 불구하고(지역구는 253석에서 227석), 지난 제15대 총선에서 국민회의가 66석(의석비는 26.1%)을 차지하였던 것에 비하면 이번 총선에서 새천년민주당은 무려 30석이 더 많은 96석을 차지하였다. 영남 지역을 제외한 수도권과 충청, 제주 등지에서 새천년민주당 후보들이 한나라당 후보들에 비해서 전반적으로 강세를 보였다. 수도권 가운데 서울, 경기, 인천에서 새천년민주당은 모두 한나라당에 비해서 각각 11석, 4석, 1석을 더 많이 차지하였다. 충북에서는 비록 한나라당에 1석이 뒤졌지만, 새천년 민주당은 충남과 대전에서 5석을 더 많이 차지함으로써 충청권에 정치적 입지를 확대하는 성과를 거둘 수 있었다. 지난 대선에서 김대중 후보가 열세를 보였던 강원도에서도 새천년 민주당은 한나라당에 비해 2석, 제주에서도 1석을 더 많이 차지하였다.

2. 자민련의 쇠퇴와 진보진영의 국회진입 실패

새천년민주당이 거둔 성과와는 대조적으로 자민련은 이번 총선에서 대패하여 군소정당으로 전락하였다. 자민련은 제15대 총선에서 지역구 의석과 비례대표 의석을 합하여 총 41석을 차지하였던 반면, 제16대 총선에서는 무려 29석이나 감소한 12석을 차지하는 데 그쳤다. 자민련은 새천년민주당과 마찬가지로 충북의 7개 지역구 가운데 2개 지역구(28.6%)에서만 승리하였으며, 한나라당이 오히려 더 많은 3개의 지역구에서 승리하였다. 충남에서는 11개 지역구 가운데 6개(54.5%), 대전에서는 6개 지역구 가운데 3개(50%) 지역구에서 승리하였다. 그런데, 이는 지난 제15대 총선에서 자민련이 충북(8개 지역구), 충남(13개 지역구), 대전(7개 지역구)에서 각각 5개(62.5%), 12개(92.3%), 7개(100%)의 지역구에서 승리한 것에는 한참 모자란 것이었다. 15대 총선에서 8석을 얻었던 대구와 각각 2석을 얻었던 경북과 강원에서 전혀 당선자를 배출하지 못하였으며, 5석을 얻었던 경기지역에서만 유일하게 1개 의석을 얻었다.[13]

민주노동당과 청년진보당 등 진보진영은 이번 총선에서도 단 한 석도 확보하지 못하였다. 민주노동당은 노동자 밀집 지역 네 곳에서 2위를 차지하는 등 소선거구제 및 단순다수제하에서도 원내진출의 가능성을 확인한 것은 사실이었지만 소기의 성과를 거두지는 못하였다.[14] 특히, 민주노동당에게 가장 아쉬웠던 곳은 공천파동이 일었던 울산북구선거로, 당선자인 한나라당의 윤두환이 얻은

---

13 1996년 제15대 총선에서만 하더라도 전국적으로 당선자를 배출했던 자민련은 2000년 이후 단 한 석도 충청권을 벗어난 지역에서 당선자를 배출하지 못하였다. 이는 자유선진당도 마찬가지였다.

14 역대 선거에서 나타난 민주노동당의 성장과정에 대해서는 성공회대학교 민주자료관(http://www.demos-archives.or.kr).

19,430(43.03%)표와 2위로 낙선한 민주노동당의 최용규가 얻은 18,867(41.78%)표의 차이는 563표에 불과하였다. 청년진보당 또한 46개 출마지역에서 평균 3.07%의 득표율을 얻었지만 단 한명의 당선자도 배출하지 못하였다.

3. 선거결과에 미친 여러 요인들

지금까지 살펴본 것처럼 제16대 총선은 한나라당의 선전과 집권여당인 새천년민주당의 약진, 그리고 자민련의 몰락으로 요약할 수 있다. 첫째, 한나라당이 선전할 수 있었던 것은 무엇보다 지난 15대 대선 직전에 이루어진 꼬마민주당과 신한국당의 통합을 바탕으로 한나라당이 영남지역을 대표하는 유일한 정당이 됨으로써 지난 1998년 지방선거에 이어 이 지역 유권자들로부터 집중적인 지지를 받게 되었기 때문이라고 할 수 있다. 아울러, 한나라당 내부에서 이회창 총재 중심의 지도부가 비교적 안정적으로 당을 이끌게 되었기 때문이라고 할 수 있다. 비록 총선 직전에 한나라당을 탈당한 조순, 김윤환, 이기택 등이 민주국민당을 창당하여 한나라당을 위협하는 듯하였으나, 선거결과에는 거의 영향을 미치지 못하였다. 이에 더하여 내각제 개헌합의를 매개로 김대중과 연합했던 김종필과 자민련이 집권여당이 됨으로써 지난 제15대 총선에서 자민련의 후보들을 지지했던 영남 유권자들도 이번 총선에서는 한나라당 후보들에게 집중적으로 투표했기 때문이라고 할 수 있다.

둘째, 새천년 민주당이 비교적 선전할 수 있었던 원인은 김대중 정부가 1997년 발생했던 경제위기를 비교적 성공적으로 극복하였다는 평가를 받았다는 점에서 찾을 수 있다.[15] 아울러, 제15대 대선 직전 한나라당이 창당할 때 이에 합류하지 않았던 통합민주당 세력들이 새정치국민회의에 입당하면서 이들을 지지했던 수도권 지역의 반한나라당 성향의 유권자들로부터 새천년민주당 후보들

15 김대중은 정규직보다 더 많은 규모의 비정규직이 양산한 노동유연화정책이 경제위기의 탈출을 위해 불가피한 것이었다고 고백하였지만, 자신에 대하여 신자유주의 우파정부라는 진보진영의 비판에 대하여 "민주노총과 전교조를 합법화하고, 노동조합의 권리를 보장하고, 기초생활보장제와 4대보험의 정비 등 '생산적 복지' 정책을 추진하고, 부족했지만 벤처·중소기업정책에 노력을 기울이고, 재벌개혁을 추진한 '국민의 정부'를 우파신자유주의 정부와 동일시하는 것은 이해할 수 없다"고 주장하였다(최경환 2010, 88).

이 지지를 얻을 수 있었기 때문이라고 할 수 있다. 더구나 이번 총선에서 크게 주목을 받았던 낙선운동의 대상이 주로 한나라당 소속 정치인들이었기에 국민회의가 상대적으로 더 많은 이득을 보았다고 할 수 있다.[16] 물론 낙선운동을 주도한 총선시민연대가 정파성을 탈피하여 이를 추진하겠다고 밝혔지만, 낙선운동의 대상에 다른 정당들보다 한나라당 후보자들이 차지하는 비율이 높았다(이갑윤·이현우 2000, 161).

복지공약과 한국의 선거

한국선거에서 정당들의 복지공약은 1997년 이후 사회적 양극화가 심화되면서 등장하기 시작하였다고 볼 수 있다. 그 이전까지 한국은 복지정책의 불모지였다. 그 원인은 권위주의체제의 노동억압정책, 복지대비 경제성장 중시정책, 노동부문의 낮은 조직화 수준 등에서 찾을 수 있다. 1997년 이후 나타난 정당들의 복지정책에 대한 관심은 이들의 선거강령에서 차지하는 복지정책의 우선성 추이를 보더라도 확인될 수 있다. 이에 대하여 지병근(2012)의 분석을 살펴보면 다음과 같다.

> 아래의 그림은 비교메니페스토 프로젝트(Comparative Manifestos Project)를 이용하여 1992년부터 2008년까지 개최된 총선에서 제시된 4개 정당들의 선거강령에 대한 내용분석에 기초하여 복지정책(교육을 제외한 건강보험, 아동 및 노인 복지, 연금 및 주거 등 사회보장계획)에 대한 각 당의 우선성을 측정하여 그 추세를 보여준 것이다. 여기에서 주목할 만한 점은 첫째, 2004년 총선 시기에 복지에 대한 각 정당들의 공약이 급증하였다는 점이다. 이는 사회적 양극화가 심화되면서 복지정책에 대한 논의가 사회적으로 확산된 것을 반영한 것으로 보인다.

16 총선시민연대가 낙선운동 대상으로 선정한 "86명 가운데 59명(68.6%) … 중점 낙선 대상자 22명 가운데 15명(68.2%)이 낙선하였다"(지병문 2010, 346).

복지정책에 관한 각 정당들의 태도 추이

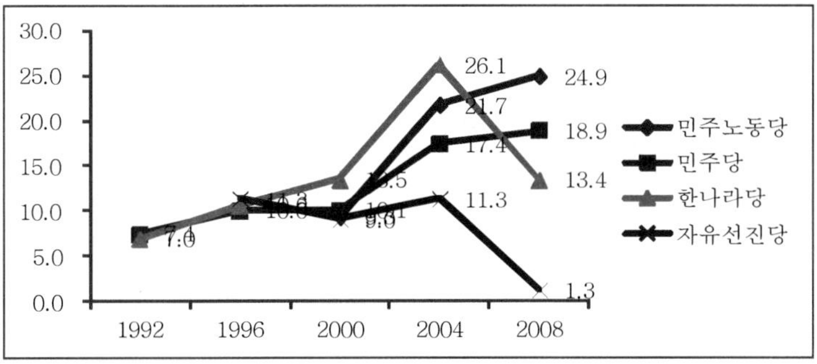

* 위의 그림에서 한나라당의 경우 1992년은 민자당, 1996년은 신한국당, 민주당의 경우 1996년은 새정치국민회의, 2000년은 새천년민주당, 2004년은 열린우리당, 자유선진당은 2008년 이전 자민련의 자료가 사용됨.

출처: Comparative Manifestos Project (Full Dataset, 2011/10/20)

둘째, 이보다 더 흥미로운 것은 2004년 총선에서 보수정당인 한나라당이 민주당은 물론 민주노동당보다 복지공약에 오히려 더 많은 비중을 두었다는 점이다. 대선비자금과 탄핵 역풍으로 몰락의 위기에 몰리던 한나라당이 총선에서 유권자들의 지지를 얻기 위해 복지공약을 제시한 것으로 보인다. 셋째, 2008년 총선의 경우에는 민주노동당과 민주당의 복지공약이 증가한 반면 한나라당과 자유선진당의 경우는 급격히 감소한 것으로 나타났다. 그 이유는 이명박 정부가 집권하면서 여당이 된 한나라당이 총선 이후 오히려 정치적 부담요인으로 작용할 가능성이 있는 복지공약을, 더구나 승리가 거의 확실시 되던 상황에서 제시하기를 꺼렸기 때문인 것으로 보인다.

출처: 지병근. 2012a. "한국정당들의 복지정책." 『선거연구』 2권 1호, 59~95. 원문의 각주는 생략.

4. 정당 의석분포의 지역편향성: 영남 강화-호남 약화

이번 선거에서 주목해야할 점은 각 정당 의석비의 지역편중성이 여전히 심각하게 나타났으며, 영남지역에서는 오히려 악화되었다는 점이다. 이미 앞서 언급한 것처럼 한나라당은 영남지역 가운데 울산의 1개 지역구를 제외한 58개 지역구에서 모두 승리하였다. 이와 같은 영남지역 한나라당의 의석 점유율은

[그림 3-1] 영호남에서 한나라당계와 민주당계 정당들 사이의 의석비 차이(1992~2004)

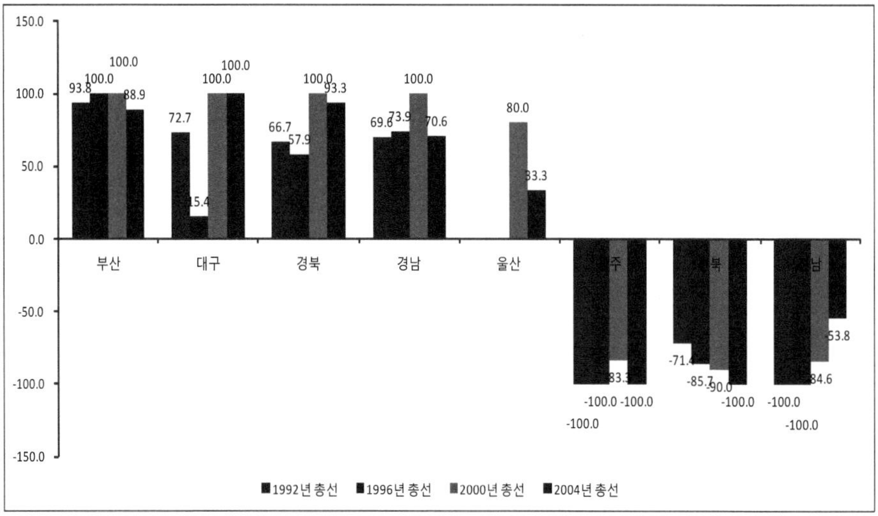

출처: 중앙선거관리위원회, 역대선거정보

무려 98.3%로 어느 역대 총선에서보다 높았다. 그리고 이러한 결과를 유발한 원인 가운데 하나는 지난 1997년 대선에서 나타난 호남의 몰표에 대한 영남 유권자들의 부정적 태도가 상당하였기 때문이라고 볼 수 있다.

위의 [그림 3-1]에서 나타나는 바와 같이 역대 총선에서 나타난 한나라당계와 민주당계 정당들 사이의 의석비 격차는 선거가 개최된 지역과 시기에 따라 매우 다양하다. 하지만, 영남의 경우에는 양대 주요정당들 사이의 의석비 격차가 2000년 제16대 총선에서 대체로 상승하였다가, 2004년 제17대 총선에서는 다시 약화되었다. 호남의 경우에는 2000년 제16대 총선을 계기로 일부지역, 특히 광주광역시와 전남에서 무소속 후보가 당선되는 등 정당의석비의 지역편중성이 약화되었다.

지역편향적 투표행태의 원인

한국의 선거연구에서 '지역주의 투표' 혹은 '지역주의'라고 불리우는 영호남 유권자들의 정당편향성 혹은 양대정당 득표율 혹은 의석수의 지역편향성은 가장 핵심적인 주제였다고 할 수 있다. 영호남 지역에서 나타나는 지역편향적 투표행태의 원인으로 선행연구들이 주목한 것들에 대하여 지병근(2014c)은 다음과 같이 요약하였다.

… (중략) … 기존의 많은 선행연구들은 영호남지역에서 발생한 지역편향적 투표행태의 원인을, 첫째, 다른 지역민에 대한 편견에 기초한 지역감정이나 이를 자극함으로써 유권자들의 지지를 창출하려는 지역정치인 혹은 지역정당들의 동원전략에서 찾았다(최장집 1993; 박상훈 2003; 최준영 2008). 이들은 최근 김기춘 대통령 비서실장이 연루되어 재조명 되었던 1992년의 '초원복집 사건'을 비롯하여 '다른 지역민'에 대한 편견을 강화하거나, 그들을 대표하는 정치인 혹은 지역정당에 대한 이념적 조작을 통해서 지역감정을 자극하고 이를 통해 선거에서 지역유권자들의 지지를 얻으려는 다양한 시도가 민주화 이후 지속적으로 나타났다고 보았다.

둘째, 지역편향적 투표행태는 '다른 지역민' 혹은 다른 지역에 기반한 정당들에 의해 침해될 수 있는 자신들의 이익을 보호하기 위한 지역유권자들의 합리적 선택에서 기인하였다고 알려져 있다(조기숙 1997; 박상훈 2001, 2003; 문우진 2005; 정기선 2005; 최준영·조진만 2005; 전용주·김도경·서영조 2008; 김진하 2010). 예를 들어, 호남인들은 민주당의 집권이, 영남인들은 새누리당의 집권이 자신들의 이익을 극대화하는데 도움이 된다고 판단하고 각 정당에 대한 전폭적인 지지를 투표장에서 표출하였다고 볼 수 있다.

셋째, 비록 기존의 연구들이 크게 주목하지는 않았지만 이러한 요인들 외에도 정당이 추구하는 정책적 지향이 지역유권자들의 이념적 성향 혹은 정책선호와 일치하기 때문에 지역편향적 투표행태가 재연되었다고 볼 수 있다. 다시 말해, 민주화 이후의 결코 짧지 않은 정당정치를 경험하면서 지역유권자들이 자신들이 가장 일체감을 느끼는 혹은 선호하는 지역정당의 정책에 반복적으로 노출됨으로써 이에 동화되어 자신의 정책선호와 가치체계를 재구성하고, 다시 이와 일치하는 정책을 제시하는 지역정당에 대한 지지를 지속한다는 것이다(송근원 2006, 182; 박경미·한정택·이지호 2012, 131).

출처: 지병근. 2014c. "호남 유권자들의 이슈에 대한 태도 및 이념적 특성." 『21세기정치학회보』 24권 1호, 33~56. 원문의 각주는 생략.

제6절 선거의 영향

1. 여소야대에 따른 집권당의 국정운영부담과 공천개혁의 과제 제기

제16대 총선 결과, 첫째, 새천년민주당은 국회과반수 의석을 장악하는 데 실패함으로써 여소야대 국면에서 국정을 운영해야하는 부담을 안게 되었다.[17] 둘째, 자민련은 지역구 선거에서 12개 의석과 비례대표 5석을 합하여 17개 의석을 차지하는데 그쳤다. 하지만, 소위 '의원 꿔주기'로 새천년민주당에서 4명의 의원이 자민련으로 당적을 옮겨 원내교섭단체를 구성하게 됨으로써 캐스팅 보트를 행사할 수 있게 되었다. 셋째, 충청지역에서 자민련의 영향력이 약화되는 가운데 이 지역에서 국민회의와 한나라당이 일부 지역에서 승리함으로써 어느 정도 정치적 입지를 다질 수 있게 되었다. 넷째, 이번 총선에서 등장한 낙천·낙선운동은 정당을 대신하여 시민단체들이 선거과정에 직접 영향력을 행사할 수 있는 가능성을 보여주었다. 특히, 시민들의 요구를 반영하는 공천을 추진하도록 만들었다고 할 수 있다.

2. 재보궐선거(2000년: 6.8, 10.26; 2001년: 4.26, 10.25)

제16대 총선 직후인 2000년 6월 8일에는 7명의 기초단체장, 32명의 광역의회의원, 57명의 기초의회의원 선출을 위한 재보궐선거가 개최되었다.[18] 보궐선

17 당시의 총선에서도 새천년 민주당은 영남권 진입에 실패하였다. 김대중(2010b, 254)은 "믿었던 영남권의 장수들이 모두 낙마했다. 김중권 전 비서실장, 노무현 민주당 부총재, 김정길 전 정무수석 등이 모두 고배를 마셨다"고 탄식하였다.

18 재보궐선거는 2000년 2월 16일 개정된 공직선거및선거부정방지법에 따라 처음으로 4월과 10월 마지막 주(연 2회)에 개최하도록 개정되었다(국가법령정보). 다만, 당시에는 목요일(2000.2.16 개정)에 실시되었다가 그 후에는 토요일(2004.3.12 개정), 수요일(2005.8.4 개정)로 바뀌었다. 공직선거법 제35조 2항, 3항: [② 보궐선거·재선거·증원선거와 지방자치단체의 설치·폐지·분할 또는 합병에 의한 지방자치단체의 장 선거는 다음 각 호에 따른다. <개정 2000.2.16., 2004.3.12., 2005.8.4., 2011.7.28.> 1. 지역구국회의원·지방의회의원 및 지방자치단체의 장의 보궐선거·재선거, 지방의회의원의 증원선거는 전년도 10월 1일부터 3월 31일까지의 사이에 그 선거의 실시사유가 확정된 때에는 4월중 마지막 수요일에 실시

거가 개최된 지역들 중에는 현직 기초단체장의 소속 정당이 새천년민주당이었던 곳들이 많았다. 본래 재보궐선거가 실시된 지역들 가운데 서울시의 용산구와 송파구 등 2곳과 인천 중구, 그리고 대전 유성구의 구청장들은 모두 민주당 소속이었으며, 부산 수영구와 경북 청송군 등 2곳의 구청장과 군수는 한나라당 소속이었다. 그리고 충북 괴산군, 대전 유성구의 경우는 전임자들이 모두 자민련 소속이었다. 하지만 이번 재보궐선거는 새천년 민주당의 패배로 종결되었다. 선거결과 한나라당 후보 4인(서울 용산구와 송파구, 경북 청송군과 부산 수영구), 자유민주연합 후보 2인(충북 괴산군, 대전 유성구), 새천년민주당 1인(인천 중구) 등이 당선되었다. 동년 10월 26일 개최된 보궐선거는 2개의 기초단체장(대전 서구, 자민련; 경북영천시, 무소속)을 선출하기 위한 것이었다. 이 때에는 자민련과 무소속 후보들이 각각 1인씩 당선되었다.

2001년 4월 26일 실시된 재보궐선거는 7명의 기초단체장, 6명의 광역의원, 14명의 기초의원을 선출하기 위한 것이었다. 전반적으로 이 선거에서도 한나라당의 승리가 이어졌다. 기초단체장 재보궐선거는 정당별로는 민주당 5명(이배영, 서울 은평구; 이형로, 전북 임실군; 김길준, 전북 군산시; 전일순, 충남 논산시; 정만규, 경남 사천시), 한나라당 1명(김인규, 경남 마산시), 자민련 1명(윤석천, 부산 금정구)의 현역 기초단체장의 자격상실로 인한 것이었다. 선거결과 경남 마산시를 포함하여 경남 사천시, 서울 은평구, 부산 금정구에서 한나라당 후보들이 승리하였으며, 충북 논산시에서만 자민련 후보가 승리하고, 전북 임실군과 군산시에서

하고, 4월 1일부터 9월 30일까지의 사이에 그 선거의 실시사유가 확정된 때에는 10월중 마지막 수요일에 실시한다. 이 경우 선거일에 관하여는 제34조(선거일)제2항의 규정을 준용한다. 2. 지방자치단체의 설치·폐지·분할 또는 합병에 의한 지방자치단체의 장 선거는 그 선거의 실시사유가 확정된 때부터 60일 이내에 실시하되, 선거일은 관할선거구선거관리위원회위원장이 해당 지방자치단체의 장(직무대행자를 포함한다)과 협의하여 선거일 전 30일까지 공고하여야 한다. ③ 제197조(선거의 일부무효로 인한 재선거)의 규정에 의한 재선거는 확정판결 또는 결정의 통지를 받은 날부터 30일 이내에 실시하되, 관할선거구선거관리위원회가 그 재선거일을 정하여 공고하여야 한다.; 제34조(선거일) ① 임기만료에 의한 선거의 선거일은 다음 각호와 같다. <개정 1998.2.6, 2004.3.12> 1. 대통령선거는 그 임기만료일전 70일 이후 첫 번째 수요일. 2. 국회의원선거는 그 임기만료일전 50일 이후 첫 번째 수요일. 3. 지방의회의원 및 지방자치단체의 장의 선거는 그 임기만료일전 30일 이후 첫 번째 수요일. ② 제1항의 규정에 의한 선거일이 국민생활과 밀접한 관련이 있는 민속절 또는 공휴일인 때와 선거일전일이나 그 다음날이 공휴일인 때에는 그 다음 주의 수요일로 한다. <개정 2004.3.12>

는 무소속 후보들이 당선되었다. 민주당은 단 한명의 기초단체장도 당선시키지 못하는 굴욕을 경험하게 되었다.

동년 10월 25일에도 국회의원 3인에 대한 보궐선거가 개최되었다. 당시의 보궐선거는 서울 동대문구을(김영구, 한나라당)과 강원 강릉시(최돈웅, 한나라당), 그리고 서울 구로구을(장영신, 민주당)에서 실시되었으며, 당시의 재보궐선거결과 역시 홍준표, 이승철, 최돈웅 등 세 명의 한나라당 소속 후보들이 모두 당선되는 등 한나라당의 상승세가 이어졌다. 당시의 보궐선거에서 참패로 인해 새천년 민주당은 내분에 휩싸이게 되었으며, 동교동계의 좌장이었던 권노갑을 비롯한 동교동계의 정치적 퇴진을 요구하는 '정풍'운동이 시작되었다. 결국 새천년 민주당의 최고위원 전원이 사퇴를 결의하였으며, 김대중 대통령 또한 11월 8일 재보결선거에 대한 패배와 당내분에 대하여 유감을 표명하고 총재직 사퇴를 발표하였다.[19]

---

19 김대중(2010, 456~457)은 총재직 사퇴의 이유로 "첫째, 무엇보다 재·보궐선거에서의 패배로 당의 국민적 신임을 저하시키고 당원 동지들과 지지자들에게 실망을 준 데 대한 책임을 통감하기 때문입니다. 둘째, 최고위원과 당직자들이 사의를 표시한 마당에 당의 최고 책임자인 제가 솔선해서 책임을 지는 것이 마땅하다고 믿기 때문입니다. … (중략) … 저는 이제 평당원으로 백의종군하게 되었습니다. 그러나 당에 대한 애당심과 충성심은 조금도 변함이 없습니다"라고 밝혔다.

CHAPTER 04 2002년 제3회 6.13 동시지방 선거와 정권심판: 야당의 압승

제1절 선거의 배경

2002년의 지방선거는 제16대 대선의 전초전이었다. 당내경선에서 대통령후보로 선출된 노무현과 이회창은 6월 13일 개최된 지방선거를 동년 12월 개최예정인 대선의 리트머스지로 삼아 일전을 벌였다. 6.13 지방선거를 앞두고 민주당의 대선후보경선은 국민참여경선(3.9~4.26) 방식으로 전국민적인 관심을 받으며 진행되었고, 이를 통해 대선후보의 지위를 차지한 노무현은 이회창을 뛰어넘는 지지율을 확보하게 되었다.

하지만, 지방선거 결과 민주당은 대패하고, 한나라당이 압승하였다. 이를 계기로 '이회창 대세론'이 다시 탄력을 받으며 지속될 수 있었던 반면, 민주당 내부에서는 '대선후보교체론'이 불거져 나오게 되었다. 지난 1997년 대선 당시 두 아들의 병역기피의혹 때문에 지지율이 급락하자 이회창에 대한 후보교체론이 신한국당 내부에서 제기되었던 것과 마찬가지로, 노무현의 지지율이 하락하자 민주당 내부에서 대선후보교체론이 부상하게 되었던 것이다. 다만, 1997년 신한국당의 경우는 당내인사인 이인제가 대안후보로 거론되었던 반면, 2002년 민주당의 경우에는 당외인사인 정몽준이 대안후보였다는 점에서 차이가 있었다.

제2절 후보공천

제3회 지방선거에는 광역 및 기초자치단체장과 광역 및 기초의회의원에 더하여 광역의회비례대표의원을 뽑는 선거가 새롭게 추가되어 동시에 치러졌다. 이번 지방선거는 한국축구팀이 4강에 올랐던 월드컵(5.31~6.30) 중반에 개최되었기 때문에 집권당에게 유리한 환경에서 실시된 선거였다고 볼 수도 있다. 하지만 당시의 지방선거에서는, 첫째, 국민회의와 자민련의 공동정부에 균열이 발생하면서 이들 사이의 선거연합이 제대로 이루어지지 않았다. 따라서 집권여당인 새천년민주당이 지난 1998년 제2회 지방선거에서와 같은 성과를 기대하기는 힘들었다. 둘째, 허니문 기간이라고 할 수 있던 집권초기에 개최되었던 지난 지방선거와 달리 김대중 정부 말기에 시행된 이번 지방선거는 심각한 레임덕 현상과 함께 대통령 친인척을 포함한 집권세력의 부정부패가 드러나면서 집권당에 대한 국민들의 불신이 증폭된 상황에서 개최되었다.

1. 새천년민주당 10개, 한나라당 16개, 자민련 3개 광역단체장 후보공천

제3회 지방선거에서는 집권당인 새천년민주당이 광역단체장 후보로 광주광역시(박광태), 전남(박태영), 전북(강현욱) 등 호남지역과 서울(김민석/), 경기(진념/), 인천(박상은), 강원도, 부산(한이헌/), 경남(김두관/), 제주(우근민) 등 10곳에서만 공천하였으며, 충청지역 3곳과 대구, 경북, 울산 등에서는 후보를 공천하지 않았다(/는 낙선자). 지난 제2회 지방선거 당시 8개 광역자치단체장에 후보를 공천했던 자민련은 이번 지방선거에서는 대전(홍선기/), 충남(심대평), 충북(구천서/) 등 충청지역 3곳에서만 후보를 공천하였으며, 지난 지방선거 당시 공천했던 인천과 강원은 물론 대구, 경북, 울산 등 영남지역에는 후보를 공천하지 않았다.[1]

---

1 국민회의의 경우, 8곳에 광역단체장후보를 공천했던 지난 제2회 지방선거에 비해 불과 공

이에 반해 한나라당은 전국 16개 광역자치단체장 선거에 모두 후보를 공천하였다. 서울시장선거에는 현대건설회장을 역임하고 14대·15대 국회의원을 역임한 이명박, 경기도 선거에는 지난 2회 지방선거에서 고배를 마셨던 손학규가 한나라당 후보로 출마하였다. 인천시와 강원도에는 현역단체장인 안상영과 김진선이 재선을 노리며 출마하였다. 당선이 거의 확실시되는 영남지역 5곳(대구-조해녕, 울산-박맹우, 부산-안상영, 경남-김혁규, 경북-이의근)과 충청지역 3곳(대전-염홍철, 충남-박태권/, 충북-이원종)에서 한나라당 후보가 출마하였으며, 당선가능성이 지극히 희박했던 호남 3곳에서도 한나라당의 공천을 받은 이환의(광주광역시), 라경균(전북), 황수연(전남)이 출마하였다. 군소정당들 가운데에는 민주노동당이 서울, 부산, 인천, 광주, 울산, 경기, 경남 등의 지역에 7명의 광역단체장후보를 공천하였으며, 사회당도 서울, 인천, 울산 등에 세명의 후보를 공천하였다.[2] 그 외에도 민국당이 제주에 1명, 녹색평화당이 서울과 인천에 2명의 광역단체장후보를 공천하였으며, 무소속으로 출마한 이들도 13명에 달하였다.

2. 현역광역단체장 7명의 재선시도

제2회 지방선거에서와 마찬가지로 상당수의 현역광역단체장이 공천을 받아 재선 혹은 삼선을 시도하였다. 지난 제2회 지방선거에서는 8명의 현역 광역단체장이 재선을 위해 출마하였는데, 이번 지방선거에서도 대전(홍선기), 충남(심대평), 충북(이원종), 부산(안상영), 경남(김혁규), 경북(이의근), 제주(우근민) 등 7곳에서 현역 광역자치단체장이 각 당의 공천을 받아 출마하였다(홍선기, 심대평, 이의근, 김혁규 등 4인은 삼선 시도). 현역광역단체장들 가운데 일찍부터 출마의사를 밝히지 않은 사람은 대선출마여부를 타진하던 고건(서울)과 유종근(전북), 그리고 건강이 좋지 않았던 심완구(울산) 뿐이었다.[3] 하지만, 당시의 광역단체장 선거에서 두드러진 점은 현역단체장들 가운데 시정이나 경선과정의 불미

천지역이 2곳 증가하였다.

2 2002년 6.13지방선거에서 민주노동당의 울산시장 후보공천과정에 대한 논의는 고동우(2002)를 참조할 것.

3 고건은 2001년 8월 「신동아」와의 인터뷰에서 서울시장출마 의사가 없다는 점을 밝혔다(김시관. 2001).

스러운 잡음으로 공천을 받지 못한 이들의 비율이 높았다는 점이다. 전북지사 유종근은 2002년 3월, 대구시장 문희갑과 인천시장 최기선은 선거직전인 5월 10일 수뢰혐의로 구속 수감되었다.[4] 경기지사 임창열은 임기초기에 수뢰혐의로 구속되어 옥고를 치렀으며, 지방선거에 임박해서야 불출마의사를 밝혔다(연합뉴스 2002.5.2). 광주광역시장 고재유와 전남도지사 허경만은 당내후보경선에서 발생한 잡음으로 공천에서 탈락하였다.[5]

3. 지역편향적인 후보공천

광역단체장선거(16명 선출, 총출마자 55명)에서와 마찬가지로 기초단체장선거(232명 선출, 총후보자 749명)에도 한나라당이 가장 많은 190명의 후보자를 공천하였으며, 새천년민주당은 155명, 자민련은 50명, 민주노동당은 12명을 공천하였다. 광역의회선거(609명 선출, 총후보자 1,528명)에서도 한나라당이 가장 많은 540명을 공천하였고, 새천년민주당은 409명, 민주노동당은 67명, 자민련은 64명, 사회당은 6명의 후보자를 공천하였다. 광역비례대표선거(73명 선출, 총후보자 208명)의 경우에도 각 당은 많은 수의 후보를 공천하였다: 한나라당(66명), 새천년민주당(64명), 민주노동당(25명), 자민련(24명), 사회당(16명).

이번 지방선거에서도 각 당의 후보공천에서 지역편향성은 확연히 나타난다. 이미 앞서 언급한 것처럼 광역단체장 선거의 경우 한나라당은 16개 광역시도에 모두 후보를 공천하였지만, 새천년민주당은 대구, 울산, 경북 등 영남 세곳의 광역시도지사선거의 후보공천을 포기하였으며, 자민련은 대전과 충남·북 등

4 대구시의 문희갑은 이미 2002년 3월 20일 비자금 문서가 공개되고 회계책임자가 구속되는 등 파문이 일자 불출마를 선언했었다(이승욱. 2002; 연합뉴스. 2002.5.9). 1998년 9월 한나라당을 탈당하여 국민회의에 입당한 심완구도 2002년 6.25 수뢰혐의로 구속되었다(이기철 2002). 그의 여당행은 민추협에서 맺은 김대중 대통령과의 친분과 함께 처남 홍인길 의원이 구속되자 구명을 위한 행보라고 알려져 있다(박찬수 1998.9.24).

5 민주당의 광주광역시장 후보경선(2002년 5월 4일 개최)의 경우 현역시장인 고재유와 서구청장을 역임한 이정일, 이승채(중도 사퇴) 등이 경합을 벌여, 이정일 후보가 76표 차이로 고재유를 누르고 경선에서 승리하였다. 후보경선 직후 고재유는 경선과정에서 선거인명부와 주민등록번호가 일치하지 않아 투표에 참여하지 못했던 점을 이유로 재투표를 주장하며 경선불복을 선언하였다. 이에 대해서는 시민의 소리(2002.5.6). 그 후 이정일 후보의 회계책임자가 이승채 후보의 사퇴를 위한 금품살포혐의로 구속되는 등 잡음이 발생하자 그의 공천이 철회되고 제3의 인물인 박광태가 공천되었다(박태견 2002).

충청지역에서만 후보를 공천하였다. 기초단체장선거의 경우에도 한나라당은 영남의 모든 기초단체장선거에 후보를 공천한 반면, 새천년민주당은 극소수의 후보자들만 공천하였다. 기초단체장 선거가 실시되는 지역이 16곳인 부산에 1명, 8곳인 대구에 2명, 5곳인 울산에 2명, 23곳인 경북에 2명, 20곳인 경남에 3명만 공천하였다. 이와는 대조적으로 새천년민주당은 호남의 모든 기초단체장선거에 후보를 공천한 반면, 한나라당은 기초단체장 선거가 실시되는 지역이 5곳인 광주광역시에 1명, 14곳인 전북에 14명, 22곳인 전남에 5명의 후보만을 공천하였다. 자민련은 총 50명의 후보를 공천하면서 절반이 넘는 26명을 충청지역에 공천하였다.[6]

광역의회선거의 경우에도 이러한 편향성은 분명히 나타났다. 한나라당은 176명을 선출하는 영남의 광역의원선거에 174명을 공천한 반면, 94명을 선출하는 호남에는 42명만을 공천하는데 그쳤다. 새천년민주당은 호남지역에서는 93명을, 영남지역에서는 29명만 공천하였다. 자민련은 72명의 광역의원을 선출하는 충청지역에서 50명을 공천하였는데, 이는 자민련이 전국적으로 공천한 64명의 78.1%에 해당한다.

제3절 선거제도

1. 광역의회비례대표선거(1인 2표제) 도입, 후보자 정보공개범위 확대

제3회 지방선거에서는 광역단체장, 기초단체장, 광역의회의원(지역구), 기초의회의원(지역구)을 뽑는 선거와 함께 새롭게 1인 2표제를 이용한 광역의회의원비례대표선거가 시행되었다.[7] 중앙선관위가 2001년 두 차례에 걸친 공직선거

6 제3회 동시지방선거에서 기초단체장의 충원과정에 대한 연구는 김석우(2004)를 참조할 것.
7 한국에서 지방선거제도의 주요한 변화는 국회내부가 아닌 외압에 의한 것이었다. 예를 들어, 광역의회선거에 비례대표제가 도입되고, 기초의회선거에 정당공천이 허용된 이유도 각각 2001년과 2003년 헌법재판소가 기존 공직선거법에 대한 위헌판정을 하였기 때문이다. 이에 대한 논의는 가상준(2009)을 참조할 것.

법의 개정을 통하여 후보자들이 명함, 컴퓨터 통신망, 전화 등을 이용하여 선거운동기간 이전에 인지도를 높일 수 있는 기회를 부여하고, 선거범죄 신고자에 대한 포상금제도와 선거비용지출보고서 제출 및 공개 의무화 제도의 도입, 선거법 위반자의 위반 사실 공표 등의 방안을 개정안으로 제시하였다(중앙선거관리위원회 2013, 610). 하지만, 선거부정감시단의 운영기간 연장, 종합토지세의 납부실적 등 후보자 정보공개 자료의 범위 확대, 명함배부 허용, 투표 및 개표사무원의 위촉대상 확대(정부투자기관, 농협·수협·산림조합의 직원 및 지방공사·공단의 직원), 개표 요건의 완화(2/3→1/3의 투표함 도착시 가능, 투표구별 개표→읍면동 단위 개표, 투표구별→선거별/선거구별 개표상황표 사본 게시) 등만이 반영되었다(중앙선거관리위원회 2013, 621).

2. 기탁금/반환요건의 하향조정, 지역구 여성후보공천정당 추가보조금 지급

아울러, 2001년 7월 헌법재판소의 위헌결정을 받은 기탁금의 액수가 하향조정되고, 기탁금의 반환요건 또한 완화되었다. 기초단체장 선거와 광역의회의원 선거의 경우에도 기존에는 각각 1,500만원과 400만원이었던 기탁금이 각각 1,000만원과 300만원으로 하향조정 되었다. 기탁금반환조건 또한 국회의원 선거와 마찬가지로 15% 이상의 득표율로 완화되었다. 다만, 광역단체장 선거와 기초의원선거의 경우에는 기탁금 액수는 그대로 두었다(중앙선거관리위원회 2013, 614).[8] 그 외에도 지방의회의원 선거기간을 14일에서 17일로 연장하였으며, 투표지분류기가 도입되어 인력감축과 개표시간 뿐만 아니라 수작업에 비해서 개표의 오류도 줄일 수 있게 되었다(중앙선거관리위원회 2013, 620; 제3회 동시지방선거 총람, 223). 정당법 또한 개정되어 정당의 읍·면·동 당연락소가 폐지되고, 지역구시·도의원의 후보자 가운데 3/10이상을 여성으로 추천한 정당에게 추가보조금을 지급하도록 하였으며, 중앙당이 정책활동에 관한 활동을 중앙선거관리위원회에 보고하도록 하였다(제3회 동시지방선거 총람, 227). 아울러, 정치

8 국회의원의 경우 기존에는 기탁금이 2,000만원이었으며, 기탁금 반환 요건이 20% 이상의 득표율이었던 것이 각각 1,500만원과 15% 이상의 득표율로 하향 조정되었다.

자금법을 강화하여 정당보조금을 허위보고하거나 용도 외에 사용한 경우 2배에 상당하는 금액을 감액지급하도록 하였다(pp.228~229).

제4절 선거결과

1. 새천년민주당의 완패, 한나라당의 압승, 자민련의 몰락

제3회 동시지방선거의 투표율은 48.9%로 지난 1998년 제2회 동시지방선거의 투표율 52.7%보다 조금 하락하였다. 선거결과 집권여당인 새천년민주당은

〈표 1-4-1〉 제3회 광역자치단체장선거 정당별 당선자 분포

지역	제1회 (1995.6.27)	제2회 (1998.6.4)	제3회 (2002.6.13)
서울특별시	● 조순	● 고건	○ 이명박
부산광역시	○ 문정수	○ 안상영	○ 안상영
대구광역시	√/○ 문희갑	○ 문희갑	○ 조해녕
인천광역시	○/◇ 최기선	◇/√ 최기선	○ 안상수
광주광역시	● 송언종	● 고재유	● 박광태
대전광역시	◇ 홍선기	◇ 홍선기	○ 염홍철
울산광역시		○/● 심완구	○ 박맹우
경기도	○ 이인제	● 임창열	○ 손학규
강원도	◇ 최각규	○ 김진선	○ 김진선
충청북도	◇/○ 주병덕	◇/○ 이원종	○ 이원종
충청남도	◇ 심대평	◇ 심대평	◇ 심대평
전라북도	● 유종근	● 유종근	● 강현욱
전라남도	● 허경만	● 허경만	● 박태영
경상북도	○ 이의근	○ 이의근	○ 이의근
경상남도	○ 김혁규	○ 김혁규	○ 김혁규
제주특별자치도	√/● 신구범	● 우근민	● 우근민

○ 새누리당계, ● 민주당계, ◇ 자민련계, √ 무소속, / 당적변경이나 재보궐선거
출처: 중앙선거관리위원회, 역대선거정보

한나라당에게 완패하고 말았다. 광역단체장 선거의 경우 새천년민주당은 전남(박태영) 및 전북(강현욱)과 광주광역시(박광태) 등 호남 3개 지역과 제주도(우근민)에서 승리하는데 그친 반면, 한나라당은 대구(조해녕), 부산(안상영), 경북(이의근), 경남(김혁규), 울산(박맹우) 등 영남 5개 지역 뿐만 아니라 강원(김진선), 충북(이원종)과 대전(염홍철), 그리고 서울(이명박), 경기(손학규), 인천(안상수) 등 수도권에서 모두 승리하였다.

자민련은 심대평을 공천한 충남도지사 선거에서만 승리하였다.[9] 이는 지난 1998년의 제2회 동시지방선거에서 집권여당이었던 국민회의와 자민련이 호남과 충청지역은 물론 수도권에서 압승한 것과는 대조적이었다: 당시의 광역자치단체장 선거에서는 한나라당이 영남 5개 지역과 강원에서만 승리하였던 반면, 국민회의는 호남 3개 지역과 함께 서울, 경기, 제주에서, 그리고 국민회의와 공동정부를 구성했던 자민련은 충청 3개 지역과 함께 인천에서 승리하였다.

2. 현역광역자치단체장의 높은 재선율

부산의 안상영, 강원도의 김진선, 충북의 이원종, 제주의 우근민 등 4인은 재선에 성공하였으며, 충남의 심대평, 경남의 김혁규, 경북의 이의근 등 3인은 삼선에 성공하였다. 현역시도지사들 가운데 출마의지가 없던 3인(고건, 유종근, 심완구)과 당내경선에서 탈락한 2인(고재유와 허경만), 그리고 구속수사로 출마하지 못한 이들(유종근, 문희갑, 최기선, 임창렬)을 제외하면, 이번선거에 다시 출마하여 재선에 실패한 이는 대전에서 3선을 노리며 출마한 홍선기뿐이었다.

3. 정당별 당선자분포의 지역편향성

광역단체장 선거에서 새천년민주당과 한나라당이 각각 호남과 영남의 광

9 6.13 지방선거에서 가장 주목을 받았던 지역가운데 하나는 울산이었다. 울산에는 한나라당의 박맹우와 민주노동당의 송철호가 경합을 벌였다. 민주당과 무소속 후보로 세 차례 국회의원선거에 출마한 경험이 있던 송철호가 민주노동당 후보로 무명에 가까웠던 박맹우를 지지율에서 한때 18% 가까이 크게 앞선 것으로 알려졌다. 하지만, 선거운동이 본격화 되면서 그가 호남출신인 것을 지역신문들이 연이어 보도하면서 지지율이 역전되었으며, 이로인해 해당신문사가 고발되기도 하였다(박석철 2014.7.22).

역자치단체장선거에서 모두 승리하는 등 당선자들의 지역편향성이 다시 재연되었다. 이러한 현상은 기초단체장선거에서도 유사하게 나타났다. 기초단체장 선거결과 한나라당의 경우 전체 232개 지역의 기초단체장선거 가운데 무려 60.3%(140명)를 장악하였으며, 새천년민주당은 불과 19.0%(44명)만을 차지하였다. 자민련 역시 6.9%(16명)의 기초단체장을 차지하는데 그쳤다. 각 정당의 당선자들의 지역편중성 또한 뚜렷하게 나타났다. 새천년민주당은 모든 영남지역과 대전에서, 한나라당 또한 모든 호남지역과 대전에서 단 한 명의 기초단체장도

〈표 1-4-2〉 제3회 기초단체장선거(2002) 정당별 당선자 분포

지역	(당선자수)	한나라당		새천년민주당		자민련		민주노동당		무소속	
합계	(232)	60.3	(140)	19.0	(44)	6.9	(16)	0.9	(2)	12.9	(30)
서울특별시	(25)	88.0	(22)	12.0	(3)	0.0	(0)	0.0	(0)	0.0	(0)
부산광역시	(16)	81.3	(13)	0.0	(0)	0.0	(0)	0.0	(0)	18.8	(3)
대구광역시	(8)	100.0	(8)	0.0	(0)	0.0	(0)	0.0	(0)	0.0	(0)
인천광역시	(10)	80.0	(8)	20.0	(2)	0.0	(0)	0.0	(0)	0.0	(0)
광주광역시	(5)	0.0	(0)	80.0	(4)	0.0	(0)	0.0	(0)	20.0	(1)
대전광역시	(5)	0.0	(0)	0.0	(0)	100.0	(5)	0.0	(0)	0.0	(0)
울산광역시	(5)	60.0	(3)	0.0	(0)	0.0	(0)	40.0	(2)	0.0	(0)
경기도	(31)	77.4	(24)	12.9	(4)	3.2	(1)	0.0	(0)	6.5	(2)
강원도	(18)	83.3	(15)	11.1	(2)	0.0	(0)	0.0	(0)	5.6	(1)
충청북도	(11)	45.5	(5)	9.1	(1)	27.3	(3)	0.0	(0)	18.2	(2)
충청남도	(15)	26.7	(4)	13.3	(2)	46.7	(7)	0.0	(0)	13.3	(2)
전라북도	(14)	0.0	(0)	64.3	(9)	0.0	(0)	0.0	(0)	35.7	(5)
전라남도	(22)	0.0	(0)	72.7	(16)	0.0	(0)	0.0	(0)	27.3	(6)
경상북도	(23)	91.3	(21)	0.0	(0)	0.0	(0)	0.0	(0)	8.7	(2)
경상남도	(20)	80.0	(16)	0.0	(0)	0.0	(0)	0.0	(0)	20.0	(4)
제주도	(4)	25.0	(1)	25.0	(1)	0.0	(0)	0.0	(0)	50.0	(2)

( )안의 수는 기초단체장 수

출처: 중앙선거관리위원회, 역대선거정보

당선시키지 못하였다. 자민련은 경기도 오산시 1 곳을 제외하면 충청지역 이외의 지역에서는 단 한명의 기초단체장도 당선시키지 못하였다. 반면, 민주노동당은 울산광역시 동구와 북구에서 이갑용과 이상범 등 2명의 기초단체장을 배출하는데 성공하였다.

총 609명을 선출하는 광역의회 선거 또한 한나라당의 압승으로 종결되었다. 한나라당은 70.8%(431명)의 당선자를 배출하는데 성공하였다. 이에 반해 새천년민주당은 19.9%(121명), 자민련은 4.9%(29명)의 당선자를 배출하는데 그쳤다. 각 정당 당선자들의 지역편중성은 다른 어느 선거보다 확연히 나타났다. 한나라당은 부산과 대구에서 100%(각각 40명과 24명), 경남, 경북, 울산에서 각각

〈표 1-4-3〉 제3회 광역의회의원선거(2002) 정당별 당선자 분포

지역	(당선자수)	한나라당		새천년민주당		자민련		민주노동당		무소속	
합계	(609)	70.8	(431)	19.9	(121)	4.8	(29)	0.3	(2)	4.3	(26)
서울특별시	(92)	89.1	(82)	10.9	(10)	0.0	(0)	0.0	(0)	0.0	(0)
부산광역시	(40)	100.0	(40)	0.0	(0)	0.0	(0)	0.0	(0)	0.0	(0)
대구광역시	(24)	100.0	(24)	0.0	(0)	0.0	(0)	0.0	(0)	0.0	(0)
인천광역시	(26)	88.5	(23)	7.7	(2)	0.0	(0)	0.0	(0)	3.8	(1)
광주광역시	(16)	0.0	(0)	100.0	(16)	0.0	(0)	0.0	(0)	0.0	(0)
대전광역시	(16)	50.0	(8)	0.0	(0)	50.0	(8)	0.0	(0)	0.0	(0)
울산광역시	(16)	81.3	(13)	0.0	(0)	0.0	(0)	12.5	(2)	6.3	(1)
경기도	(94)	89.4	(84)	7.4	(7)	0.0	(0)	0.0	(0)	3.2	(3)
강원도	(39)	79.5	(31)	15.4	(6)	0.0	(0)	0.0	(0)	5.1	(2)
충청북도	(24)	79.2	(19)	4.2	(1)	8.3	(2)	0.0	(0)	8.3	(2)
충청남도	(32)	21.9	(7)	9.4	(3)	59.4	(19)	0.0	(0)	9.4	(3)
전라북도	(32)	0.0	(0)	84.4	(27)	0.0	(0)	0.0	(0)	15.6	(5)
전라남도	(46)	0.0	(0)	95.7	(44)	0.0	(0)	0.0	(0)	4.3	(2)
경상북도	(51)	92.2	(47)	0.0	(0)	0.0	(0)	0.0	(0)	7.8	(4)
경상남도	(45)	97.8	(44)	0.0	(0)	0.0	(0)	0.0	(0)	2.2	(1)
제주도	(16)	56.3	(9)	31.3	(5)	0.0	(0)	0.0	(0)	12.5	(2)

( )안은 당선된 기초단체장의 수

출처: 중앙선거관리위원회, 역대선거정보

97.8%(44명), 92.2%(47명), 81.3%(13명)의 당선자를 배출한 반면, 광주광역시, 남, 전북에서는 단 한명의 당선자도 배출하지 못하였다. 새천년민주당은 광주광역시, 전남, 전북에서 각각 100%(16명), 95.7%(44명), 84.4%(27명)의 당선자를 배출하였지만, 영남의 5개 광역시도에서 단 한명의 당선자도 배출하지 못하였다. 자민련은 대전에서 한나라당과 마찬가지로 50%(8명), 충남과 충북에서 각각 59.4%(19명)와 8.3%(2명)의 당선자를 배출하였다. 민주노동당 역시 울산에서만 2명의 광역의원을 배출하는데 성공하였다.

4. 광역비례대표의원선거에서의 비례성

이번 지방선거에 처음 실시된 광역비례대표의원선거에는 총 73명을 선출하였다. 광역비례대표선거의 결과는 다른 선거들과 확연히 달랐다. 물론 광역비례대표의원선거에서도 한나라당이 압승하며 다른 정당들에 비해 월등히 많은 의원들을 당선시킬 수 있었다. 하지만, 첫째, 한나라당의 의석 점유율은 과반에 조금 못 미치는 49.3%(36명)였다.[10] 이는 광역의회선거에서 한나라당의 의석점유율인 70.8%에 한참 미치지 못하는 것이었다. 이에 반해 새천년민주당의 의석 점유율은 광역의회선거보다 10% 이상 높은 30.1%(22명)였다. 둘째, 아울러 민주노동당의 의석 점유율은 12.3%(9명)로 자민련의 5.5%(4명)보다 두 배 이상 높았다. 셋째, 광역비례대표선거에서도 각 정당 당선자들의 지역편중성이 분명히 나타났지만 그 강도는 다른 선거에 비해 현격히 낮았다. 한나라당은 전남과 전북에서 각각 20.0%와 25.0%, 새천년민주당은 부산, 경남, 경북에서 각각 25.0%, 20.0%, 16.7%의 광역비례대표의석을 차지하였다(각 지역별 1인).

---

10 가상준(2004)은 광역비례대표선거결과에서 확인된 정당선호를 근거로 광역단체장선거에서 나타난 정당효과의 크기를 비교하였으며, 당시 여당이었던 민주당에 비해서 한나라당이나 민주노동당이 후보자 요인보다 정당요인에 의해 더 큰 영향을 받았다고 주장하였다.

〈표 1-4-4〉 제3회 광역비례대표의원선거(2002) 정당별 당선자 분포

지역	(당선자수)	한나라당		새천년민주당		자민련		민주노동당		한국미래연합	
합계	(73)	49.3	(36)	30.1	(22)	5.5	(4)	12.3	(9)	2.7	(2)
서울특별시	(10)	50.0	(5)	40.0	(4)	0.0	(0)	10.0	(1)	0.0	(0)
부산광역시	(4)	50.0	(2)	25.0	(1)	0.0	(0)	25.0	(1)	0.0	(0)
대구광역시	(3)	66.7	(2)	0.0	(0)	0.0	(0)	0.0	(0)	33.3	(1)
인천광역시	(3)	66.7	(2)	33.3	(1)	0.0	(0)	0.0	(0)	0.0	(0)
광주광역시	(3)	0.0	(0)	66.7	(2)	0.0	(0)	33.3	(1)	0.0	(0)
대전광역시	(3)	33.3	(1)	33.3	(1)	33.3	(1)	0.0	(0)	0.0	(0)
울산광역시	(3)	66.7	(2)	0.0	(0)	0.0	(0)	33.3	(1)	0.0	(0)
경기도	(10)	60.0	(6)	30.0	(3)	0.0	(0)	10.0	(1)	0.0	(0)
강원도	(4)	50.0	(2)	25.0	(1)	0.0	(0)	25.0	(1)	0.0	(0)
충청북도	(3)	66.7	(2)	0.0	(0)	33.3	(1)	0.0	(0)	0.0	(0)
충청남도	(4)	25.0	(1)	25.0	(1)	50.0	(2)	0.0	(0)	0.0	(0)
전라북도	(4)	25.0	(1)	50.0	(2)	0.0	(0)	25.0	(1)	0.0	(0)
전라남도	(5)	20.0	(1)	60.0	(3)	0.0	(0)	20.0	(1)	0.0	(0)
경상북도	(6)	66.7	(4)	16.7	(1)	0.0	(0)	0.0	(0)	16.7	(1)
경상남도	(5)	60.0	(3)	20.0	(1)	0.0	(0)	20.0	(1)	0.0	(0)
제주도	(3)	66.7	(2)	33.3	(1)	0.0	(0)	0.0	(0)	0.0	(0)

( )안은 당선된 기초단체장의 수

출처: 중앙선거관리위원회, 역대선거정보

5. 새천년민주당 패배의 원인

6.13 지방선거에서 집권당인 새천년민주당이 패배하게 된 이유로는 무엇보다 김대중 대통령의 레임덕이 가중되는 가운데 대통령의 친인척 비리가 불거져 나오면서 현정부에 대한 국민들의 신망이 급격히 추락하였다는 점에서 찾을 수 있다. 아울러, 당시 지방선거에서 국민회의의 패배는 지난 2000년 지방선거에서와 달리 자민련과의 공조가 이루어지지 않았기 때문이라고 할 수 있다. 양당의

공조체제는 이미 김대중 정부의 출범 직후부터 서서히 약화되기 시작하였다. 김종필의 국무총리 인준이 지체되었던 것을 비롯하여 1998년 지방선거의 후보 단일화 과정에서 자민련 측의 불만이 불거져 나왔고, 김대중 대통령이 DJP 연합의 대전제였던 내각제 개헌을 추진하지 않고 지속적으로 유보시키면서 공동정부의 미래가 매우 불투명하게 되었다. 결국, 2001년 평양에서 개최된 8.15 민족통일대축전에 참여한 이들 가운데 일부가 북한의 '3대헌장 기념탑 개막식'에 참여한 것에 대한 책임을 묻기 위해 통일부장관(2001.3.30~2001.9.3)이었던 임동원에 대한 해임건의안이 국회에서 통과됨으로써 공동정부는 결정적인 파국을 맞이하게 되었다.[11] 제3회 지방선거는 이처럼 새천년민주당과 자민련 사이의 불협화음 속에서 한나라당이 압승을 거두게 된 것이다.

제5절 선거의 영향

1. 이회창 대세론과 민주당의 후보교체론 부상

당시의 지방선거결과는, 첫째, 한나라당의 경우 민주당의 국민참여경선을 계기로 잠시 주춤했던 이회창 대세론이 다시 부상한 반면, 노무현의 지지율 하락을 가속화하고 후보교체론이 부상하는 계기가 되었다. 특히, 그가 영남지역에서 광역단체장을 한석도 차지하지 못하면 재신임을 받겠다고 한 발언은 신중하지 못한 발언으로 비난을 받아야 했다. 둘째, 임성호(2011, 283)가 지적하듯이, 한나라당의 압승으로 종결된 6.13 지방선거가 민주당에게는 절박함을 주고, 한나라당이 방심하게 만들었으며, 유권자들 또한 민주당에 동정심을 갖게 하여

11 육군사관학교 출신의 보수적 성향의 임동원은 김대중이 1994년 아태평화재단을 만들면서 사무총장으로 영입한 인물이다(최경환 2010, 113). 그는 대북특사로 북한의 김정일을 만나 2006년 6월 개최된 남북정상회담을 준비하는 등 '햇볕정책'으로 요약되는 김대중정부의 대북정책을 수립하는데 중추적인 역할을 하였으며, 외교안보수석, 통일부장관, 국정원장 등을 역임하였다. 하지만 2005년 국정원의 불법감청과 관련한 사건으로 구속되는 시련을 겪기도 하였다(한겨레 신문 2003.1.24).

역설적으로 제16대 대선에서 노무현이 승리할 수 있는 계기가 되었다고 볼 수도 있다.

> **중간평가로서의 지방선거**
>
> 한국에서 지방선거는 미국의 중간선거처럼 집권당에 대한 중간평가의 성격을 강하게 가지며 집권당에게 불리하다고 알려져 왔다. 이러한 주장의 근거로 최근의 지방선거에서 예외 없이 집권당이 패배하였던 선거결과들이 활용되고 있다. 1997년 대선 직후 개최된 1998년 지방선거는 집권여당에게 불리하지 않았으며, 오히려 허니문 기간에 개최되었기에 더 유리하였으며, 결국 국민회의-자민련 공동정부의 승리로 종결되었다. 반면, 문민정부시절에 개최된 1995년 지방선거와 '국민의 정부' 집권 말기에 개최된 2002년 지방선거에서는 야당에게 유리한 결과가 나타났다. 마찬가지로 집권말기에 개최된 2006년 지방선거 역시 한나라당의 압승으로 끝났다. 2008년 초 출범한 이명박 정부의 집권 중반에 개최된 2010년 지방선거 역시 야당에게 유리하게 종결되었다. 1998년 제2회 동시지방선거를 제외한 역대 지방선거결과가 집권여당에게 불리하고, 야당에게 유리한 결과가 나타난 것이다.
>
> 그럼에도 불구하고, 이러한 결과를 과장할 필요는 없다. 지금까지 총6회 개최된 지방선거의 경험만으로 지방선거가 본질적으로 집권당에게 불리하다고 단정할 수는 없다. 왜냐하면, 지방선거에서 나타난 집권당의 패배는 집권당의 업적에 대한 평가가 아니라 대선과 다른 정치적 경쟁구도의 차이 때문일 수 있다. 1998년 지방선거에서 국민회의-자민련 선거연합은 하나의 사례가 될 수 있다. 당시의 지방선거에서 자민련이 충청지역의 광역단체장 선거에서 모두 승리할 수 있었던 것은 자민련의 업적에 대한 평가보다 자민련과 함께 공동정부를 구성한 국민회의가 이 지역에 후보를 출마시키지 않았기 때문이다. 아울러 분점정부가 구성되는 여소야대 상황에서 집권당이 효과적으로 정책을 집행하기 어렵고 결과적으로 국민들이 이에 대한 책임의 일부를 집권당뿐만이 아니라 야당에게도 물을 수 있다. 더구나 집권당의 업적에 대한 긍정적 평가가 이루어질 경우 오히려 집권여당의 후보에게 유리한 결과가 나올 수도 있다.

셋째, 제3회 지방선거에 당선된 이들 가운데 4명의 광역단체장을 포함하여 상당수가 임기를 마치지 못하고 중도에 그만두게 됨으로써 역대 최대 규모의 재보궐선거가 실시되었다. 이미 앞서 언급한 대로 부산시장 안상영(한나라당)은

2004년 2월 구치소에 수감된 이후 자살하였으며, 전남도지사 박태영(열린우리당) 역시 동년 4월 비리혐의로 검찰수사를 받던 과정에서 한강에 투신하여 자살하였으며, 제주도지사 우근민(열린우리당)은 선거법위반혐의로 2004년 4월 대법원 판결이 확정되어 지사직을 상실하였고, 경남지사 김혁규(한나라당)는 2003년 12월 지사직을 사임과 함께 한나라당을 탈당하고 열린우리당에 입당하였다.[12]

2. 8.8보궐선거와 한나라당의 압승

제3회 6.13 동시지방선거 직후인 2002년 8월 8일(8.8 재보궐선거)에는 무려 13명의 국회의원을 선출하는 재보궐선거가 개최되었다. 당시의 재보궐선거는 한나라당 소속 6인과 새천년민주당 소속 6인의 당선무효(한나라당 4인, 새천년민주당 3인) 혹은 지방선거에 출마하기 위한 사직(손학규 한나라당 1인, 김민석, 박광태, 강현욱 등 새천년민주당 3인), 사망(한나라당 1인, 새천년민주당 1인)으로 인해 실시된 것이었다. 이 선거는 서울 3개 지역구(종로, 금천, 영등포을), 경기 3개 지역(하남, 광명, 안성), 부산 2개 지역구(부산진갑, 해운대구 기장갑), 인천의 서구강화을, 제주 북제주, 경남 마산시합포, 광주광역시 북구갑, 전북 군산 등 전국 각지에서 실시되었다. 당시의 재보궐 선거 또한 한나라당의 압승으로 종결되었다. 광주광역시 북구갑과 전북 군산을 제외한 11개 지역구 재보궐선거에서 한나라당 후보들이 모두 승리하였다.

12 김혁규의 사직은 총리직을 염두에 두고 이루어진 것으로 알려져 있으며, 제17대 총선에서 열린우리당의 비례대표의원으로 선출되었다. 하지만, 그는 한나라당의 반대로 인해 총리에는 임명되지 못하였으며, 2007년 대통합민주신당을 탈당하고 제17대 대선에서 이회창을 지지하였다. 김태환은 보궐선거직전 한나라당에 입당하여 제주지사 공천을 받았다.

제 2 부 노무현 정부 시기의 선거

INTRODUCTION

서 론

-사회적 양극화 해소와 민주주의의 심화발전-

노무현 정부는 2002년 제16대 대선을 통해 등장하였으며, 이 시기에는 2004년 제17대 총선(4.15), 2006년 제4회 지방선거(5.31)가 개최되었다. 2004년 개최된 제16대 대통령 선거는 '평화적인 정권교체'를 이룬 1997년 대선에 이어 민정당-민자당-신한국당-한나라당으로 이어져온 군부권위주의체제의 후계 정당을 물리치고 새정치국민회의를 계승한 어 새천년민주당이 또 다시 집권할 수 있는 기회를 제공하였다(정상호 2002). 노무현의 '참여정부'는 김대중 정부의 '국민의 정부'에 이어 남북한 간의 화해와 협력적 관계를 지속하였으며, 한국정치사에서 가장 개혁적이라고 할 수 있는 다양한 정책들을 추진하였다.

노무현 정부 시기에는 소위 '1987년 체제'를 넘어 민주주의를 심화시키기 위한 시민사회와 일부 정치권의 노력이 가속화되는 가운데 선거정치 또한 과거에는 볼 수 없었던 새로운 변화가 나타났다. 제도적인 차원에서는 민주적 대표성을 높이기 위한 여성할당제의 확대와 비례대표제의 도입을 비롯하여, 선거의 공정성과 효율성을 높이기 위한 다양한 개혁이 시도되었다. 주요 정당들은 후보 선출과정을 민주화하고, 지역주의정당의 틀을 탈피하여 전국정당 및 정책정당으로 변신하려는 노력을 기울였다. 유권자들 역시 과거의 지역주의적 투표행태에서 점차 벗어나 정책과 이념에 기초한 투표성향을 보이기 시작하였다(강원택 2007).

2004년 제17대 총선결과 열린우리당이 국회 과반의석을 차지하게 됨으로써 노무현 정부가 '탄핵'은 물론 여소야대 국면을 탈피하여 정국을 주도할 수 있는 중요한 정치적 계기를 마련하였다. 아울러, 비례대표제의 도움으로 민주노동당이 진보진영의 오랜 숙원이었던 국회진출에 성공하였을 뿐만 아니라 자민련을 대신하여 제3당으로 성장하게 되었다. 하지만, 얼마 되지 않아 열린우리당은 한나라당의 반대에 부딪혀 4대개혁 입법에 실패하였을 뿐만 아니라 1997년 아시아금융위기 이후 심화되고 있던 사회적 양극화를 포함한 한국사회의 다양한 문제들에 제대로 대처하지 못하면서 정국 주도권을 상실하게 되었다(윤상철 2004, 321).[1]

2006년 제4회 지방선거에서도 집권 여당인 열린우리당은 전북을 제외한 모든 광역단체장선거에서 패배하면서 심각한 위기에 봉착하게 되었으며, 결국 해체의 길로 접어들게 되었다. '탄핵역풍'이 불었던 2004년 총선을 제외하면 열린우리당은 노무현 정부 시기에 개최된 거의 모든 (재보궐)선거에서 한나라당에게 완패를 거듭하였다. 이는 무엇보다 집권 초기인 2003년 '대북송금특검' 수용과 열린우리당의 창당, 이라크 파병결정 등으로 인해 호남 유권자들과 진보적 성향의 유권자들이 점차 노무현 정부와 열린우리당을 외면하게 되었을 뿐만 아니라 극심한 이념적 갈등 속에서 보수언론과 한나라당을 동원한 보수진영의 공세에 제대로 대응하지 못하였기 때문이라고 할 수 있다.

1 윤상철(2004)는 김대중정부시기 부상한 사회적 갈등이 노무현정부시기에 더욱 심화되었지만, 이보다는 제도정치권 내부의 갈등이 현저하게 나타났다고 보았다. 그는 소수파정권이었던 노무현 정부가 "개혁없는 개혁정치"를 펼치게 되었으며, 실질적인 개혁보다 그 기반을 마련하기 위한 권력경쟁에 치중하였다고 주장하였다(p.322).

CHAPTER

01 2002년 국민경선과 제16대 대통령선거: 국민경선시대의 개막과 정치연합

제1절 선거의 배경

1. 포스트-3김 시대의 개막

한국의 선거사에서 제16대 대선은 무엇보다 포스트-3김 시대의 시작을 의미하는 것이었다. 김대중 정부의 탄생으로 귀결된 제15대 대선을 마지막으로 한국의 선거정치는 더 이상 민주화를 주도했던 3김이 아닌 새로운 세대의 정치인들이 주도하는 시대로 이행하게 되었다. 선거행태의 차원에서 포스트 3김 시대의 도래는 정당에게는 공직후보선출과정의 변화를, 유권자들에게는 후보결정요인의 변화를 수반하였다. 과거와 같이 3김의 일방적인 지명에 의해 공직후보가 결정되지 않게 되었을 뿐만 아니라 유권자들 또한 단순히 동향출신여부 혹은 자신의 출신/거주지역을 대표하는 지역정당의 후보에게 투표하는 소위 '지역주의적 투표행위'를 탈피할 수 있는 정치적 계기가 이 시기에 마련되었다고 할 수 있다.

2. 2002년 6.13 지방선거와 8.8 재보궐선거에서 새천년민주당의 완패

제16대 대선을 앞두고 6월 13일 개최된 제3회 지방선거와 8월 8일 개최된 재보궐선거에서 한나라당이 압승하자 많은 이들이 한나라당의 정권탈환을 예상하였으며, 이러한 분위기 속에서 소위 '이회창 대세론'이 선거 종반까지 이어졌다. 비록 지난 1997년 대선에서는 실패하였지만, 이회창은 김대중 정부의 집권기 내내 한나라당 대표(권한대행)를 장기간(1998.8.~2002.4) 역임하며, 당내는 물론 당외부에서도 가장 강력한 차기 대선후보로서의 입지를 다져 나갔다. 반면, 민주당의 경우 2002년 초만 하더라도 대통령후보로 두각을 나타낸 인물이 전혀 없었다. 민주당 내에서 가장 높은 지지율을 보이고 있던 이인제의 지지율 역시 당시에는 이회창에 비해서 10% 정도 뒤쳐져 있었다(안기석 2001).[1]

제2절 후보공천

1. 국민참여경선을 통한 민주당의 대선후보경선

대선후보선출을 위하여 민주당은 한국정당사에서 처음으로 국민참여경선제도를 시행하였다. 이 제도는 정당의 민주화라는 명분 이외에도 포스트 DJ시대에 조응하는 민주당 내부의 권력구조를 재구성하고 당면한 대선에서 경쟁력 있는 후보를 공천해야할 현실적인 필요성 때문에 도입되었다고 할 수 있다. 이병완(2009, 183)의 표현을 빌리자면, 국민참여경선은 정풍운동과정에서 발생한 "힘의 공백"에 따른 위기의식이 반영된 것이라고 할 수 있다.[2] 민주당은 당헌을

1 그동안 민주당내에 절대적인 영향력을 행사하던 김대중 대통령은 남북정상회담의 성사와 노벨상 수상에도 불구하고 자녀들이 연루된 비리가 불거져 나오면서 정치지도자로서의 명성과 영향력이 크게 약화되었고, 대선후보를 지명할 만한 영향력을 행사하기는 힘들었으며, 국정에 전념한다는 명분을 내세워 동년 5월 6일에는 민주당을 탈당하였다(부록 10-1 김대중 대통령의 탈당성명 참조).

2 정풍운동은 2000년 12월 2일 정동영이 동교동계 권노갑의 2선 후퇴를 김대중에게 요구하면서 시작된 것으로 2001년 11월 8일 김대중의 당총재직 사퇴로 종결되었다. 당시 김대중

개정하여 국민참여경선제도를 도입하였으며, 동년 3월 9일 제주경선을 시작으로 4월 26일 서울경선까지 2002년 대선후보를 선출하기 위한 대장정을 시작하였다(새천년 민주당 당헌 제97조, 제99조, 제100조, 2002. 1. 24 개정; [제정 2000. 1. 20]).

2. 민주당의 정풍파동과 국민참여경선제의 도입

정풍파동과 김대중의 민주당총재직 사퇴(2001.11.8) 이후 '당 발전과 쇄신을 위한 특별대책위원회(이하 특대위, 위원장 조세형)'가 대선후보선출을 준비하는 관리체제로서 구성되었다. 특대위는 2001년 12월 말경 정치개혁안을 제안하여 당무위원회에서 2002년 1월 7일 확정하였으며, 여기에는 당총재직의 폐지 및 당정분리와 함께, 상향식공천과 국민참여경선제의 도입 등이 포함되었다(이병완 2009, 184). 이병완(2009, 141~144)에 따르면, 임채정이 소장을 맡았던 '국가전략연구소'가 미국식 경선제도는 물론 뉴질랜드와 호주 등 각국의 후보경선제도를 연구하여 국민참여경선제를 준비하고 있었으며, 임채정이 특대위의 부위원장에 임명되면서 본격적으로 이를 추진하게 되었다.[3] 국민참여경선은 그동안 김대중을 중심으로 구성되고 운영되어온 민주당 조직의 질적인 변화를 가져왔을 뿐만 아니라, 한나라당에게도 영향을 주어 이회창 역시 당총재직 사퇴를 포함한 당내민주화 압력을 받게 되었다.

국민참여경선제의 도입과 관련하여 한 가지 흥미로운 사실은 당초에 이인제와 한화갑은 이를 환영한 반면, 정작 경선에서 최종 승리한 노무현은 부정적이었다는 것이다. 이는 노무현의 입장에서 당원들만이 아니라 국민들을 대상을 선거운동을 해야하는 국민참여경선이 조직, 재정적 자원이 부족한 자신에게 불리하다고 판단하였기 때문이었다(이병완 2009, 189~190).[4] 당시 민주당 후보경선

정부가 언론의 공격을 받아 궁지에 몰려있는 상황에서 정풍운동은 가속화되었으며, 이 과정에서 민주당의 혁신방안으로 국민참여경선이 도입되고 동교동계의 정치적 영향력을 차단하며 386세력이 성장할 수 있었다고 볼 수 있다.

3 이병완은 국가전략연구소의 부소장이었으며, 곽해곤과 정만호가 각각 정무와 대선공약 및 정책개발을 맡았다. 특대위가 구성되면서 곽해곤이 실무간사를 맡았으며, 정만호는 신행정수도 건설 공약을 준비하였다(이병완 2009).

4 정치인 팬클럽의 조직화는 기존의 대중정당, 예를 들면 사회민주당이 노조에 의존해왔던

에는 한화갑, 이인제, 노무현, 정동영, 김중권, 유종근, 김근태 등 7인이 참여하였으며, 전국적으로 100만명이 넘는 이들이 선거인단에 등록하였다(이현우 2006, 40).

3. 민주당의 대선후보 노무현 선출

전국을 순회하며 진행된 경선이 진행되면서 후보자들 가운데 승리할 가능성이 없다고 판단한 이들이 하나 둘씩 사퇴하였다. 경선초기 유력한 후보로 알려졌던 한화갑 또한 대전에서의 경선을 끝으로 사퇴하였으며, 그 이후의 대선후보경선은 이인제와 노무현 양자대결로 좁혀지게 되었다.[5] 이인제는 충청지역 경선에서의 우위에도 불구하고, 수도권 경선에서 승리할 가능성이 희박해지자 경선불공정 시비를 걸며 사퇴하였다. 결국, 노무현은 '경선 지킴이'를 자임하며 승리할 가능성이 전혀 없었음에도 불구하고 경선에 계속 참여한 정동영과의 서울경선을 마지막으로 새천년민주당의 대선후보로 최종 선출되었다.

노무현이 당초의 예상과 달리 국민참여경선에서 승리하여 민주당의 대통령후보로 선출될 수 있었던 원인은 무엇보다 '노무현을 사랑하는 사람들의 모임(노사모)'로 결집한 노무현 지지자들이 인터넷을 활용하여 당조직을 능가하여 지지세력의 경선참여를 성공적으로 조직화하였다는 점을 들 수 있다. 당시 노무현의 후보선출과 관련하여 김대중 대통령의 지원설이 제기되기도 하였다. 이는 김대중 대통령이 지난 2001년 10월 8일 노무현을 최고위원에 지명하였고, 그가 절대적인 영향력을 행사할 수 있었던 광주광역시 경선에서 노무현이 호남 출신인 한화갑을 누르고 1위를 차지하였다는 사실에 근거하여 제기된 것이다. 하지만 김대중 자신은 이를 억측이라고 주장하였다.

것과 달리, 개별 정치인들이 특정한 사회조직에 의존하게 되었다는 것이다. 이 조직들은 정당의 외곽에 존재하며 정당 지지층을 재생산하는 기반이라는 점에서 공통점이 있지만, 정당이 아니라 특정한 정치인을 위한 조직이라는 점에서 차이가 있다. 아울러 이들의 조직화가 인터넷이라는 새로운 매체를 통해서 이루어졌다는 점 또한 주목할 만하다. 당시의 국민경선은 선호투표제와 전자투표 방식을 사용하였다는 점에서도 주목할 필요가 있다.

5 당시의 경선과정, 특히 한화갑의 후보사퇴로 분수령이 되었던 광주광역시경선에서 노무현 후보가 1위로 승리할 수 있었던 것이 당시에도 여전히 민주당의 의사결정과정에 결정적인 영향력을 행사하던 DJ의 의도가 반영된 것이라는 주장이 널리 수용되면서 당시의 국민참여경선의 의미에 대한 논란이 지속되고 있는 것이 사실이다.

민주당 대통령 후보로 노무현 상임고문이 뽑혔다. 노 후보는 광주에서부터 돌풍을 일으켰다. 이후에는 파죽지세였다. 태풍이 되어 서울까지 북상했다. 민심을 무섭게 사로잡았다. 각종 여론 조사에서 지지율이 50%를 넘나들었다. 이에 일부 주자들이 나와 노무현의 밀약설을 퍼뜨리며 의혹을 제기했다. 하지만 그것은 사실이 아니었다. 나는 전혀 후보 선정에 개입하지 않았다.

4월 29일 노 후보를 만났다. "민주당 총재직을 사퇴할 때 정치에 간여하지 않겠다고 약속했습니다. 국민들도 그런 결정을 잘했다고 여깁니다. 앞으로도 국정 과제 마무리에 전념하겠습니다."

출처: 김대중(2010b, 478)

노무현은 온 국민의 관심을 끌었던 대선후보경선에서의 승리를 발판으로 실질적으로 이회창을 위협하는 강력한 후보로 부상하게 되었다. 연초 실시된 언론사들의 여론조사에서 10% 미만의 지지율에 머무르던 노무현은 국민경선과정에서 이회창의 지지율을 처음으로 앞서게 되었다(안기석 2001; 부록 16 참조). 이에 자극을 받은 한나라당 역시 국민참여경선제도를 통해 이회창을 대통령 후보로 선출하였다. 하지만, 경선결과를 예상하기 힘들었던 민주당과 달리 한나라당의 경선(4.15~5.9)은 이회창의 승리가 거의 확실하였기 때문에 최병렬, 이부영, 이상희 등이 경쟁자로 후보경선에 참여하였음에도 불구하고, 별다른 주목을 받지 못하였다.

제3절 선거제도

제16대 대통령선거를 맞이하여 여야의 합의 실패로 주목할 만한 선거제도의 변화는 없었다. 지난 제15대 대통령 선거에 비해서 선거공영제를 확대하는 대신 후보의 난립을 방지하기 위해 후보자의 기탁금을 5억원에서 20억원으로 상향조정하려는 중앙선거관리위원회의 시도는 위헌성 시비만을 낳았으며, 결국 실현되지 못하였다(중앙선거관리위원회 2013, 637); 하지만, 기탁금의 반환 요건이 강화되어 기존에는 유효득표의 10%였던 것이 15%로 강화되었다(p.638); 아울러, 대학교 내에 부재자 투표소를 처음으로 설치하였다(p.639).

제 4 절 선거과정

1. 제3회 전국동시지방선거에서 민주당의 완패와 노무현의 지지율 하락

후보경선과정에서 치솟았던 노무현의 지지율은 2002년 6월 13일 개최된 제3회 전국동시지방선거를 거치면서 급락하게 되었다. 노무현은 선거결과를 자신의 후보재신임과 연계지음으로써 당시 지방선거를 승리로 이끌고자 하였다. 그러나 이미 앞서 살펴보았듯이 호남과 제주를 제외한 모든 지역의 시도지사선거에서 당선자를 배출하지 못하는 등 지방선거에서 민주당이 대패하자, 그의 주장은 오히려 신중하지 못한 발언이라는 비판을 받게 되었으며 지지율 하락과 함께 당내에서 후보교체론이 부상하는 빌미를 주었다(지병근 2010). 더구나 월드컵(5.31~6.30) 4강신화의 열기 속에서 대한축구협회 회장이었던 정몽준의 인기가 급상승하고 유력한 대선후보로 떠오르면서 노무현의 지지율은 더욱 하락하게 되었다. 8월 중순 이후 노무현의 지지율은 이회창이나 정몽준보다 한참 뒤쳐진 10% 후반대에 머물렀다.

2. 노무현·정몽준의 후보단일화

노무현은 비록 제3회 동시지방선거(2002.6.13)의 참패 이후 민주당 당무회의를 통해 후보재신임을 얻었다. 하지만, 선거참패의 책임을 지고 후보직을 사퇴해야한다는 당내외의 비판은 지속적으로 제기되고 있었다. 동년 10월 4일에는 노무현이 당선될 가능성이 없다고 판단한 일부 의원들은 정몽준과의 후보단일화를 요구하며 '후보단일화 추진협의회'를 구성하였다(이병완 2009, 146).[6] 그런데, 10월 16일 비록 6.13 서울시장선거에서 한나라당의 이명박에게 패배하였지만 민주당의 차세대 주자로서 소위 '386세대'를 상징하는 정치인으로 세간의 주목을 받던 김민석이 탈당하여 정몽준 캠프에 합류하자 동정여론이 급등하며 지지율의 반전이 나타나기 시작하였다.

그 후 노무현과 정몽준 양자의 후보단일화 협상이 본격적으로 시작되었다. 당시의 협상은 제16대 대선의 향배를 판가름 지을 수 있었기에 많은 이들의 관심을 끌었다. 당시 양측의 협상 과정에서 정몽준은 여론조사 방안을 선호하고 있었지만, 노무현은 민주당을 활용할 수 있는 국민참여경선방안(50% 국민, 50% 당원)을 선호하고 있었다(연합뉴스 2002.12.19). 마침내, 노무현은 11월 11일 여론조사방안을 포함하여 후보단일화 무효화 조건과 질문안과 관련한 정몽준의 요구를 수용하기로 결정하였으며, 이로써 양 후보 사이의 단일화 방안에 관한 합의가 이루어졌다.[7] 후보단일화 협상과정에서 가장 큰 쟁점은 여론조사결과의 무효화 기준을 정하는 것과 여론조사 기관을 정하는 것이었다. 최종적으로 무효화 기준은 최근 여론조사에서 나타난 이회창 후보의 최저지지율 30.4%로, 여론조사 기관으로는 참여를 포기한 한국겔럽을 제외하고 리서치 엔드 리서치와 월드리서치 등이 선정되었다.[8]

---

6 이병완(2009, 146)에 따르면 후단협 의원들은 민주당 의원의 경우 34명이 참여하였으며, 이들 가운데 일부는 민주당에 복당하였지만, 정몽준 후보의 국민통합21에 합류하거나, 한나라당에 입당하였다. 후단협 의원들 가운데 김덕배, 김영배, 김원길, 박상규, 박종우, 설송웅, 송석찬, 유재규, 이윤수, 이희규, 최선영 등 11명의 의원들이 11월 4일 1차 탈당한데 이어, 11월 9일 송영진, 유용태, 장성원 등 3명의 의원들이 2차 탈당하였다(새천년 민주당 2003, 451); 이들에 앞서 김민(10.17), 강성구와 김명섭 등 두 명의 의원들이 탈당(11.2)하였으며 원유철 의원 또한 탈당(11.8)하였다. 탈당한 후단협 소속 의원들 가운데, 김덕배, 김영배, 박종우, 설송웅, 송석찬, 유재규, 이윤수, 최선영, 장성원 등은 후보단일화 이후인 11월 27일 복당한 반면, 나머지 후단협 의원들 가운데 김원길, 박상규는 11월 26일 한나라당에 입당하였다. 이들 가운데 일부는 11월 19일 국민통합21을 창당(2002.11.11~2004.15)한 정몽준에 대한 지지를 선언하였다.

7 임종석에 따르면 11월 11일 정몽준의 단일화방안을 수용하기로 노무현이 결정하고 이를 만류하던 이들에게 "여러분, 우리들에게는 더 이상 국민을 실망시킬 권리가 없습니다. 다수의 국민이 단일화를 원하는데, 이번에도 희망을 저버리면 한국 정치는 다시 일어날 수 없을지도 모릅니다"라고 설득했다(새천년 민주당 2003, 425). 이들 사이의 협상과 여론조사 결과에 대해서는 이준한(2007, 161)을 참조할 것.

8 이회창, 노무현, 정몽준은 리서치 엔드 리서치의 조사에서 각각, 32.1%, 46.8%, 42.2%를, 월드리서치의 조사에서는 28.7%, 38.8%, 37.0%를 얻었다. 후자의 조사에서 무효화 기준인 이

국민참여경선제도

한국에서 국민참여경선제도의 도입은 무엇보다 선거흥행을 도모하려는 정당의 이익과 관련이 있다.[9] 국민경선제도를 옹호하는 이들 가운데 일부는 국민경선을 통해 공직후보를 선출하는 것이 정당의 국민적 대표성을 제고함으로써 정당의 민주주의를 촉진한다고 본다. 이들은 정당원에 의해 배타적으로 공직후보를 선출하는 것은 정당에 대한 구태의연한 인식에서 기인하는 것이며, 정당의 핵심적 목적이 권력창출이라는 점에서 이에 도움이 된다면 정당원의 권한행사방식을 변화시킬 필요가 있다고 주장한다.

하지만 2002년 대선 이후 한국의 주요정당들이 본격적으로 도입하고 있는 국민경선은 오히려 정당 내부의 민주화에 역행할 수 있다. 왜냐하면 국민경선제도는 정당의 당원들이 갖고 있는 공천권을 약화 혹은 박탈시키는 결과를 낳기 때문에 비민주적 속성을 갖는다고 볼 수 있다. 한국정당들의 국민경선제 도입은 포괄적 정당(catch-all party)으로의 전환을 보여주는 단적인 지표라고 할 수 있다(지병근 2010a). 한국정당들의 포괄적 정당화는 '탈계급성'을 추구했던 서구의 정당들과 달리 지역적 지지기반의 한계를 극복하기 위한 '탈지역성'을 추구한다는 점에서 특징을 찾을 수 있다.[10]

지병근(2010a)은 여론조사를 이용한 국민참여경선제도, 특히 여론조사를 이용한 국민참여경선제도의 도입배경을 다음과 같이 소개하고 있다.

> 여론조사를 이용한 공직후보선출방식은 첫째, 비교적 적은 사회적 비용으로 유권자들의 선호에 조응하는 후보자를 선출하는데 기여할 수 있다. 당원만이 후보선출권자에 포함될 경우 일반국민들의 선호와 거리가 있는 후보자들이 선출될 가능성이 높다. 특히 특정한 사회경제적 또는 이념적 특성을 갖는 정당의 경우는 더욱 그러하다. 둘째, 여론조사는 후보자들 사이의 협력을 용이하게 만들고 정당 내부는 물론 정당 사이의 정치적 대립을 완화할 수 있다는 점에서 협력적 정당정치를 발전시키는데에 기여한다고 볼 수 있다. 특히 소선거구제와 단순다수제 중심의 선거제도 아래에서 여론조사결과를 이용한 후보공천이 갖는 이러한 장점은 주목할 만한 것이다.

회창의 지지율이 30.4%보다 낮았기에 전자의 조사만이 후보단일화에 활용되었다. 이에 대해서는 이현우(2006, 56)를 참조할 것.

9 이병완(2009, 183)은 2002년 국민참여경선을 도입하는 과정에서 미국의 예비선거를 원용하였으며, 그 이유가 "첫째도 흥행, 둘째도 흥행, 셋째도 흥행만이 민주당이 살 길이라고 생각했기 때문이었다"고 회고하고 있다.

10 국민참여경선제도의 도입배경과 장단점에 대한 논의는 박찬표·김영태·지병근(2013)을 참조할 것.

셋째, 하지만, 한국에서 여론조사를 이용한 공직후보자선출방식이 널리 시행되는 이유는 이러한 장점들 때문만이 아니라 윤종빈(2008)과 강원택(2009)이 공통적으로 지적하고 있듯이 "개방적 참여"를 통해 본선 경쟁력을 제고시키려는 정치적 목적 때문이었다. 예를 들어, 지난 2006년 대통령선거에서 한나라당의 후보였던 이명박과 박근혜 사이의 경선에 당원투표와 함께 여론조사 결과를 포함하기로 한 것은 2002년 대통령 선거에서 당시 노무현 후보가 누렸던 국민참여경선의 효과를 기대했기 때문이었다(당시 여론조사 반영비율에 대한 논의는 조선일보(07/05/10; 07/08/01) 참조). 2009년 민주당의 김진표가 국민참여당의 유시민과 경기지사후보단일화를 위해 자신에게 불리한 경선조건임에도 불구하고 선거인단과 동일한 비율로 여론조사결과를 반영하기로 합의한 것도 그러하다.

넷째, 후보공천과정에 여론조사를 활용하는 데에는, 정당의 지역조직 정비라는 당권파의 정치적 목적이 부가될 수 있다. 예를 들어, 6.2 지방선거에서 민주당은 국민경선, 국민참여경선, 당원경선의 경우 당원 또는 비당원유권자에 대한 여론조사를 통하여 후보자를 공천할 수 있도록 허용하였으며, 이는 지방선거 후보자 공천과정에서 지역 토호세력과 유착한 정치인들이 지역당원들의 지지를 바탕으로 후보자로 선출될 가능성을 약화시키는 반면, 중앙당 지도부의 지지를 받고 전국적인 지명도가 높은 인물이 지역당원의 지지기반이 약하더라도 공천될 가능성을 높이기 위한 것이었다.

하잔(Hazan 2006, 121)은 카르텔정당모델에 기초하여 당원에게 선출권을 부여하는 정당공천의 민주화가 지도부에 도전적인 중간활동가(middle-level activist)들을 약화시킬 수 있다고 지적했다; 당의 활동가들을 무력화시키기 위한 방법은 단순히 권력을 정당지도부에 집중화시키는 방법도 있지만, 모든 당원들에게 분산시키는 것도 효과적일 수 있다(p.122). 이는 박경미(2008, 57)가 지적하였듯이 진성당원이 부족한 한국의 정당정치상황에서 중앙당 또는 정당 지도부가 카르텔을 형성하여 선거전략을 구사하고, 지역정당조직을 개편하기위하여 여론조사를 통한 개방형 공천방식을 활용할 수 있다는 점을 시사해주는 것이다.

출처: 지병근. 2010a. "후보선출권자(selectorate)의 개방과 분권화가 대안인가?." 『현대정치연구』 3권 2호, 217~249. 원문의 각주는 생략.

후보단일화 여론조사 방안을 선택하는 과정에서 정몽준 측의 요구가 대체로 수용되었기 때문에 당초 그의 우세가 예측되었다. 하지만, 11월 24일 여론조사기관을 이용한 후보단일화경선에서 노무현은 극적으로 정몽준을 이기고 대선에 임하게 되었다. 이는 민주당 내부의 국민후보경선에 이어 정몽준과의 후보단일화를 통해 노무현이 또 하나의 드라마를 유권자들에 보여준 것이었다. 일련의 후보단일화 과정은 노무현에 대한 유권자들의 관심은 물론 지지율 상승으로 이어졌다.

공직후보자 선출과 여론조사

최근 주요정당들의 공직후보자 선출과정에서 여론조사가 널리 활용되어 왔다. 당원들 혹은 국민경선에 참여한 시민들이 투표를 통해 공직후보를 선출하는 것과 여론조사를 이용하는 것의 장단점은 무엇일까? 과연 공직후보자 선출과정에서 여론조사가 투표경선을 대신할 수 있을까? 이에 대한 논쟁을 소개하면 아래와 같다.

… (중략) … 여론조사를 이용한 공직후보자선출은 투표경선과는 매우 상이하다. 하나의 상향식 공천방식으로 후보선출권이 당원에 국한되지 않은 개방형 경선의 경우, 비록 후보들에 대한 유권자들의 인지도를 높일 수 있는 홍보효과를 기대할 수 있다는 점에서 여론조사와 공통점을 찾을 수 있지만, 선출권자가 정치적 선호를 표명하는 방식과 이를 위해 선출권자가 부담해야하는 비용과 이에 따른 참여 수준, 참여 과정에서 유권자들에게 요구되는 신중성 및 책임성, 정당이 부담해야하는 비용에서 현격한 차이가 있다. 여론조사를 이용한 공천방식은 무엇보다 선출권자가 피조사자인 응답자로 수동적으로 표출된 이들의 정치적 선호에 기초하여 후보자가 결정된다는 점에서 적극적인 유권자들이 참여하는 투표경선과 구별된다. 여론조사에 대한 답변은 투표행위에 비해서 참여비용이 상대적으로 낮으며, 따라서 참여자의 폭을 넓힐 수 있다는 장점이 있다. 경선을 준비하는 정당의 입장에서 비용이 적게 소요되는 여론조사는 매력적이다. 반면, 투표경선은 참여비용이 상대적으로 높지만, 선출권자가 신중하고, 책임이 있는 결정을 내릴 수 있다는 점에서 장점이 있다. … (중략) …

그렇다면, 유권자에 대한 여론조사가 민주주의적 선거를 대신할 수 있을까? 여기에 대한 비판적 입장은 크게 세 가지로 요약할 수 있다. 첫째, 여론조사의 대상인 응답자가 민주주의적 정치행위의 주체라고 보기 어렵다. 강원택(2009, 42)이 지적하고 있듯이 여론조사는 민주주의적 정치과정에서 자발적으로 “자신의 선택과 행동에 대한 책임”을 요구하는 참여가 아니다; 여론조사 응답자들은 “수동적으로 주어진 질문에 반응”하고 “자신의 응답이 어떤 결과를 낳을지 제대로 알기 어렵고, 그 결과를 수용할 태세”도 없다는 것이다. 달리 말하자면, 여론조사 응답자들은 자발적이지 않으며, 더구나 자신들의 분명한 의지 또는 여론조사의 용도에 관해 충분히 인지하지 못한 상태에서 자신의 선호를 표출한다. 그런데 공직후보선출과정에서 여론조사에 참여하는 응답자들은 단순한 의견표출행위를 통해 ‘선출권자’로서 후보선출에 결정적인 영향을 미치는 공적 정치과정에 참여하게 된다.

둘째, 모집단인 선출권자 가운데 표집에 포함된 지극히 일부를 제외한 나머지가 후보공천과정에서 실질적으로 배제된다. 따라서 여론조사를 통한 공천은 민주주의적 정치과정을 왜곡시킬 수 있다. 설령 현실적으로 불가능하지만 모집단의 특성을 "완벽히" 반영하는 여론조사가 이루어진다고 가정해도, 여론조사를 이용한 후보선출방식은 선출권자의 입장에서는 민주주의에 명백히 반하는 것이라고 볼 수 있다. 민주주의적 선거에서 요구되는 보편성과 직접성의 원칙을 벗어나기 때문이다. 셋째, 나아가 많은 이들이 지적하듯이 당원이 아닌 일반 국민에 대한 여론조사를 이용하는 공직후보선출방식은 정당정치를 약화시키는 문제가 있다(이현우 2006; 이동윤 2008; 강원택 2009).

하지만, 이러한 비판적인 입장과는 달리 이를 옹호하는 이들은 첫째, 여론조사를 통해서 응답자가 자유롭게 자신의 정치적 선호를 표명할 수 있으며, 여론조사과정에서 후보자와 공천의 목적과 방법에 대한 충분한 설명이 이루어진다면 신중하고 책임성 있는 답변을 얻을 수 있다고 본다. 둘째, 유권자의 참여도가 현격히 낮은 투표경선보다 여론조사가 오히려 국민들의 의사를 더 잘 반영할 수 있으며, 정당의 입장에서도 비용을 절감할 수 있다는 점에서 효과적이라고 주장한다. 마지막으로, 여론조사가 전제로 삼고 있는 후보공천의 개방성은 정당의 밀실공천을 극복하는 공천민주화의 핵심적 요소 가운데 하나라고 본다. 예를 들면, 박명호(2007)는 후보공천과정에서 분권화와 개방화가 실현되어야하며, 이를 위해서 후보자 또는 경선에서의 선출권을 비당원에게 개방하는 것이 필요하다고 주장하고, 오히려 여론조사의 "활용 방법을 다양화"할 필요가 있다고 긍정적으로 평가하고 있다.

출처: 지병근. 2010b. "서베이 민주주의(Survey Democracy)?: 6·2 지방선거 후보공천사례를 중심으로." 『한국정치연구』 19권 3호, 57~75.

후보단일화 이후 정몽준은 합의문(부록 10-2)을 발표하고 노무현의 선거운동을 도왔다.[11] 하지만 그는 선거일 전날인 12월 18일 갑자기 대변인이었던 김행을 통해 노무현에 대한 지지를 철회하였다.

> 국민 여러분께 정말 안타까운 말을 전한다. 통합 21 정몽준(鄭夢準) 대표는 민주당 노무현(盧武鉉) 후보에 대한 지지를 철회한다.
>
> 정 대표는 18일 명동 합동유세에 참석, 노 후보 연설을 들었다. 노 후보는 이 자리에서 "미국과 북한과 싸우면 우리가 말린다"는 표현을 썼다. 이 표현은 매우 부적절하고 양당간 합의된 정책공조 정신에 어긋나는 발언이라고 판단한다. 미국은 우리를 도

11 노무현의 자서전에 따르면 정몽준은 선거운동에 관한 합의에도 불구하고 유세장에 나오지 않고 "국무총리, 국정원장 등 소위 4대 권력기관장을 포함한 내각 절반, 그리고 정부산하단체와 공기업 기관장 절반의 인사권을 요구했다"(노무현재단 2010, 197).

와주는 우방이지, 미국이 북한과 싸울 이유가 하나도 없다는 것이 우리의 시각이다.

후보단일화 원칙의 큰 정신은 정책공조와 상호존중이다. 이날 합동유세에서 이같은 원칙이 지켜지지 않을 것이라는 사실을 확인했다. 통합 21은 끝까지 약속을 지켰다. 우리 정치에서 가장 나쁜 것은 배신과 변절이며 이런 현상이 더 이상 반복되면 안된다. 각자 현명한 판단을 해주기를 바란다.

출처: "통합21 지지철회 발표문", 연합뉴스(2002.12.19).

노무현에 대한 지지를 철회하며 정몽준은 노무현이 선거 전날 유세에서 한미간의 공조를 해치는 발언을 하였다며 이를 명분으로 삼았다. 하지만 사실은 당일 종로유세에서 노무현이 정몽준 외에 정동영을 단상에 불러올린 것이 발단이었다(노무현재단 2010, 199). 후일 자서전에서 정몽준은 자신의 심경을 다음과 같이 밝혔다.

[대통령 선거 유세 마지막 날] 나는 먼저 명동 입구에 도착해 노 후보를 기다렸다. … 노 후보는 한미관계를 언급하면서 그동안 우리 쪽과 합의한 기본 원칙을 완전히 뒤집었다. 그는 "북한과 미국이 싸우면 우리가 말리겠다"는 말을 했다. 얼핏 들으면 그럴듯해 보이지만 이것은 기존의 한미관계를 부정하는 교묘한 표현이었다. 이 말은 북한을 우리와 동맹 관계인 미국과 동일하게 보는 시각으로, 우리와 협의한 한미 관계의 기본 틀을 깨는 것이었다. … (중략) … [종로 유세에서] 나는 노 후보와 함께 유세 단상으로 걸어갔다. 공동유세를 하는 지난 일주일 동안 양쪽의 불문율은 단상에 두 사람만 올라간다는 것이었다. 그런데 이번에는 … 노후보가 정동영 의원을 데리고 올라갔다. 좁은 단상에 세사람이 서게 됐다. 단일화와 공동정부를 나타내는 나와 노 후보 두 사람의 협력 모습은 사라지고 노 후보를 양옆의 두 사람이 떠받드는 이상한 모양이 연출됐다. 유세 연단으로 자리를 옮길 때도 소란스러운 상황이 발생했다. 두 사람만 올라간다는 불문율을 또 깨고 노 후보 쪽 인사들이 우르르 연단으로 올라온 것이다. … 대변인에게 지지 철회를 발표하라고 말하고 집으로 들어갔다. 외부와의 모든 접촉을 끊었다. … 아쉽게 생각하는 것은 그때 우리 집에까지 찾아온 노 후보에게 문을 열어주지 않아 결과적으로 박대한 듯한 인상을 준 일이다. 하지만 지지 철회에 대해서는 지금도 어쩔 수 없는 일이었다고 생각한다. 결과가 어찌 되든 국민 앞에 솔직한 것이 제일 좋은 정책이라는 생각에는 변함이 없다.

출처: 정몽준(2011, 222~227).

제16대 대통령선거 후보자 선전벽보(2002)

출처: 중앙선관위 선거정보도서관(http://elecinfo.nec.go.kr/neweps/main.do)

3. 민주당의 국민참여운동: 100만서포터즈사업단, 청년특보단, 돼지꿈유세단 운영

민주당의 중앙선거대책위원회는 후보 직속으로 국민참여운동본부(본부장: 정동영, 추미애, 사무총장 임종석, 이하 국참)와 정치개혁추진위원회(위원장: 조순형)를 두었다. 국민참여운동본부 산하에는 100만서포터즈사업단(단장: 명계남)을 두어 자원봉사자 중심의 후원금 모금운동과 거리 홍보를 진행하였고, 그 외에도 청년특보단(의장 임종석)을 통해 청년세대를 조직하고, 돼지꿈유세단(단장 정동영, 추미애, 명계남)을 통해 수도권과 영남을 중심으로 유세활동을 진행하였다(새천년 민주당 2003, 128). 정치개혁추진위원회(사무처장 윤석규)는 "정치개혁 이슈와 프로그램을 생산하고 실천함으로써 한국정치의 대개조를 주도하는 '노무현 새정치프로그램'의 총괄기구"로서 출범(10.2)하였으며, 씨씨코리아(Clean Clear Corea) 건설을 위한 '5대 약속, 25대 실천 과제'를 제기하였다(새천년 민주당 2003, 155). 정치개혁추진위원회 역시 선거에 임박하여 사무실을 부산으로 이전하고, 정치개혁유세단(단장 신기남)을 구성하여 영남지역을 중심으로 활동하였다(새천년 민주당 2003, 155). 민주당은 인터넷을 이용한 선거운동에도 상당한 노력을 기울였으며 후보의 홈페이지를 운영하는 것은 물론 인터넷 TV를 10월 15일 개국하고, 11월 4일부터 라디오방송을 운영하였다(새천년 민주당 2003, 206). 인터넷을 이용하여 후원금을 모집하기도 하였다.

4. 노무현의 신행정수도건설 공약 제기

선거운동기간 막바지에 신행정수도 건설문제가 핵심적인 이슈로 떠올랐다. 신행정수도 건설은 지난 제15대 대선에서 DJP연합과 유사하게 충청권 지역 유권자들의 지지를 창출하기 위한 전략으로 제시한 것이었다. 민주당은 10월 1일 중앙선거대책위원회 발족식에서 이미 이를 제기하였으며, 11월 22일 신행정수도 건설 사업단을 출범시키고, 11월 30일에는 충청지역 국민참여운동본부가 서명운동을 결의하였으며, 12월 3일부터 '(가칭) 행정수도충청권유치범충청인추진위원회'를 구성하고 서명운동을 시작하였다(새천년 민주당 2003, 117, 171). 민주당은 충청지역의 시·군·읍·면 단위 현판식과 유치청원 서명운동을 전개하였으며, 각계의 지지선언과 주민 토론회와 세미나 개최를 추진하는 등 신행정수도문제를 이슈화하기 위한 세몰이에 돌입하였다(새천년 민주당 2003, 119). 한나라당은 이에 대하여 득표를 위한 "재앙적 선거전략"이라고 비판하면서 수도권 유권자들의 반발을 유도하였으며, 민주당은 이회창 후보가 1997년 대선과 1998년 지방선거를 앞두고 이미 공약으로 제시했던 것이라고 이를 반박하였다(새천년 민주당 2003, 171, 376).

5. 한나라당의 국민후보경선과 이회창 대선후보선출

민주당의 노무현이 국민참여경선과 야권후보단일화를 통해 유력한 대선후보로 성장했던 것과는 대조적으로 이회창은 별다른 이변 없이 대선후보로 선거에 참여하였다. 물론 이회창이 2002년 대선과정에서 보여준 모습은 그가 민주당과 달리 경쟁할만한 세력이 당내에 부재하였고, 지난 1997년에 이어 가장 당선이 유력했던 후보로서 높은 지지율을 얻고 있었던 점에서 기인하는 것이라고 할 수 있다. 그는 국민후보경선과 후보단일화 과정에서 극적 효과를 통해 지지율을 상승시킨 노무현과 달리 대세론에 '안주'했다는 평가를 받을 만큼 이슈선점이나 선거과정에서 주도권을 제대로 행사하지 못하였다. 이현우(2006, 46~47)는 그가 "이회창 대세론"이 확산되는 과정에서 "새로운 전략을 구상하거나 국민들의 지지를 확산시키려는 시도보다는 당시와 같은 분위기를 이어나가는 것이 가장 안전한 대선승리의 방안이라고 생각하고 있었다"고 평가하고, 김대중 정부에 대한 부정적 평가가 압도적인 상황에서 "현 정부의 업적에 대한 보상과 처벌이라는 측면을 강조하는 선거전략"을 택하였다고 주장하였다.

그럼에도 불구하고, 이회창 또한 대선과정에서 당내의 분란으로 어려움이 없었던 것은 아니었다. 한나라당의 총재였던 그가 대통령 후보로 출마하면서 당권을 내놓으려 하지 않자 이를 비판하는 당내 인사들의 불만이 2002년 초부터 강하게 제기되고 있었다. 결국, 그는 연초(2002.1.8)부터 당권과 대권의 분리를 선언하여 당내 불만을 잠재우려고 하였다. 하지만, 2월 28일 박근혜가 탈당하고, 3월 10일에는 이부영이 총재단의 사퇴를 요구하는 등 그의 독주에 대한 비판의 목소리는 수그러들지 않았다. 결국 이회창은 3월 26일 집단지도체제의 도입을 약속하며 총재직을 사퇴하였다. 그 후 박근혜는 한국미래연합을 창당(2002.4.26)하였다가 9개월만인 11월 19일에야 복당(미래연합과 한나라당의 합당)하였으며, 이부영은 대선 이후 한나라당을 탈당하였다가 열린우리당의 창당을 주도하였다.

6. 이회창 대세론의 확산

하지만, 한나라당의 내분에도 불구하고, 이회창으로서는 상당한 호재들이 연이어 발생하였다. 연초부터 이용호 게이트로 인해 신승남 검찰총장이 사퇴(1.14)하였고, 김근태 의원의 불법정치자금 공개 파문(3.3)이 발생하였다. 이어서, 진승현 게이트로 인한 권노갑 민주당 고문과 김대중 대통령의 3남인 김홍걸이 구속(5.24)되고, 2남인 김홍업 또한 연이어 구속(7.10)되는 등 김대중 대통령의 측근들이 연루된 각종 비리관련 사건들이 터져 나왔다. 아울러, 장상, 장대환 등 총리서리에 대한 인준안이 한나라당의 반대로 각각 7월 31일과 8월 28일 부결되며 김대중 정부에 대한 압박이 가해졌다. 2002년 10월과 12월에는 정형근에 의해 김대중 정부 하에서 국가정보원이 정치인들에 대한 도청을 시도하였다는 문건이 연이어 공개되면서 김대중 정부와 집권여당인 새천년민주당을 압박하였다.

이회창 대세론은 동년 개최된 제4회 전국동시지방선거와 재보궐선거에서 한나라당이 압도적으로 민주당을 누르고 연승을 이어가면서 더욱 확산되고 있었다. 이미 앞서 살펴본 것처럼 6.13 지방선거에서는 전체 15개 지역의 광역단체장선거 가운데 11개 지역에서 한나라당 후보가 승리하였으며, 8.8 보궐선거에서도 전체 13개 지역 가운데 호남의 2개 지역만을 제외한 11개 지역에서 승리하였다. 더구나, 후보교체론이 부상하며 민주당의 내분이 증폭되는 가운데 후보단일화협의회 소속 의원들이 연이어 탈당하였으며, 전용학(10.14)에 뒤이어 김윤식, 이근진, 원유철 등 3인의 민주당 소속 의원들이 한나라당에 입당(11.11) 하였다(새천년 민주당 2003, 451). 북한관련 이슈들이 부상한 것도 이회창에게는 상당히 유리하게 작용할 수 있었다. 서해교전이 6월 29일 발생하였으며, 대선 직전인 12월 9일에는 북한선박인 서산호를 미국이 나포하는 사건이 발생하였으며, 12월 12일에는 북한이 핵시설을 재가동하고 제네바 선언을 파기하였다.

7. 미군에 의한 여중생 사망사건과 반미시위

하지만, 6월 13일 두 명의 여중생이 미군의 장갑차에 치어 사망하는 '여중생 사망사건'이 발생하여 가장 큰 대선 이슈로 부상하면서 이회창에게 매우 부정적인 영향을 미치게 되었다. 더구나 여중생들을 사망에 이르게 한 장갑차에 탑승하고 있던 두 명의 미군병사들에 대한 무죄판결이 11월 22일 발표되면서, 불평등 조약인 한미행정협정(Status of Forces Agreement, SOFA) 개정을 요구하는 대규모 '촛불시위'가 선거 당일까지 조직되었다. 노무현 후보는 전국민적인 시위로 확산된 이 대열에 합류하는 등 비교적 우호적인 모습을 보였던 반면, 한미동맹을 매우 중시하는 보수정당인 한나라당이나 이회창 후보는 소극적으로 임하였다.[12] 다만 이회창 또한 여중생의 집을 방문하는 등 촛불시위에 동조하는 모습을 보임으로써 선거에 미치는 영향을 억제하려고 하였다. 그 외에도 지난 1997년 제15대 대선에 이어 이번 선거에서도 지속된 이회창의 두 아들이 연루된 병역비리문제에 대한 폭로와 이에 따른 국민적 의구심은 대선이 끝날 때까지 그를 괴롭혔다.

---

12 이회창 또한 이를 무시하지 못하고 시위대열에 잠시 합류하였으며, 이로 인하여 우익인사들의 비판을 감내해야 했다. 노무현 또한 반미적 성격이 강한 SOFA개정 요구 시위에 대한 부담이 없었던 것은 아니었다. 이현우(2006, 60)는 이회창과 노무현 모두 원칙적 입장만을 제기하며 서명약속을 기피하였다고 보았다. 아울러 그(2006, 68)는 이회창이 촛불시위에 노무현보다 적극적으로 대응함으로써 "기존의 이미지를 벗어나 새로운 지지를 획득하는데 실패한 것"이라고 부정적으로 평가하였지만, 이를 통해 촛불시위의 부정적 효과를 억제하는 데 성공하였다고 볼 수도 있다.

대미정책과 선거: 2002년 대선시기 여중생 사건과 반미 시위

한국인들은 전통적으로 미국을 북한 공산세력으로부터의 '구원자'이자 민주주의의 모델로 인식해왔다. 이는 역사적으로 미군정에 의해 민주주의체제가 한국에 이식되고 한국전쟁에 개입하여 공산화를 억제하였을 뿐만 아니라 주한미군을 통해 북한의 안보위협을 저지하고 한국의 경제발전을 지원하였다는 역사적 경험에 대한 긍정적 평가에서 비롯된 것이다. 하지만, 2002년 대선을 앞두고 군사훈련과정에서 미군에 의해 두 명의 여중생이 사망한 사건을 처리하면서 불거져 나온 SOFA의 불평등성에 대해 언론이 집중조명하면서 미국에 대한 한국 유권자들의 태도가 현격히 분화하게 되었다.

이미 1980년 광주민주화운동 당시 한반도의 전시작전권을 가지고 있던 미국이 한국군의 광주지역 이동을 용인한 사실이 밝혀지면서 미국에 대한 비판적 시각이 대학가를 중심으로 형성되기 시작하였으며, 미국문화원 점거사건 등 반미시위가 끊이지 않았다. 하지만, 대규모 반미시위가 벌어진 것은 이때가 처음이었다고 할 수 있다. 두 명의 여중생 사망사건으로 기소된 미군들이 미국법원으로부터 무죄판결을 받으면서 대규모 촛불시위가 발생하였다(Jhee 2008a).

그 당시는 2001년 9월 세계무역센터에 대한 알카에다의 테러에 대한 보복으로 부시행정부가 아프가니스탄을 침공하였으며, 이 과정에서 반미시위가 전세계적으로 확산되기 시작하던 때였으며, 전통적으로 친미적인 성향의 한국에서 발생한 반미시위는 국제적인 관심사가 되었다.

반미주의에 관한 기존의 연구들은 대체로 미국에 대한 시민들의 반감이나 이념적 성향, 혹은 미국과의 이익갈등으로부터 그 기원을 찾았다. 이에 대한 지병근(2008a)의 설명은 다음과 같다.

> 반미에 대한 기존의 연구들은 이론적으로 그 기원을 비합리적인 요소들과 합리적 요소들에서 찾았다. 미국의 번영에 대한 질시와 편견과 같은 감정적 요인들과 국외의 희생양을 통해 국내의 사회적 문제에 대한 불만을 잠재우려는 정치인들이 비합리적이며 내생적(endogenous)인 반미적 태도를 유발시켰다고 주장해 왔다(Tai, Peterson, and Gurr, 1973; Biden, 2000; Shiraev and Zubok, 2000). 이와 함께, 사회주의자들에 의해 미국이 국경 없는 자본의 수탈을 자행하는 제국주의적 국가로 지목되면서 그들의 악의적인 이념적 해석으로 인해 허위적인 반미의식이 촉발되었다는 주장이 제시되어왔다(Febbrini, 2002). 하지만 대부분의 연구들은 반미의식이 단순히 비합리적인 감정, 정치적 조작과 이념으로부터 비롯되었다는 주장이 지극히 미국 중심적이며, 제한적인 설명력만을 갖는다는 데에 상당한 공감대가 형성되었다. 반미의식

은 다름 아닌 미국의 문화와 가치의 확산, 경제적 이익, 정치군사적 이익을 도모하려는 미국에 대한 합리적이며 외생적(exogenous)인 반응일 수 있기 때문이다(Berendse, 2003; Rubin and Rubin, 2004).

미국에 대한 부정적인 감정을 촉발하는 요인들에 초점을 둔 반미의식에 대한 기존의 연구들과는 정반대로 연성권력에 대한 조셉 나이(Nye, 1990, 1991, 2004)와 그의 주장에 뿌리를 둔 여러 후속 연구들은 미국에 대한 긍정적인 대외인식을 촉진시키는 요인들에 초점을 두고 있다(Fraser, 2005). 나이는 탈냉전시대에 접어들면서 미국과 소련 중심의 양대 진영 사이의 경쟁이 약화됨에 따라, 국제정치에서 강압에 의한 리더십을 창출하는 기제로서 경성권력(hard power)의 중요성이 감소하고, 자발적 동의를 창출하는 연성권력(soft power)의 중요성이 점차 증가한다고 보았다. 냉전 시대에 헤게모니를 둘러싼 군사와 경제를 중심으로 리더십이 생성되고 유지되는 단순하고 야만적 국가관계가 훨씬 더 복합적이고 문명화된 형태로 변화한 것이다. 나이는 문화, 가치체계, 외교정책 등 다양한 연성권력자원이 타국에 대한 매력(attraction)을 느끼고, 유혹함으로써 타국에 대한 "선호"를 변화시킨다고 보았다.

출처: 지병근. 2008a. "동북아 공동체 형성의 인식론적 장애요인: 한국에서의 반일 반중의식." 『한국과 국제정치』 24권 3호, 125~147. 원문의 각주는 생략.

제5절 선거결과

1. 57만표 차이로 노무현(48.9%)이 이회창(46.6%)에게 승리

제16대 대선에는 노무현과 이회창을 포함하여 이한동(하나로국민연합), 권영길(민주노동당), 김영규(사회당), 김길수(호국당) 등 모두 6명이 출마하였으며, 노무현이 48.9%를 득표하여 46.6%를 득표하는데 그친 이회창을 불과 57만표 차이로 누르고 당선되었다.[13] 이회창은 대구와 경북에서 각각 77.8%와 73.5%를 얻는 등 영남의 5개 광역시도와 강원지역에서 노무현보다 더 많은 득표를 하였지만, 이들을 제외한 나머지 지역에서 모두 노무현 후보보다 득표율에서 뒤졌다. 노

13 전두환의 최측근이었던 장세동이 대선후보로 등록하였지만, 선거일 직전 사퇴하였다(중앙선거관리위원회 2013, 638).

무현은 호남의 3개 지역에서 모두 90%가 넘게 득표하는 등 압도적인 지지를 얻었을 뿐만 아니라 수도권에서 5% 내외의 득표율 우위를 보이며 이회창 후보를 따돌렸다. 아울러, 노무현은 '신행정수도' 공약의 최대 수혜지역인 충청지역에서도 이회창보다 10% 내외로 수도권보다 더 높은 득표율 격차를 보이며 우위를 보였다.

2. 영남지역의 편향성 강화와 호남지역의 편향성 완화

지난 제15대 대선과 비교하여 이번 대선에서 이회창이 영남지역에서 얻은 득표율은 현격히 높았다. 다시 말해, 한나라당 후보에 대한 영남 유권자들의 편향적 지지성향이 강화된 것은 분명하다. 하지만, 당시의 대선결과를 토대로 영

〈표 2-1-1〉 제16대 대통령 선거(2002) 결과

시도명	유권자수	유권자 비중	이회창	노무현	이한동	권영길	김영규	김길수
합계	34,991,529	100.0	46.6	**48.9**	0.3	3.9	0.1	0.2
서울	7,670,682	21.9	45.0	**51.3**	0.2	3.3	0.1	0.1
부산	2,786,142	8.0	**66.7**	29.9	0.1	3.1	0.1	0.1
대구	1,827,162	5.2	**77.8**	18.7	0.1	3.3	0.1	0.1
인천	1,824,905	5.2	44.6	**49.8**	0.3	5.0	0.1	0.2
광주	967,222	2.8	3.6	**95.2**	0.1	1.0	0.0	0.1
대전	998,541	2.9	39.8	**55.1**	0.3	4.4	0.1	0.2
울산	729,645	2.1	**52.9**	35.3	0.2	11.4	0.1	0.1
경기	6,944,934	19.8	44.2	**50.7**	0.5	4.4	0.1	0.2
강원	1,131,168	3.2	**52.5**	41.5	0.4	5.1	0.1	0.4
충북	1,079,642	3.1	42.9	**50.4**	0.4	5.8	0.1	0.4
충남	1,398,762	4.0	41.2	**52.2**	0.5	5.4	0.1	0.5
전북	1,427,135	4.1	6.2	**91.6**	0.2	1.4	0.1	0.5
전남	1,521,109	4.3	4.6	**93.4**	0.2	1.1	0.1	0.6
경북	2,044,285	5.8	**73.5**	21.7	0.2	4.3	0.1	0.2
경남	2,249,044	6.4	**67.5**	27.1	0.2	5.0	0.1	0.2
제주	391,151	1.1	39.9	**56.1**	0.3	3.3	0.1	0.4

출처: 중앙선거관리위원회, 역대선거정보(16대 대통령선거)

남 유권자들의 지역감정이 이전보다 악화되었다고 단정할 수는 없다. 당시의 대선에서 이회창이 4년 전에 비해서 영남유권자들로부터 더 많은 지지를 얻을 수 있었던 것은 무엇보다 후보자들의 선거경쟁이 이회창-노무현 양자대결로 진행되었기 때문이다. 강력한 제3후보였던 이인제가 출마하여 대구(13.1%), 경북(21.8%), 경남(31.3%), 부산(29.8%), 울산(26.7%) 등 모든 영남지역에서 김대중보다 더 높은 득표율을 보였던 지난 대선과 달리 양자대결이 이루어진 이번 대선에서 이회창의 득표율이 영남에서 상승한 것은 당연한 것일 수 있다.

아래의 그림 2는 제15대 대선과 제16대 대선에서 각각 김대중과 이회창, 노무현과 이회창이 각 지역에서 얻은 득표율 격차와 함께 이들 격차의 변화(16대~15대)를 보여준다. 이 그림에서 잘 나타나듯이 노무현이 경북을 제외한 영남지역에서 얻은 득표율은 지난 대선에서 김대중이 얻은 득표율보다 현격히 높은 것이었다. 이에 반해 호남지역에서 노무현의 득표율은 김대중이 얻은 득표율보다 낮았다. 이러한 분석결과는 제15대 대선에서 김대중 후보보다 이번 대선에서 노무현 후보의 득표율에서 나타나는 지역편향성은 영호남 지역에서 모두 약화되었다는 점을 보여주는 것이라는 점에서 주목할 만하다.

〈그림 2-1-2〉 제15-16대 대선에서 나타난 득표율 변동

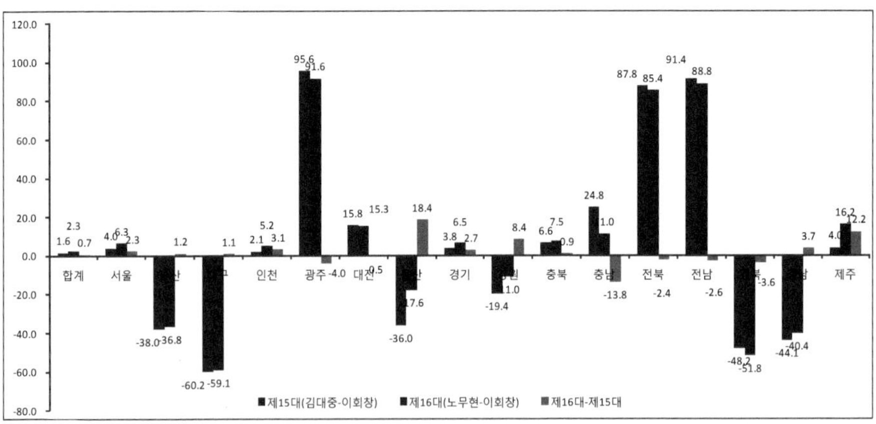

출처: 중앙선거관리위원회 역대선거정보

3. 충청지역에서 노무현과 이회창의 득표율 격차

한 가지 더 이 그림에서 주목할 만한 것은 충청지역에서는 충북을 제외하고 충남과 대전에서 노무현의 득표율이 제15대 대선에서 김대중의 득표율보다 더 낮았다는 사실이다. 충남의 경우에는 노무현이 52.2%를 얻어 41.2%를 얻은 이회창에 비해서 11% 더 많이 득표하는데 성공하였다. 하지만, 이는 지난 15대 대선에서 김대중이 이회창보다 24.8% 더 많이 득표한 것에 비해서는 무려 13.8% 적은 것이었다. 대전에서는 그 격차가 0.5%에 그쳤으며, 충북에서만 0.9% 더 증가하였다. 이는 비록 분명하지는 않지만 신행정수도공약을 매개로 추진된 호남과 충청지역 사이의 선거연합의 효과가 지난 15대 대선에서의 DJP연합에 비해서 약했다는 점을 보여주는 것이다.

제6절 선거의 영향

제16대 대선에서는 기존의 선거와는 매우 상이한 후보, 제도, 조직, 선거행태들이 등장하였다. 다시 말해, 새로운 정치인(3김 시대의 종결과 노무현, 정몽준 등 신세대 정치인), 새로운 후보공천방식(국민참여경선), 새로운 조직(노사모와 온라인을 통한 조직화), 새로운 방식의 선거운동(노란 저금통), 새로운 세대별 투표행태가 나타난 것이다.

1. 새로운 후보들과 후보공천방식

제16대 대선이 기존의 대선과 다른 점은 무엇보다 3김의 정치적 영향력이 거의 사라진 상황에서 이들의 후속세대가 후보군에 진입하였다는 점이다. 제14대 대통령을 역임한 김영삼은 1997년 경제위기를 초래한 탓으로 퇴임 후에도 별다른 정치적 영향력을 행사하지 못하였고, 제15대 대통령을 역임한 김대중 또한 자녀들이 연루된 각종 비리가 불거져 나오면서 정치적으로 궁지에 몰려있었다. 자민련을 기반으로 정치적 영향력을 행사하던 김종필은 2000년 총선에서 자민련이 크게 쇠퇴하면서 사실상 정치적인 영향력을 상실하였다고 볼 수 있다.

이처럼 소위 '87년 체제'를 주도했던 3김의 정치적 영향력이 사라지면서, 한국의 주요정당들은 새로운 정치인들로 당지도부를 구성하고 대선후보로 선출하게 되었다. 이 과정에서 새천년민주당과 한나라당이 제16대 대선을 앞두고 선택한 국민후보경선은 신진 유력 정치인들의 정치적 경쟁을 제도화하는 유력한 수단이었다(지병근 2010b). 국민참여경선을 이용하여 이들은 과거와 달리 당내 위계에 의한 지명(appointment)이 아닌 실질적 경쟁(contestation)을 통해 새롭게 당을 이끌어 나갈 수 있는 인물들을 민주적으로 선출할 수 있게 되었다. 물론, 과거에도 대선후보나 지도부 선출을 위한 경선과정은 존재하였지만, 민주적 선거경쟁의 조건인 결과의 '불확실성'(uncertainty)은 그다지 크지 않았다.

더 나아가 2002년 대선에 결정적인 영향을 미친 국민참여경선은 일종의 '신화'(myth)가 되어 경쟁력 있는 공직후보선출뿐만 아니라 후보자들의 대중적 인지도와 지지를 제고시킬 수 있는 주요한 선거운동의 장으로 자리를 잡게 되었다. 이미 앞서 살펴본 것처럼 새천년민주당의 국민참여경선은 이회창 한나라당 후보의 소위 '대세론'이 극에 달했던 시점에 노무현 후보가 지지율을 역전시키고 본선에서도 승리할 수 있었던 원동력을 제공하였다. 그리고 이는 새천년민주당과 한나라당은 물론 이들의 후계정당들이 공직후보선정을 위해 국민참여경선을 지속적으로 채택하도록 만들었다.

2. 새로운 조직(노사모와 온라인을 통한 조직화)

조직적인 차원에서 당시의 대선에서 가장 특징적인 것은 정당조직과 함께 당 외곽의 조직을 통한 선거운동이 활발하게 이루어졌다는 점에서 찾을 수 있다. '노무현을 사랑하는 사람들의 모임'(노사모)는 2000년 부산의 북·강서을 선거구에 출마한 노무현이 낙선하자 이에 실망한 지지자들이 제안하여 만든 "노무현 팬클럽"으로 동년 6월 6일 조직되었다(새천년 민주당 2003, 140); 동년 7월 22일에는 명계남이 전자투표를 통해 '대표일꾼'으로 선출되었으며, 12월 2일 사무실을 서울에 개소하였다(p.140); 2001년 노사모는 국민경선대책위원회(약칭 국대위)를 설치하여 민주당의 대선후보경선에 참여하였다(p.141); 이들의 참여규모는 무려 40만명이었으며, 이는 국민경선 참가자 190만명의 21%에 달하였다는 점을 고려할 때 노무현의 승리에 결정적인 영향을 미쳤다고 볼 수 있다(p.141).14

노사모의 활동과 특성

2002년 대선에서 노사모의 활동은 정당이외의 사조직이 발휘할 수 있는 정치적 영향력을 충분히 보여주었다고 할 수 있다. 결과적으로 노사모가 노무현 후보의 당선에 기여한 것은 사실이지만, 이 조직이 민주당의 역할과 기능을 축소시킨 것 또한 사실이다. 하지만 이러한 주장과 달리 정당외부의 사조직이 정당조직의 기능을 보완할 수 있다는 주장 또한 제기될 수 있다. 2002년 이후 상당수의 정치인들이 후원회를 구성하면서 노사모와 유사한 사조직을 구성하려고 노력해왔다는 사실은 이러한 주장의 타당성을 보여주는 근거라고 할 수 있다. 특정 정치인의 후원조직으로서 노사모가 2002년 대선에서 수행한 활동의 성과와 한계에 대한 평가는 공적인 정당조직과 사적인 후원조직 사이의 관계를 밝히고, 더 나아가 정당조직의 변화 가능성을 전망하는데 기여할 수 있을 것이다.

노사모의 '약속과 규약'을 살펴보면 아래와 같다.

{노사모 약속}

2000년 4월 13일 총선에서 우리는 상식과 양심을 지켜가는 한 정치인이 지역주의에 희생되는 것을 목격하였다. 이에 우리는 이런 일이 다시는 일어나서는 안된다는 당위성과 절박감을 가지고, 사이버 공간을 통해 대다수 국민의 올바른 정치적 관심을 이끌어내고 참여민주주의를 확산시켜 참된 정치를 구현하고자 아래와 같이 약속한다.

하나 (목적)

노사모는 노무현과 함께 국민통합과 민주실현을 위하여 노력한다.

둘 (정신)

노사모는 참여 민주주의 정신과 회원의 자발성을 기초로 활동하며, 인터넷 모임으

14 노사모의 결성과정에 대한 설명은 신원(2002)와 노혜경 외(2002)를 참조할 것. 노무현은 2002년 노사모의 등장이 "위기감"에서 비롯되었으며, 그 위기는 "이인제 씨가 민주당 후보가 될 수도 있다는 사실"이었다고 회고하였다(노무현 2009, 159). 그는 노사모가 한국의 참여민주주의의 현실태라고 보았다고 할 수 있다. 그는 "노사모는 보통명사로서 시민적 행동의 한 모범입니다. 그래서 저는 노사모야말로 한국이 나아가야 할 미래라고 생각합니다"라고까지 주장하였다(노무현 2009, 157).

로서 전자 민주주의 발전을 위해 노력한다.
셋 (운영원리)
노사모는 회원의 인터넷 투표로 결정된 규약과 규약에서 위임한 운영세칙에 따라 운영된다.

[회원에 관한 규약]
1. (가입, 탈퇴)
노사모 목적과 정신에 동의하는 사람이면 누구나 가입할 수 있고, 탈퇴는 자유롭게 할 수 있다. 가입과 탈퇴 방법은 상임운영위원회가 정한 세칙에 따른다.

2. (의무)
회원은 노사모 약속 등의 규정을 준수하며 노사모 목적과 정신에 어긋나는 행위를 하지 말아야 한다.
… (중략) …

출처: 노사모(노사모약속과 규약, http://old3.nosamo.org/manage/manager/promise.asp)

3. 새로운 방식의 선거운동

이번 대선에서 민주당은 '낡은 정치의 청산'을 캐치프레이즈로 선거운동을 진행하였다.[15] 3대 선거전략으로 PMI 선거, 즉 정책·미디어·인터넷(policy·media·internet)을 이용한 선거운동을 전개하였다. 이상수 중앙선대위 총무본부장은 당시 선거에서 덜 쓰고, 합법적으로 모금하고 투명하게 사용하였다는 점에서 선거자금지출방식의 변화가 있었으며, 인터넷 또는 돼지 저금통을 통해 70억원 정도가 모금되었다고 밝혔다(새천년 민주당 2003, 64).[16]

15 이현우(2006, 49)는 노무현이 김대중 정부의 낮은 지지율로 인하여 "현정부와의 단절을 보일 수 있는 방안"으로 김대중과 이회창을 "과거의 정치"로 규정하는 것이었다고 밝혔다. 그는 또한 "새로운 정치라는 구호 아래서 현정부를 직접 비난하지 않음으로써 호남의 절대적 지지를 누리면서 동시에 현정부와 일정한 거리를 유지한 전략"이 노무현의 승리로 이어졌다고 주장하였다(p.72). 이병완(2009, 172~173)은 2001년 언론사세무조사 이후 김대중 정부에 대한 언론과 한나라당의 공격이 극에 달하던 시점에 노무현만이 언론사에 대한 세무조사의 정당성과 김대중 정부의 업적(경제위기 극복, 남북화해협력, 자유신장)을 옹호하였다고 평가하였다.

16 2012년 대선에서는 박근혜에 대한 지지로 돌아섰지만, 당시 새천년민주당 상임고문이었던 한화갑은 "조직 동원선거, 돈 선거로 대별되는 구태의연한 선거운동 방법 대신에 정책선

대선과정에서 새로운 방식의 선거운동이 등장하였는데, 노사모와 노사모의 우산조직인 국민참여운동본부(정동영 본부장)를 중심으로 만원씩 후원금을 내는 100만명을 모집하겠다는 '돼지저금통' 모금운동이 바로 그것이다.[17] 민주당의 자체 평가에 따르면, 국민참여운동본부와 100만 서포터즈사업단(단장 명계남)은 당원중심의 선거운동을 탈피하여 지지층의 외연을 확대하려는 시도였으며 상당한 성과를 얻을 수 있었다. 민주당의 자원봉사자는 1만여명에 달하였으며, 노사모의 규모도 8만 여명에 달하였다(새천년 민주당 2003, 77). 이들은 단순히 동원된 이들이 아니라 자발적인 참여자들이라는 점에서도 기존의 당조직 중심의 선거운동을 탈피한 것으로 보인다.

4. 새로운 투표행태: 세대·이념에 따른 투표결정

제16대 대선에서 노무현 후보는 젊은 유권자들의 지지를 받은 것으로 알려져 있다(김욱 2006; 정구종 2006). 한국사회과학데이터센터의 여론조사결과에 따르면, 이회창과 노무현 양자대결로 진행된 당시 선거에서 20대는 73%, 30대는 65.2%, 40대는 52.0%, 50대는 48.0%, 60대 이상은 51.6%가 노무현에게 투표한 것으로 나타났다(김욱 2006, 86): 60대 이상의 경우를 제외하면 젊은 유권자, 특히 20~30대의 경우에는 이회창보다 노무현에게 투표한 이들이 더 많았던 것이다; 유권자들의 이념적 성향 또한 당시의 선거에서 투표결정에 중요한 영향을 미친 것으로 나타났다; (매우 혹은 약간)진보라고 자신의 이념적 위치를 설정한 유권자들은 77.5%가 노무현에게 투표한 반면, (매우 혹은 약간)보수라고 응답한 이들 가운데 35.7%만이 그에게 투표한 것으로 나타났다. 다만, 이현우(2006, 71)가 지적하였듯이 젊은 세대의 민주당 선호성향이 있었던 것은 맞지만, 제17대 대선에서만 나타난 특징은 아니었다.

지역주의적 투표행태 또한 과거와 다른 양상을 갖게 되었다. 이남영(2006, 25)은 충청출신의 이회창과 영남출신의 노무현이 각각 영남과 호남의 지지를 얻

거, 인터넷선거, 미디어선거라는 새로운 방향과 흐름을 확고하게 정착시키고자 노력했[다]"고 밝히고 있다(새천년 민주당 2003, 16)

17 노혜경은 민주당의 100만 서포터즈 사업단과 함께 개혁당과 노사모가 공동으로 국참을 구성하였다고 밝혔다(새천년 민주당 2003, 143).

고 있는 것은 한국의 지역주의가 "과거에는 인물을 중심으로 발현되었으나 소위 3김 시대 이후로는 정당을 매개로 하여 발현"되었다고 주장한다. 여기서, 그의 주장은 단순히 후보자들의 출신지역보다는 소속정당을 더 고려한다는 의미로 이해할 수 있다. 비록, 그가 자세히 밝히지는 않았지만 유권자들이 정당을 더 고려하게 되었다는 주장은 3김이 사라진 한국의 정치무대에서 이들에 대한 애정을 대신하여 이들이 주도했던 정당에 대한 일체감에 기초하여 투표하는 성향이 강화되었음을 의미한다고 볼 수 있다.

하지만, 여전히 한국인들이 영호남 정당에 대하여 느끼는 일체감의 수준이 매우 낮다는 점을 고려할 필요가 있다. 노무현 대통령의 비서실장을 역임했던 이병완(2009, 55)은 2002년 대선 당시 호남의 전폭적인 지지는 지역대표성보다는 "이 지역 유권자들이 자신들의 정치적 비전에 가장 적합한 동시에 가장 경쟁력 있는 후보를 밀었다는 것 이상도 이하도 아니다"라고 단언하고 당시의 대선이 "대선사상 처음으로 '가치지향'의 선거"였다고 주장한다. 이러한 주장은 민주화 이후 지역정당들이 제시해온 가치와 정책에 장기간 노출되어온 유권자들이 이들을 내면화하게 되었으며, 이를 바탕으로 투표할 후보를 결정하는 성향이 나타나게 되었다는 지병근(2014c)의 주장과 상통한다.

연령과 세대에 따른 투표행태

연령에 따른 투표행태의 차이를 분석해온 선거연구자들은 연령의 효과를 크게 생애주기효과(life-cycle effect)와 세대효과(generation effect)로 구분하였다. 전자의 경우는 연령이 많아질수록 보수화되어 안정을 추구하게 되며, 지지할 후보를 결정할 때에도 보수정당의 후보에게 투표한다는 것이다(김욱 2006, 83). 후자의 경우는 베이비 붐세대와 같이 특정한 역사적 경험을 한 연령대가 특수한 가치관을 갖게 되며 이에 기초한 투표행태를 보이게 된다는 것이다.

한국에서는 대표적으로 1987년 민주화의 주역이었던 소위 '386 세대', 즉 1980년대에 대학을 다녔던 이들의 독특한 정치적 성향이 주목을 받았다. 물론 그 이전에도, 4.19세대, 6.3세대, 긴급조치세대 등이 있었다. 이들은 각각 1960년 4.19학생운동과 1964년 한일국교정상화 반대투쟁, 1974년 1월 긴급조치 1호 선포 이후 대학생활을 경험하였다. 이들은 이승만과 박정희 권위주의 체제에 대항하는 과정에서 독특한 정치적 정향을 갖게 되었으며, 이후에 정계에 입문하면서 제도권 정치에도 영향을 미치게 되었다.

소수의 엘리트 중심적인 학생운동에 머물렀던 과거의 정치적 세대들과 달리 386세대는 백만여명에 달하는 대학생들이 구성원인 총학생회를 중심으로 권위주의 체제에 저항하였으며, 구체제의 붕괴와 민주주의 체제로의 이행과정을 체험하였다. 총학생회의 연합체였던 전국대학생대표자협의회(전대협)의 핵심 구성원들 가운데 일부는 국회에 진출하였으며, 이 세대에 속하는 유권자들은 정치적으로 진보적인 성향을 가지며 전두환 정권시기 집권당이었던 민정당의 후신으로 민자당·신한국당·한나라당·새누리당으로 이어지는 정당들에 비해 평민당의 후신으로 국민회의·열린우리당·대통합민주신당·통합민주당·민주통합당·새정치민주연합으로 이어지는 정당들에 대하여 친화적인 것으로 알려져 있다. 민주화 이후 세대 효과에 주목하였던 이들 가운데 일부는 지난 2007년 대선에서 386세대에 속하는 유권자들 가운데 상당수가 한나라당의 후보였던 이명박 후보에게 투표한 것을 근거로 이들의 정치적 태도가 세대적 속성과 함께 생애주기에 의해 영향을 받았다는 주장을 제기하기도 하였다.

상이한 학생운동의 경험보다는 민주화와 탈냉전이라는 정치적 경험을 기준으로 세대를 구분하여 각 세대의 정치적 특성을 분석하려는 시도 또한 있었다. 예를 들어, 정구종(2006, 116)은 2002년 대선 당시 한국인의 세대를 냉전세대, 민주화세대, 탈냉전세대로 구분하고, 이들을 각각 "보수적 안보 경제관을 가진 기득권 계층"이 많은 세대, "샐러리맨, 관리직, 전문직의 중산층이 많고 이념적으로는 보수와 진보의 중간에서 균형축" 역할을 하는 세대, "대학생·근로자·군인 등 사회진출의 문전에서 … 냉전시대의 반공교육이나 군사독재 등을 경험하지 않은 진보적 신세대"로 규정하였다. 그의 분석에 따르면, 냉전세대가 미국에 대해서는 친미·의존적, 북한에 대해서는 반공·적대적이며, 성장주의를 옹호하고 보호·보수적인 기업관을 갖고 있으며, 이회창을 강하게 지지하는 반면, 민주화 세대는 전반적으로 중도적이며, 탈냉전세대는 미국에 대해서는 평등·반미적, 북한에 대해서는 지원·우호적이며, 평등·분배주의를 옹호하고, 개혁적인 기업관을 가지며, 노무현을 강하게 지지한다고 보았다(p.121).

5. 노무현 당선의 동력: 국민경선, 후보단일화, 선거운동조직, 그리고 후보 노무현

노무현의 당선에는 다양한 요인들이 영향을 미친 것으로 보인다: 국민경선, 후보단일화, 신행정수도건설 공약, 노사모, 이념공세 약화. 첫째, 많은 이들이 지적하듯이 노무현이 승리할 수 있었던 원인 가운데 하나는 민주당의 국민참여경선이 성공적으로 개최된 데에서 찾을 수 있다. 2002년 초까지만 하더라도 당내에서 이회창에 대당할 만한 후보는 떠오르지 않았다. 아들들이 연루된 비리사건이 불거져 나오면서 김대중 대통령의 지지율은 물론 민주당의 지지율은 지속적으로 하락하였으며, 민주당 후보의 당선 가능성은 거의 없었다. 그런데, 국민경선을 통해 극적으로 호남정당인 민주당에서 부산 출신인 노무현 후보가 선출되자, 국민들의 관심과 기대가 커졌으며, 이는 다 꺼져가던 민주당 지지자들에게 희망의 불씨를 지펴놓았다고 할 수 있다.[18] 하지만, 국민경선 과정에서 급상승했던 노무현의 지지율은 지방선거를 거치면서 다시 하락하여 정몽준과의 후보단일화 이전까지 이회창 후보에게 뒤졌다(이현우 2006). 다시 말해, 국민경선이 그가 대선에 출마하고, 당선될 수 있었던 정치적 계기를 마련한 것은 분명하지만, 그 효과가 오래 가지는 않았다는 것이다.

둘째, 그가 당선될 수 있었던 것은 무엇보다 2002년 월드컵을 계기로 국민들의 폭넓은 지지를 얻게된 정몽준과의 후보단일화가 성공적으로 이루어졌다는 점에서 찾을 수 있다. 비록 선거일 직전 정몽준의 지지철회(2002.12.18)로 인해 심각한 위기에 직면하기도 했지만, 그의 양보로 성사된 후보단일화가 선거 막바지에 노무현의 지지율을 급속도로 올려놓았다. 이해찬 민주당 중앙선대위 기획본부장은 "국민들을 참여시켜서 하는 단일화"가 "국민들의 마음"을 모으는데 성공하였으며, 정몽준의 이탈에도 불구하고 "유권자의 단일화"가 이루어졌다고 보았다(새천년 민주당 2003, 65).

---

18 이재정 유세연수본부장은 국민경선이 "정치를 정치인들만의 전유물이 아니라 국민들이 다 같이 참여하고, 하나의 축제처럼 즐길 수 있는 새로운 정치문화를 국민경선 과정을 통해 선보이기 시작한 것이 결국 새로운 정치 패러다임을 만들었다"고 주장하였다(새천년 민주당 2003, 67).

셋째, 신행정수도 건설 공약 또한 그의 승리에 상당한 영향을 미쳤다고 볼 수 있다. 지난 제15대 대선에서는 김대중이 '내각제 개헌'을 조건으로 자민련의 김종필과 DJP 선거연합을 추진하였다면, 이번 선거에서는 노무현이 대전으로 행정수도를 이전하겠다는 정책을 충청지역 유권자들에게 직접 제시함으로써 충청지역 유권자들의 지지를 얻을 수 있었다. 양자는 모두 호남을 대표하는 정치인에 의해 추진된 것이었다는 점에서 공통점이 있지만, 전자는 엘리트 수준에서 이루어진 반면, 후자는 후보자가 지지를 유도할 수 있는 정책을 직접 충청지역 유권자들에게 직접 제시하였다는 점에서 차이가 있다. 다만, 이 공약으로 인해 노무현에 대한 충청지역 유권자들의 지지율이 상승한 것은 사실이지만, 수도권을 비롯한 다른 지역 유권자들에게도 긍정적인 영향을 미쳤다고 단정할 수는 없다(이현우 2006, 66).19

넷째, 남북화해무드의 조성과 색깔론의 약화 또한 노무현의 승리에 도움을 주었다고 볼 수 있다. 이해찬은 당시 선거에서 노무현이 승리할 수 있었던 원인을 설명하면서 매우 흥미로운 해석을 덧붙였다. 그의 주장에 따르면, 당시 선거에서 색깔론이나 흑색선전이 별다른 영향을 미치지 않았는데, 그 이유가 "화해교류정책이 가져온 큰 기반, 말하자면 냉전 이후에 한반도의 평화정책을 위한 화해교류정책의 큰 기반"이 있었기 때문이라는 것이다(새천년 민주당 2003, 65). 김대중 정부하에서 얻어진 남북간 화해상황이 색깔론을 무색하게 만들었다는 것이다. 정몽준과의 후보단일화 또한 단순히 정몽준의 독자 출마에 의해 발생할 수 있는 반한나라당 성향 유권자들의 표가 분산되는 것을 막았다는 것만을 의미하지는 않으며, 정몽준을 지지했던 중도성향의 유권자들을 노무현에 대한 지지로 전환시켰다고 볼 수 있다. 이남영(2006, 29)이 지적하듯이 노무현이 "진보성향 유권자들의 지지를 바탕으로 중도성향의 유권자들에게 효과적으로 침투"할 수 있었으며, "정몽준과의 연대모색을 통해 중도세력을 우군화"하고 "소위 반한나라당 연대를 창출하고 유지해나가는데 성공했다"고 볼 수 있다.

넷째, 후보 노무현의 매력 또한 제16대 대선에서 그의 승리에 긍정적인 영

19 지역공약은 가장 효율적인 유권자 동원수단 가운데 하나임에 틀림없다. 다만, 16대 대선에서 '신행정수도' 건설 공약이 충청지역 유권자들의 지지를 창출함으로써 얼마나 노무현 후보의 당선에 결정적인 도움을 주었는지는 확실치 않다. 충청권은 물론 수도권에서조차 노무현 후보가 우세를 보였기 때문이다.

향을 주었다고 볼 수 있다.[20] 그는 권위주의 체제 하에서 인권변호사로서의 경력을 쌓았으며, TV를 통해 방송된 5공비리 청문회 과정에서 전두환과 노태우 두 전직대통령에 대한 결연한 처벌의지를 보임으로써 국민들의 신망을 얻었다. 아울러 그는 1990년 3당합당을 거부하고 꼬마민주당을 이끌었으며, 1995년에는 새정치국민회의 합류를 거부하는 등 철새정치인과는 거리가 멀었다. 비록 그가 소속되어 있던 통합민주당이 해체되고 신한국당과 합당하여 한나라당을 창당하게 되면서, 국민회의로 당적을 옮기게 되었지만, 2000년 총선시기에는 새천년 민주당 후보의 당선가능성이 거의 없던 부산의 북·강서을에 출마하여 지역통합의 의지를 선보였다. 이번 선거에서도, 그는 낙마의 위기가 여러 차례 있었음에도 불구하고 이들을 잘 극복하였으며, 후보단일화를 위해서도 적극적으로 양보하는 행보를 취하였다. 이해찬 중앙선대위 기획본부장은 당시 대선에서 노무현의 승리는 "후보자의 일관된 정치행로"와 "정치적 신뢰"에서 기인한 것이라고 단언하였다(새천년 민주당 2003, 65).[21]

노무현정부시기 문재인의 선임대통령비서실장(2005.8.25.~2007.3.9)이었던 이병완 또한 노무현 후보라는 시대의 아이콘이 대선승리의 중요한 요인이었다고 주장한다. 그(2009, 56~57)는 당시의 대선이 3김 시대와 달리 "지역, 계보, 조직, 자금"과 같은 물리적 기반이 아니라 "가치"를 중심으로 경쟁이 이루어졌으며, 이는 일종의 "화학적 변화"였으며 노무현은 "대통령의 제왕적 권력에 대한 도전, 기득권층의 반칙과 특권문화에 대한 도전, 지역주의 정치에 대한 도전 등 … (중략) … 가장 기초적인 상식과 원칙들"을 정치의제로 제시하였으며, 그 자신이 이러한 "가치를 주창할 충분한 정치적·도덕적 근거와 인간적 의지를 보여줄 수 있는 후보였다"고 주장하였다.

---

20 노동·인권 변호사였던 노무현은 영남출신 정치인으로서 호남정당에 몸담고 있으면서 2000년 총선 당시 당선가능성이 높았던 서울의 종로 대신 부산의 북·강서을에 출마하는 등 비교적 일관되게 지역주의를 극복하기 위한 정치적 행보를 보였다는 점에서 지지를 얻었다. 이병완(2009, 156)은 노무현을 묘사하면서, "원칙과 상식에 대한 불굴의 소신, 반칙과 특권에 대한 분노의 열정, 지역주의 극복을 위한 끊임없는 도전과 좌절, 그리고 무엇보다 정의에 대한 집념과 인간에 대한 사랑과 겸손, 심지어 사람에 대한 낯가림"을 언급하였다.

21 정동영은 노무현의 승리는 "돈이 많이 들어가는 정치 … 지역구도에 기생하는 정치 … 기회주의"를 심판하려는 심리가 작용하였기 때문이라고 주장하였으며, 이해찬 중앙선대위 기획본부장 또한 "선거결과하고 돈하고는 아무 관계가 없다"고 단언하였다(새천년 민주당 2003).

다섯째, 마지막으로 하늘이 낸다고 하는 대통령에 당선되기까지 다양한 우연적 요소들 또한 작용하였다고 볼 수 있다. 김한길은 이번 선거에서의 승리는 매우 역설적인 요인들 때문이었다고 주장하였다. 그는 9월경 노무현의 낮은 지지율, 참여율이 낮은 선거대책위원회, 부족한 재정, 비노·반노 세력의 "노무현 후보 흔들기" 등이 민주당과 지지자들의 경각심을 가져왔고, 새로운 정치를 시도할 수밖에 없도록 만들었다고 주장하였다(pp.69~70).[22] 아울러, 그는 노무현의 당선에 미친 우연적인 요인들에 주목하며, 후보단일화 협상 시기 노무현 후보보다 지지율이 높았던 정몽준 후보가 후보단일화를 성사시키려고 역선택 방지를 위한 기준이었던 이회창 지지율을 35%에서 30.4%로 하향조정한 것이 오히려 노무현에게 도움이 되었다고 주장하였다(새천년 민주당 2003, 71). 또한 그는 TV 토론에서도 권영길을 배제한 양자토론을 추진하였지만, 결국 3자 토론이 되었는데, 이것 또한 노무현 후보가 "보수와 진보의 중립지대"에 위치할 수 있도록 도와주었다고 주장하였다(새천년 민주당 2003, 70).[23]

22 10월 16일 김민석의 탈당 이후 노무현 후원금이 폭증하였으며, 12월 22일 현재 72억여원에 달하였다(새천년 민주당 2003, 145, 208).

23 이현우(2006, 67)에 따르면 권영길의 지지율은 노무현의 지지율과 역관계에 있으며, 1차 TV 토론에서 권영길이 SOFA개정 의사를 분명히 밝히는 등 선전을 펼쳐 노무현 지지자들의 일부가 그에 대한 지지로 이탈한 것으로 나타났다. 그런데 여론조사는 다양하게 활용되었다. 이해찬은 민주당의 경우 당 자체의 ARS 여론조사는 거의 매일, 중립적 여론조사기관을 활용한 여론조사는 주 1회, 포커스 그룹 조사(FGI)는 매주 네 개팀이 진행하였다고 밝혔다(새천년 민주당 2003, 69).

CHAPTER

02 2004년 탄핵정국과 제17대 국회의원선거: 새로운 사회적 균열과 정당체제의 변화

제1절 선거의 배경

2004년 제17대 국회의원선거는 2002년 대선을 통해 집권한 노무현 정부 하에서 처음으로 개최된 전국선거였다. 2003년 공식적으로 '참여정부'를 출범시키면서 노무현은 국정원리로 "원칙과 신뢰, 투명과 공정, 분권과 자율, 대화와 타협" 등 네 가지를 제시하였다. 노무현은 '참여정부'를 회고하면서, 2003년과 2004년 한국의 경제가 '휘청'거렸으며, 고유가, 고달러 상황에서도 상당한 성과를 거두었다고 자평하였다(노무현 2009, 173, 183).[1]

1 노무현의 자평에도 불구하고 그의 집권기간에 신용불량자 대량 확대, 부동산 폭등이 발생하였으며, 이로 인해 그의 지지율 하락에 결정적인 영향을 미쳤음을 부정할 수는 없다. 한 가지 주목해야할 것은 이러한 문제들은 이미 1997년 발생한 경제위기를 극복한다는 명분으로 김대중정부가 추진한 신자유주의적 경제개혁에 의해 이미 예고된 것이었다는 사실이다. 김대중(2010b, 482~484) 자신이 인정하였듯이 그의 임기 말년이었던 2003년 2월경 신용불량자는 280만 명에 이르렀으며, 실업자들이 대거 양산되었다. 정부의 허술한 사회안전망은 중산층 붕괴를 막는데 실패하였다. 김대중은 이러한 상황에 대하여 자신이 알면서도 어쩔 수 없었다고 회고하였다(p.484): "외환위기는 이렇듯 우리 사회의 중산층을 허물어 버렸다. 중산층의 붕괴는 소득의 양극화를 가져왔다. 빈곤층에 편입된 계층이 다시 중산층으로 올라서기는 참으로 어려웠다. 고금리는 부자는 더욱 부자로, 빈자는 더욱 헐벗게 만들었다. 일부에서는 이를 '20 대 80 사회'라 부르기도 했다. 잘사는 20%와 못하는 80%로 나뉜다는 말이다. 사실 이런 구조는 세계화의 현상에서 이미 시작된, 지구촌 전체의 불가피한 현상일지도 몰랐다. 그러나 내 임기 중에 소득 양극화가 심화되었음이 참으로 안타까웠다. 일부 부유층들은 IMF 체제를 즐기고 있다는 말까지 나돌았다. 그들의 소비 행태들을

하지만, 이 가운데 "대화와 타협의 정치를 이루는 데 큰 진전"이 없었다고 스스로 인정하였듯이 노무현은 집권초반부터 정치적 통합에 상당한 어려움을 겪어야 했다(노무현 2009, 167).[2] 비록 제17대 총선에서 집권당인 열린우리당이 압승하게 되었지만, 그 이전에는 여소야대 국회라는 악조건과 함께 대북송금사건에 대한 특검수용, 이라크 (추가)파병, 열린우리당의 창당으로 인해 지난 제16대 대선에서 그에게 투표했던 지지층들이 점차 등을 돌리게 되면서 노무현 정부는 상당한 어려움에 처하게 되었으며, 중앙선거관리위원회와의 갈등은 초유의 대통령 탄핵으로 이어졌다(부록 14-1, 부록 14-2 참조).

1. 2003년 대북송금특검, 이라크 (추가)파병, 그리고 열린우리당의 창당

대북송금특검은 2002년 국정감사에서 제기된 의혹을 규명하기 위해 2003년 4월 구성되었다(김선식 2013). 동년 2월 14일 김대중의 대국민사과와 임동원의 해명에도 불구하고 의혹이 해소되지 않자 한나라당은 특검을 요구하였고, 노무현이 대통령에 취임한 지 하루만인 2월 26일 대북송금특검법안을 국회에서 통과시켰다. 노무현은 '통치행위론'에 근거한 특검거부라는 여당의 요구에도 불구하고 결국 3월 14일 전격적으로 특검을 수용하기로 결정하였다.[3] 국회다수당이었던 한나라당의 주도로 진행된 특검 결과 2000년 제1차 남북정상회담 직전 현대상선이 북한에 4억 5천만 달러를 불법송금하였으며, 이 가운데 1억 달러는 정부의 정책지원금이라는 사실이 밝혀졌으며, 박지원 전 대통령비서실장과 임동원 전 국정원장, 이기호 전 청와대경제수석 등이 구속되고 실형을 선고받았

보면서 중산·서민층의 상대적 박탈감은 더욱 심했을 것이다. 나는 그것을 알면서도 어쩔 수 없었다."

2 노무현 정부의 국정개혁방안에 대한 논의는 국정홍보처(2003)를 참조할 것. 노무현은 자신의 정치적 실패를 탄식하며, 도덕성, "그 하나에 매달려서 스스로를 옭아매는 것은 민주주의의 미래를 위해서 도움이 되지 않는다"며 "민주주의는 탐욕으로 탐욕을 제어하는 시스템이다"라고 주장하였다(노무현 2009, 17).

3 당시 청와대 민정수석이었던 문재인은 특검을 수용했던 이유를 설명하며 당초 거부권행사를 건의하였지만 "거부권 행사를 위해선 김대중 전 대통령이 자신의 행위라는 점을 인정해야 했는데, 기자회견에서 당신은 몰랐던 일이라고 했다. '통치행위론'이 무산된 뒤엔 특검에 의한 수사냐, 검찰에 수사를 맡기느냐의 두 가지 선택밖에 없었다. 검찰 수사보다는 특검이 낫다고 판단했다"고 밝혔다(손원제 2012.8.23).

다(박지원은 이후 대법원에서 무죄판결). 아울러, 현대의 비자금이 드러나면서, 2003년 8월 4일 정몽헌 현대아산 이사장이 투신자살하는 사건이 벌어졌으며, 8월 11일에는 권노갑 전 새천년민주당 고문이 현대비자금 수수혐의로 긴급체포되었다.

당시 노무현의 결정은 단순한 진실규명을 넘어서 특검 거부에 따른 영남지역 유권자들의 반발에 대한 우려와 당시 고건국무총리내정자(국무총리: 2003.2.27~2004.5.24)에 대한 한나라당의 인준(2003.2.26)에 대한 일종의 선물이었다. 하지만 대북송금특검은 노무현에게 상당한 정치적 타격을 안겨주었다. 특검을 통해 노무현은 자신의 정치적 지지기반이었던 호남 유권자들과 당내의 호남출신 인사들로부터 상당한 반발을 사게 되었다.[4] 이는 여전히 호남에서 절대적인 지지를 얻고 있던 김대중 대통령이 특검을 강력히 반대하였을 뿐만 아니라 특검의 수사대상이 국민의 정부에서 핵심적인 역할을 수행했던 동교동계였기 때문이었다.[5] 아울러, 미국이 3월 20일 시작한 제2차 이라크전쟁의 개전 직후 이를 지원하기 위해 파병을 결정하고 국회의 동의를 촉구하였을 뿐만 아니라 이를 반대하는 국민여론을 무시하고 동년 10월에는 추가파병까지 추진하면서 노무현 정부는 진보진영로부터의 비판을 감내해야 했다(파병결정과정에 대해서는 연합뉴스 2003.3.20).[6]

노무현 정부가 특검수용을 통해 얻고자 했던 국민들의 신망이나 영남권 유권자들의 지지는 물론 야당과의 타협 또한 별다른 소득이 없었다. 보수언론은 2003년 3월 검사들과의 토론과정에서 나온 "이쯤 되면 막 하자는 거죠", 5월 5.18재단 관계자와의 대화에서 "대통령 못해먹겠다" 등의 노무현의 돌출 발언을

---

4 정상호(2006, 163)는 노무현의 지지기반이 "호남과 개혁적 지식인, 사회운동단체 등 민주당의 전통적 지지층"이라는 점을 지적하고 이와 함께 노사모로 상징되는 "청년세대"라고 보았다.

5 아울러, 이를 결정하는 과정에서 당시 정무수석이었던 문재인의 역할에 대한 비판이 그의 대선행보에도 일종의 족쇄로 작용하게 되었다.

6 국가기록원에 따르면 "2003년 4월 3일 국회 본회의에서 566명 규모의 건설공병단 1개 대대와 100명 규모의 의료지원단을 선발대와 본대로 나눠, 선발대는 4월 말에, 본대는 5월 중순까지 각각 현지에 파병하는 것을 골자로 하는 "국군부대의 이라크전쟁 파병 동의안"을 통화시켰다. 이에 따라 4월에 두 차례에 서희부대와 제마부대로 명명된 총 675명의 건설공병단과 의료지원단이 이라크로 파병되었다"(국가기록원. "한국 자이툰 부대의 이라크 파병").

이유로 대통령의 '자질부족'에 대한 비판적 담론을 지속적으로 재생산하였다.[7] 비록 2003년 12월 여야가 합의하여 '신행정수도법'을 통과시키기도 하였지만, 한나라당 또한 2003년 8월 한총련의 성조기 소각시위에 대한 책임을 물어 9월 3일 노무현 정부의 초대 행정자치부 장관인 김두관의 해임결의안을 가결시키는 등 지속적으로 노무현 정부를 압박하였다(백기철·신승근 2003). 더구나 열린우리당의 창당과정에서 빚어진 갈등으로 새천년민주당은 한나라당보다 더 강하게 노무현 정부에 대한 공세를 취하였다.

2. 2003년 4월 24일 재보궐선거와 한나라당의 승리

노무현 대통령의 집권이후 처음으로 2003년 4월 24일 재보궐선거가 실시되었으며, 여기에는 서울 양천을, 경기의정부시, 경기 고양 덕양갑 등 수도권 세개 선거구의 국회의원보궐선거가 포함되어 있었다. 그런데, 이 지역들은 모두 김영배, 곽치영, 문희상 등 새천년민주당 소속 국회의원들의 현역으로 있다가 의원직을 상실하였거나 사직하게 되었던 지역구였다. 김영배는 국회부의장직을 역임하였으며 새천년민주당의 대선경선대책본부장을 맡았다가 반노진영을 대표하여 '후보단일화협의회 회장'을 맡았던 인물로, 항소심에서 선거법 위반혐의를 벗지 못하고 의원직 박탈이 예고되자 미리 사직하였다. 곽치영은 지난 총선에서 향응제공과 상대후보 비방 등의 혐의로 의원직이 박탈되었으며, 문희상은 대통령 비서실장(2003.2~2004.2)으로 임명되어 사직하였다(법률신문 오피니언 2002.2.6).

당시의 재보궐선거는 한나라당의 승리로 종결되었다. 서울 양천을, 경기의정부시, 경기 고양 덕양갑에서 각각 한나라당의 홍문종과 오경훈, 그리고 개혁국민정당의 유시민이 당선되었다. 민주당은 개혁국민정당과의 선거연합을 위해 후보를 공천하지 않았던 경기 고양 덕양갑을 제외한 두 곳에만 후보를 공천하

7 일부는 노무현 대통령의 광주방문 과정에서 한총련 소속 학생들이 차량을 막고 시위를 벌인 것과 관련하여 양해를 구하는 5·18행사추진위원회 간부들과의 대화 과정에서 "모두가 힘으로 밀어붙이려고만 하니 이러다 대통령직 못해먹겠다는 위기감이 듭니다"라는 발언을 보수언론이 왜곡하여 전달한 것이라고 주장한다(서갑원, "서갑원의 육성증언", p.131, 김삼웅 블로그에서 재인용).

였지만 당선자를 배출하는데 실패하여 국회의석 2개를 상실하였다. 그 외에도 당시의 보궐선거에는 2명의 기초단체장, 4명의 시도의원, 23명의 기초의원을 선출하기 위한 선거도 함께 실시되어 한나라당이 1명의 기초단체장과 1명의 시도의원을 당선시키는데 성공하였다.

동교동과 친노세력의 분열과 대립, 그리고 열린우리당의 창당

정동영, 천정배, 신기남 등 당내 소장파들은 2003년 4월 24일 개최된 재보궐선거에서 패배한 이후 개혁당과의 선거공조를 거부한 동교동계의 당내 주류세력에 대항하여 신당창당을 추진하였으며, 동년 5월 16일 "정치개혁과 국민통합을 위한 신당추진모임"을 발족하였다. 동년 7월 3일에는 김원기를 의장으로 신당추진기구를 공식출범시켰으며, 9월 20일에는 민주당 의원 37명이 민주당을 탈당하여 이미 한나라당의 개혁이 불가능하다고 판단하고 탈당(2003.7.7)했던 이부영, 이우재, 안영근, 김부겸, 김영춘 등 소위 '독수리 5형제'와 함께 원내교섭단체로 '국민참여통합신당'을 등록하였다. 10월 13일에는 "지역주의 청산, 정당민주화, 정치자금의 투명화, 국정안정화를 통한 정책정당, 글로벌마인드를 갖춘 현대정당" 등 5대 과제를 제시하며 정식으로 '국민참여통합신당'을 결성하였다(지병문 외 2010, 368~369; 폴리뉴스 2013.8.27; 부록 17). 개혁국민정당의 유시민과 김원웅 등 또한 "교섭단체 구성이 가능한 열린우리당에 참여해 국민참여와 부패청산 및 인터넷정당 구현을 보다 앞당겨 나가겠다"며 탈당(2003.11.3)하여 열린우리당 창당(2003.11.11)에 합류 하였다(동아일보 2009.5.17; 경상일보 2003.11.3).

여전히 논란이 되고 있지만, 노무현은 열린우리당의 창당과정에서 자신이 주도하여 민주당을 분당시킨 것은 아니라고 회고록을 통하여 주장하였다. 다만 민주당의 개혁이 사실상 힘들다고 판단하고 탈당하여 열린우리당을 창당했던 이들을 "대통령이 지지할 것이라는 기대가 그들에게 힘과 용기를 준 것은 인정할 수 있다"고 밝혔다(노무현재단 2010, 285). 노무현이 2003년 9월 29일 새천년 민주당을 탈당한 것 또한 한나라당이 국회를 장악하고 있던 상황에서 감사원장의 인준이 부결되고 행자부장관의 불신임이 가결되자 "초당적 제휴를 모색"하기 위한 것일 수 있다(미국의 소리 2003.9.29). 더구나, 그의 약한 당내 입지와 대선후보선출 과정에서 그와 경합을 벌였던 정동영이나 김근태 등이 민주당의 내부 개혁과 열린우리당의 창당을 주도하였다는 점을 고려하면 그의 주장은 어느 정도 설득력이 있다.

그럼에도 불구하고, 그의 탈당이 민주당의 내분을 가속화시킴으로써 열린우리당

의 창당을 촉진하였다는 것은 부정하기 힘들다. 경상도 출신인 노무현은 대통령에 당선되었음에도 불구하고, 호남출신 정치인들이 주류인 민주당을 장악하기 어려웠고, 당권과 대권을 분리시키는 민주당의 제도적 장벽 또한 넘어서지 못하였다고 볼 수 있다. 대선과정에서도 그는 낮은 지지율로 인해 지속적으로 대선후보사퇴 압력을 견뎌야 했고, 당내의 재정지원도 거의 받지 못하였다고 알려져 있다(이병완 2009, 209). 따라서, 그에게 당내 주류세력에 대한 반감이 결코 적지 않았다고 볼 수 있다. 아울러, 과거 꼬마민주당을 함께 했었던 이부영이나 김부겸, 그리고 개혁당의 김원웅 등이 열린우리당에 적극적으로 합류하였으며, 국민회의 창당과정에서 노무현과 함께 통합민주당에 잔류한 이후 그의 정치적 멘토라고 알려진 김원기가 열린우리당의 창당준비위원장을 맡았던 것은 열린우리당의 창당과정에서 그의 역할이 결코 적지 않았음을 보여준다.[8]

후일 노무현은 자서전에서 열린우리당의 창당이 불가피하였다는 점을 밝혔다.

> … (중략) … 하지만 열린우리당은 창당하지 않을 수 없는 정당이었습니다. 지역정당을 벗어나서 전국정당을 만들어야한다는 정치적 당위가 있었기 때문입니다. 현실적으로 민주당에서 전국정당을 만드는 노력이 쉽지는 않았을 것입니다. 제가 후보일 때 외부의 다른 후보와 내통하면서 해당 행위를 했던 사람들이 제가 대통령으로 당선된 이후에도 당의 개혁을 반대했기 때문입니다. 당의 개혁을 반대하니 결국 열린우리당이 창당된 것입니다.

출처: 노무현(2009, 성공과 좌절, 242)

3. 노무현대통령 탄핵소추

第17大 총선은 2004년 3월 12일 '정치적 중립' 위반혐의로 집권 2년차였던 노무현대통령에 대한 탄핵소추가 국회에서 가결됨으로써 국무총리였던 고건이 대통령의 직무를 대행한 가운데 치러졌다. 2개월 후인 5월 14일 헌법재판소가 이를 기각하기까지 한국의 정치는 매우 비정상적인 상황, 소위 '탄핵정국'으로

---

8 과거 꼬마민주당과 통합민주당 출신 정치인들이 가지고 있던 탈지역주의와 정책정당에 대한 갈망은 열린우리당의 성격을 강하게 규정하였다고 볼 수 있다. 다만, 이들의 '탈지역주의' 시도는 당내 호남세력의 반발을 가져올 수 있었다는 점에서 일종의 사회적 갈등과 정치적 갈등 사이의 불균형이 존재하였다고 볼 수 있다. 물론, 이것이 불가피한 것이었는지는 여전히 중요한 논제 가운데 하나다.

인해 선거결과를 예상하기는 어려웠다. 하지만, 전국적으로 대규모 탄핵반대 촛불시위가 일어나면서 한나라당을 포함한 야당의 지지율이 급격히 하락하였으며, 오히려 탄핵을 주도했던 야당들이 역풍을 맞아 총선에서 대패할 것이라는 예상이 점차 부상하였다. 이 과정에서, 총선 직전인 2004년 3월 23일 2002년 대선 당시 이회창 후보의 선거운동자금을 불법으로 모금한 사건, 일명 '차떼기 사건'에 대한 책임을 지고 탄핵을 주도했던 최병렬 한나라당 대표(2003.6.26.~2004.3.23)가 물러나고, 박근혜가 한나라당의 새로운 당대표로 선출되었다.

노무현 대통령 탄핵소추안 국회통과(2004.3.12)와 탄핵반대 시위

출처: 오마이뉴스(좌 이종호, 2004.3.12), 연합뉴스(우 진성철, 2004.3.27)

제2절 후보공천

제17대 총선에서 후보를 공천한 정당의 수는 총25개였으며, 이는 해방 이후 개최된 제1대 총선(48개 정당, 1948.7.20)과 제2대 총선(40개 정당, 1952.8.5)의 경우보다는 적었지만 민주화 이후 개최된 역대 총선들 가운데 가장 많은 것이었다(부록 21 참조). 그 뿐만 아니라 지난 제16대 총선에서 후보를 공천한 정당의 수가 11개였던 것에 비해서 두 배 이상 많은 수의 정당들이 후보를 공천한 것이다. 이는 비록 그 이유가 분명하지는 않지만, 각 정당들이 당시에 처음으로 도입된 비례대표제의 도움으로 당선자를 배출할 수 있을 것이라는 기대가 반영된

것일 수 있다.[9]

제17대 총선에서는 총 299명(243명의 지역구 의원과 56명의 비례대표 의원)의 국회의원을 선출하였으며, 이를 위해 지역구 국회의원선거에만 총 1,167명의 후보가 출마하였다. 집권여당인 열린우리당이 243명의 후보를 전 지역구에 공천하였으며, 한나라당은 218명, 새천년민주당은 181명, 자민련은 123명, 민주노동당은 123명의 후보를 공천하였다. 이들 4개 정당 외에도 녹색사민당(28명), 기독당(9명), 민주국민당(7명), 사회당(6명), 공화당(5명), 국민통합21(3명), 노년권익보호당(2명), 가자 희망2080(1명), 구국총연합(1명)을 비롯한 21개의 소수정당들 역시 소수의 후보자들을 공천하였다. 무소속으로 출마한 후보자 수는 총 217명이었다.

각 정당의 후보공천에서는 지역편중현상이 확연히 나타났다. 새천년민주당은 호남의 모든 지역구에 후보를 공천하였지만, 한나라당은 7개 지역구가 있는 광주광역시와 11개 지역구가 있는 전북, 그리고 13개 지역구가 있는 전남에 각각 1명, 1명, 5명을 공천하는데 그쳤다. 이와는 대조적으로 영남에서는 한나라당이 모든 선거구에 후보를 공천한 반면, 새천년민주당은 18개 선거구가 있는 부산에 8명, 12개 선거구가 있는 대구에 9명, 17개 선거구가 있는 경남과 15개 선거구가 있는 경북에 각각 5명, 6개 선거구가 있는 울산에 1명을 공천하는데 그쳤다.

제3절 선거제도

1. 비례대표제 도입과 예비후보자 제도의 신설

제17대 총선에서는 한국 선거사에서 처음으로 1인 2표제를 통해 비례대표 국회의원을 선출하게 되었다. 전체 299개 의석 가운데 243개 의석이 지역구 의

9 이러한 주장의 근거는 제18대 총선과 제19대 총선에서 각각 17개 정당과 19대 정당이 후보를 공천하였다는 점에서도 찾을 수 있다.

석인 반면 56개 의석만이 비례대표의석으로 할당되었다. 총선을 앞두고 개정된 정치관계법(2004.3.12 공포)은 한국의 선거사에서 가장 획기적인 것이었다고 할 수 있으며, 이들 가운데 가장 주목할 만한 것은 예비후보자 제도를 도입한 것이다(중앙선거관리위원회 2013b, 610). 현직자가 유리한 기존의 선거관행을 바꾸어 공정한 경쟁을 유도하기 위하여 본선거운동기간은 14일로 줄이는 대신 예비후보제도를 신설하여 선거일전 120일부터 예비후보로 등록한 후 제한된 인원(3인 이내 선거사무원 선임)과 범위(예비후보자의 명함 직접배부, 전자우편 발송, 홍보물 1회 우편발송 등)에서 선거운동과 정치자금모금을 허용하였다.

2. 인터넷홈페이지 이용 상시선거운동허용, 인터넷선거보도심의/선거방송토론위원회 설치

그 외에도 개정된 정치관계법은 인터넷 홈페이지를 이용한 상시 선거운동을 허용하고, 인터넷 선거보도의 공정성을 위해 인터넷선거보도심의위원회와 사이버선거부정감시단(중앙 및 시도선거관리위원회에 각각 30인 이내)을 설치하였다. 아울러 게시판과 대화방 운영자에게 인터넷 이용자의 실명을 확인할 수 있도록 하고 선거관리위원회에 위법게시물에 대한 삭제 요청권을 부여하였다(제17대 국회의원선거총람, 237). 그 외에도 합동연설회와 정당·후보자연설회를 폐지하고 방송토론을 활성화하기 위해 선거방송토론위원회를 설치하고 신문 및 TV·라디오 광고를 비례대표의원선거에도 허용하였다(제17대 국회의원선거총람, 238).

2004년 공직선거법 개정과 2005년 개정선거법

민주화 이후 한국의 선거제도의 변화 가운데 가장 주목할 만한 것은 대통령선거, 국회의원선거, 지방의회의원 선거, 지방자치단체의 장 선거 등 개별선거관련 법안을 통합하여 "공직선거 및 선거부정 방지법"을 제정(1994.3.16)한 것이었다.[10] 유현

10 이 법안은 제21차 일부개정으로 '공직선거법'으로 개명되었다(2005.8.4). 개정내용에 대한 해설은 호광석(2004, 272~275)을 참조할 것.

종(2011, 92)에 따르면 이를 통해 한국의 공직선거법은 민주화 이후 "규제완화기(1987년~1994년)"가 종결되고 "돈 선거 근절을 위한 규제강화기(1994년~현재)"로 이행하였다.[11] 그의 주장에 따르면, 이 시기는 과열선거와 과다한 정치비용에 대한 사회적 우려는 물론, 김영삼과 노무현 등 여러 대통령의 강한 정치개혁의지와 선관위와 사법기관의 제도개선의지가 반영되었다(p.104).

이와 달리 이현출(2008, 46)은 민주화 이후 선거제도의 변화를 분석하며, 민주화 초기에는 "대표성과 비례성의 확보와 경쟁의 공정성과 형평성 확보에 초점"을 두어왔지만, 1997년 외환위기를 겪은 이후에는 "돈이 적게 들면서도 효율적인 선거운동 방법을 확대"하는 방향으로 선거법 개정이 이루어졌다고 주장하였다. 그의 주장에 따르면, 1998년의 "지방의원 정수축소와 유급선거사무원축소, 현수막/명함형 소형 인쇄물의 폐지", 2004년 "국회의원정수축소, 합동연설회와 정당연설회 등을 폐지하고, 미디어 선거운동을 강화" 하는 등 효율성을 높이기 위한 선거법 개정이 이루어졌다.[12] 이 시기에 도입된 당선 무효요건 강화나 기탁금 환수제도의 도입 역시 같은 맥락에서 이해될 수 있다.

3. 선거자금 지출의 투명성 강화, 당선무효자의 기탁금·보전비용 환수, 선거범죄신고자 포상

기부행위(기존에는 선거일 180일전부터 불허)의 상시 금지 및 당원집회에서 기존에는 허용하던 음식물과 교통편의 제공 불허, 현금사용제한(20만원 이상)과 수표·신용카드 사용 의무화 등 선거자금 지출의 투명성 강화, 선관위에 의한 선거자금 조사·확인 상시 허용, 선거범죄 조사권 확대와 통신자료제출요구권 신설, 동행요구 불응시 과태료(300만원 이하) 부과를 통한 선거운동위반행위에 대한 제제의 실효성 강화, 당선무효자의 기탁금·보전비용 환수, 선거범죄신고자에 대한 포상금 지급, 후보자 신상정보 세대별 송부 등 금권선거를 방지하기 위한 다양한 제도 개선이 이루어졌다(호광석 2004; 유현종 2011, 101; 제17대 국회의

11 유현종(2011, 92)은 한국선거제도의 특성을 규제방식을 기준으로 "① 선거운동 규제의 형성기(건국이후~1958년), ② 규제강화기(1958년~1963년), ③ 포괄적 규제강화기(1963년~1987년), ④ 규제완화기(1987년~1994년), ⑤ 돈 선거 근절을 위한 규제강화기(1994년~현재)"로 구분하였다.

12 1997년 대선에서 합동연설회를 폐지하고 TV토론을 도입한 것을 확대한 것이다.

원선거총람, 239~243).[13]

4. 지구당 폐지, 경선탈락후보의 본선출마금지, 비례대표여성후보 비율 50%로 상향조정

개정된 정당법에 의해 지구당이 폐지되었으며, 유급사무직원수도 150인 이내에서 100인 이내로 축소되었다. 아울러 국고보조금을 받는 정당의 경우 정책연구소를 설치하도록 하였으며, 인터넷을 통한 입·탈당을 허용하고 비당원의 당내경선 참여도 허용하였다(제17대 국회의원선거총람, 246). 아울러, 당내 경선에서 탈락한 후보자의 본선거출마를 금지하고, 당내경선사무를 선관위에 위탁하여 관리할 수 있도록 하였다. 여성의 정치참여기회를 확대하기 위하여 비례대표국회의원 후보자의 여성추천 의무규정을 30%에서 50%로 상향조정하였다(p.247).

5. 고액기부자 공개, 기부한도 축소, 개인기부 세액/소득공제, 정치자금법 위반 처벌강화

정치자금법도 개정하여 선거관리위원회에 신고한 회계책임자만 모든 정치자금의 수입과 지출을 할 수 있도록 하였으며, 연간 120만원을 초과하여 기부한 사람의 인적사항을 공개하도록 하였다(p.248). 개인 후원회의 기부한도도 연간 1억2천만원에서 2천만원으로, 1회 익명기부액한도도 1백만원에서 10만원으로 축소하였다. 아울러 개인기부액의 경우 10만원까지 세액공제, 그 이상은 소득공제를 받도록 하고, 지방선거보조금을 1인당 1,800원에서 800원으로 축소하고, 정치자금법위반에 대한 처벌을 1~3년에서 2~5년으로 강화하고, 정치자금을 사적경비로 사용할 경우 2년 이하의 징역에 처하도록 처벌규정을 신설하였다(pp.250~251).

---

13 선관위의 선거범죄단속 권한은 1997년 선거범죄조사권 신설, 2000년 증거물품수거권과 재정신청권, 2002년 현장조치권, 2004년 통신관련 선거범죄와 정치자금범죄에 대한 조사권 도입과 50배 과태료 및 포상금제도 도입 등 점진적으로 강화되었다(50년사, p.22).

제4절 선거과정

1. 노무현 대통령의 정치적 중립위반 논란

제17대 총선과정에서 가장 주목을 끈 이슈는 당연히 노무현 대통령의 정치적 중립 위반여부와 한나라당과 민주당이 주도한 탄핵에 관한 것이었다. 노무현은 재직기간 동안 정치적 발언을 이유로 지속적으로 중앙선관위원회와 충돌하였다. 한나라당에 대한 노골적인 비판을 포함한 정치적 발언을 지속하며 국민의 한사람으로서 정치활동의 자유를 주장한 노무현과, 대통령으로서 선거중립의 의무를 강조하는 중앙선거관리위원회의 현격한 시각 차이는 좀처럼 좁혀지지 않았다.

2004년 2월 24일 방송기자클럽 초청 대통령기자회견에서 노무현 대통령은 "국민들이 총선에서 열린우리당을 압도적으로 지지해줄 것을 기대한다. 대통령이 잘해서 열린우리당이 표를 얻을 수만 있다면 합법적인 모든 것을 다하고 싶다"고 밝혔다. 이 발언에 대하여 중앙선관위는 공직선거 및 선거부정방지법 위반임을 결정하고 중립의무의 준수를 요청하였다(중앙선거관리위원회 2013, 107, 위원장 유지담(2000.7.12~2005.10.31)). 하지만 노무현은 이를 수용하지 않았으며, 이에 반발한 민주당(대표 조순형)이 한나라당(대표 최병렬)과 탄핵소추안을 발의하였다.[14] 자민련은 노무현의 사과를 요구하였지만 처음에는 탄핵안 표결에 협조하지 않다가 이후 자유투표로 당론을 결정하였다.[15] 결국, 3월 12일 국회에서 한국정치 초유의 대통령 탄핵안이 가결되었다. 그러나 헌법재판소는 총선이 끝난 5월 14일 탄핵소추의 기각을 최종결정하였다.[16]

---

14 2007년 제17대 대선을 앞두고 조순형은 민주당 대선후보로 경선에 참여하였지만, 결국 불참을 결정하였으며, 대선 후에는 민주당을 탈당하고 자유선진당에 합류하여 비례대표의원으로 제18대 국회의원이 되었다.

15 2004년 3월 11일 대우건설사장 남상국이 노무현이 자신의 이름을 직접 거명하며 비판하는 기자회견을 보고 투신자살하자 국민여론이 급속히 악화되었으며, 자민련은 당론을 탄핵안을 반대하던 것에서 자유투표로 선회하였다.

16 그 후에도 중앙선관위는 노무현의 공직선거법 위반혐의에 대한 문제점을 제기하였다. 2007년 6월 2일 '참여정부평가포럼' 강연에서 한나라당을 비하하는 내용의 발언을 문제삼

노무현에 대한 탄핵소추안이 국회에서 통과되자 이에 반발한 대규모 촛불 시위가 발생하였다. 지난 2000년에 이어 2004년 제17대 총선을 앞두고 재결성된 총선연대는 탄핵소추가 "의회 쿠데타"이며, 탄핵에 가담한 정치인들을 "국민의 뜻에 정면으로 도전하고 민주주의를 유린한 이들"로 규정하고 낙선대상자로 선정하였다(시미즈 도시유키 2011, 169). 당시의 낙선대상자는 총 216명이었으며, 이들의 정당별 분포를 보면 한나라당이 100명(46.3%)으로 가장 많았으며, 민주당은 57명(26.4%), 자민련은 24명(11.1%)으로 그 뒤를 따랐다. 집권여당이었던 열린우리당은 불과 10명(4.6%)만 낙선대상자에 포함되었다.

2. 정동영의 노인폄하발언

그 외에 제17대 총선과정에서 주목을 받은 이슈는 열린우리당의 당의장으로서 선대위원장을 맡았던 정동영의 '노인폄하'발언(2004.3.26)이었다(부록 15 참조). 정동영은 국민일보 총선기자단과의 인터뷰에서 청년들의 정치적 무관심에 대한 입장을 밝히며 "미래는 20대와 30대들의 무대이고, 그런 의미에서 한 걸음만 더 나아가 생각해보면 60대 이상 70대는 투표 안해도 괜찮다"는 발언을 하여 유권자들의 격분을 샀다. 본인은 대학생 기자의 질문에 투표율이 낮은 청년층의 투표참여를 독려하기 위한 것이었다고 변명하며 용서를 구했지만, 한나라당은 이를 근거로 지속적인 공세를 펼쳤다. 정동영이 선거대책본부장과 비례대표 후보의 직을 사퇴하며 사죄의 뜻을 밝혔지만 그의 발언에 대한 부정적 여론은 쉽게 가라앉지 않았다.

아 노무현이 선거중립의 의무를 위반한 것으로 6월 7일 결정하였다(중앙선거관리위원회 보도자료 2007.6.7, 부록 13 참조, 위원장 고현철(2006.10.23~2009.2.11)). 중앙선거관리위원회는 6월 18일에도 "이명박씨의 감세론은 복지정책을 완전히 골병들게 하는 것"이라는 등 이명박의 감세정책을 비판했던 원광대 강연(6.8), 6.10 민주항쟁 기념사(6.10), 한겨레신문과의 인터뷰(6.13)가 공직선거법 위반임을 결정하였다(연합뉴스 2007.6.8). 중앙선거관리위원회 보도자료 2007.6.18, 부록 14 참조). 이에 대하여 노무현은 "공직선거법 9조는 국민의 한 사람인 대통령의 정치적 의사표현의 자유를 과도하게 제한하는 위헌적 규정"으로 위헌법률심판을 제청하였다. 이에 대하여 중앙선거관리위원회는 "국가나 국가기관 또는 국가조직의 일부나 공법인은 국민의 기본권을 보호 내지 실현해야 할 책임과 의무를 지니고 있을 뿐 그것을 향유할 존재가 아니어서 헌소를 제기할 자격이 없다는 것이 헌재의 확립된 판례"라고 주장하였다(중앙일보 2007.7.13). 헌법재판소 또한 노무현의 요구에 대하여 기각결정을 하였다(중앙선거관리위원회 2013, 114).

박근혜는 2004년 3월 23일 당대표 임기를 시작하자마자 여의도 공터에 천막당사를 마련하여 "부패와의 절연"을 선언하는 모습을 상징적으로 보여주었으며, 86일만에 새로운 당사를 마련한 이후에도 시가 1천억원이 넘는 한나라당중앙연수원을 헌납하고, 검찰에 기소될 경우 당원권을 정지시키고 유죄확정시에는 영구제명시키는 등 부패청산의지를 보여주었다(박근혜 2007). 이러한 모습은 차떼기정당이라는 오명을 달게 되면서 매우 절망적인 상황에 놓였던 한나라당을 부활시키는 계기를 마련해주었다.

> 한나라당이 국민 여러분께 얼마나 많은 실망을 드렸는지 잘 알고 있습니다. 저희는 나태했습니다. 부패와 적당히 타협했고, 기득권을 누리려고 했으며, 국민의 마음을 읽지 못하고 점점 오만해져갔습니다. 진심으로 뉘우치고 있습니다. 국민 여러분께 사죄하는 마음 하나만 남기고 다 버리겠습니다. … (중략) … 가슴에 맺힌 한을 풀기 위해 우리는 정말 열심히 일했습니다. 그렇게 일으켜 세운 대한민국이 이렇게 무너지고 있습니다. 저는 이 자리에서 대통령의 잘잘못을 따지지 않겠습니다. 정부와 여당의 책임을 따지지 않겠습니다. 저희 한나라당은 왜 책임이 없겠습니까? 국민여러분의 아픔을 제대로 보살펴드리지 못한 저희부터 반성하겠습니다.
>
> 출처: 박근혜(2007, 218~219: 박근혜 한나라당 당대표 방송연설, 2004.3.30)

제5절 선거결과

1. 탄핵역풍과 열린우리당의 과반의석점유 그러나 민주당과 자민련의 몰락

제17대 총선은 60.6%의 투표율로 종결되었다. 이는 지난 제16대 총선의 투표율인 57.2%보다 약 3.4% 가량 증가한 것이다(부록 12 참조). 개표결과 당시의 총선은 소위 '탄핵역풍'으로 노무현대통령의 탄핵을 주도했던 정당들이 대패하였다. 한나라당은 국회 과반수 의석을 상실한 것은 물론, 지역구 선거에서 100명의 당선자를 배출하는데 그쳤다. 한나라당과 함께 탄핵을 주도했던 새천년

민주당과 자민련은 각각 5명과 4명의 후보만을 지역구에서 당선시킬 수 있었으며, 결국 원내교섭단체의 지위마저 상실하였다. 반면, 열린우리당은 지역구 선거에서만 무려 129명에 달하는 소위 '탄돌이'들을 대거 당선시키는데 성공하였다. 국민통합21(2002.11.11 창당)은 정몽준 의원만이 당선되었으며, 민주노동당은 울산과 경남에서 각각 한명의 지역구 의원을 배출하는데 성공하였다. 이들 이외에도 이번에 후보를 공천했던 녹색사민당, 기독당, 민주국민당, 사회당, 공화당, 노년권익보호당, 가자 희망2080, 구국총연합 등은 한명도 당선시키지 못하였다.

〈표 2-2-1〉 제17대 국회의원 선거(2004, 지역구) 결과

시도명	당선인수	한나라당		새천년 민주당		열린우리당		자민련		국민통합 21		민주 노동당		무소속	
합계	243	100	41.2	5	2.1	129	53.1	4	1.6	1	0.4	2	0.8	2	0.8
서울	48	16	33.3	0	0.0	32	66.7	0	0.0	0	0.0	0	0.0	0	0.0
부산	18	17	94.4	0	0.0	1	5.6	0	0.0	0	0.0	0	0.0	0	0.0
대구	12	12	100.0	0	0.0	0	0.0	0	0.0	0	0.0	0	0.0	0	0.0
인천	12	3	25.0	0	0.0	9	75.0	0	0.0	0	0.0	0	0.0	0	0.0
광주	7	0	0.0	0	0.0	7	100.0	0	0.0	0	0.0	0	0.0	0	0.0
대전	6	0	0.0	0	0.0	6	100.0	0	0.0	0	0.0	0	0.0	0	0.0
울산	6	3	50.0	0	0.0	1	16.7	0	0.0	1	16.7	1	16.7	0	0.0
경기	49	14	28.6	0	0.0	35	71.4	0	0.0	0	0.0	0	0.0	0	0.0
강원	8	6	75.0	0	0.0	2	25.0	0	0.0	0	0.0	0	0.0	0	0.0
충북	8	0	0.0	0	0.0	8	100.0	0	0.0	0	0.0	0	0.0	0	0.0
충남	10	1	10.0	0	0.0	5	50.0	4	40.0	0	0.0	0	0.0	0	0.0
전북	11	0	0.0	0	0.0	11	100.0	0	0.0	0	0.0	0	0.0	0	0.0
전남	13	0	0.0	5	38.5	7	53.8	0	0.0	0	0.0	0	0.0	1	7.7
경북	15	14	93.3	0	0.0	0	0.0	0	0.0	0	0.0	0	0.0	1	6.7
경남	17	14	82.4	0	0.0	2	11.8	0	0.0	0	0.0	1	5.9	0	0.0
제주	3	0	0.0	0	0.0	3	100.0	0	0.0	0	0.0	0	0.0	0	0.0

출처: 중앙선거관리위원회, 역대선거정보(17대 국회의원선거)

2. 정당별 당선자 분포의 지역편중성: 영남과 충청 일부지역에서 열린우리당의 선전

지난 2000년 제16대 총선에서와 마찬가지로, 한나라당은 호남에서 단 한 명도 당선자를 배출하지 못하였다. 한나라당은 충청지역 가운데 지난 제16대 총선에서는 대전과 충북에서 각각 1명과 3명을 당선시켰던 반면, 제17대 총선에서는 충남에서만 한명을 당선시키는 데 그쳤다. 민주당은 전남(5명)에서만, 자민련은 충남(4명)에서만 당선자를 배출하는데 성공함으로써 각각 전남당과 충남당으로 전락하게 되었다.

이와 달리, 열린우리당은 당선자의 규모는 물론 당선지역을 영남으로 확장하는데 성공하였다. 열린우리당은 수도권에서 한나라당의 두 배에 이르는 당선자를 배출하였으며, 비록 대구와 경북에서는 단 한명도 당선자를 배출하지 못하였지만, 부산과 경남에서 각각 1명과 2명을 당선시키는데 성공하였다. 충남에서는 자민련을 물리치고 다수당이 되었을 뿐만 아니라 대전과 충북에서는 모든 지역구에서 당선자를 배출하였다. 제주에서도 열린우리당은 모든 지역구(3개)에서 당선자를 배출하는데 성공하였다.

영호남 유권자들의 이념적 특성과 이슈별 태도

영호남 유권자들의 투표성향의 차이를 이들의 이념적 특성이나 이슈에 대한 태도에서도 찾을 수 있다. 역사적으로 형성된 지역감정, 정당들의 동원, 지역이익 등을 중심으로 영호남 유권자들의 정당편향적인 투표행태를 설명해온 기존의 연구들과 구별되는 이러한 연구의 흐름은 1997년 대선 이후 본격화되었다고 할 수 있다.

> … (중략) … 일부의 경험적 연구들은 호남지역 유권자들의 정책적·이념적 성향이 다른 지역에 비해서 진보적이라는 점을 밝혀왔다(송근원 2006; 강원택 2010; 박경미 외 2012). 예를 들어, 송근원(2006)은 한국사회과학데이터센터의 지난 2002년 대선후 여론조사에 포함된 "호주제 폐지, 대북 지원 강화, 기업 규제 강화, 복지 수준 강화, 보안법 폐지, 국회의원 여성할당제"에 대한 찬성정도를 묻는 질문을 이용하여 응답자의 정치성향을 측정하였으며(pp.171~172), 다른 지역 출신보다 호남 출신의 경우 매우 진보적인 정책정향을 갖는다는 점을 밝혔다(p.178). 더 나아가 그(p.182)는 강원택(2003)의 분석결과를 바탕으로 1997년 대선 시기 중도적인 이념성향을 나타냈

던 호남지역의 유권자들이 진보로 전환하였다고 주장하였다.

출처: 지병근. 2014c. "호남 유권자들의 이슈에 대한 태도 및 이념적 특성." 『21세기정치학회보』 24권 1호, 33~56. 원문의 각주는 생략.

3. 비례대표선거제도에 의해 제3정당으로 민주노동당 부상

제17대 총선에서 처음으로 도입된 비례대표 선거에서도 열린우리당은 전국적으로 38.3%를 득표하여 23명의 비례대표의원을 배출하였으며, 수도권과 호남,

〈표 2-2-2〉 제17대 국회의원 선거(2004, 비례대표 56명) 결과

시도명	유권자 비율	투표율	한나라당	새천년 민주당	열린 우리당**	자민련	국민 통합21	민주 노동당
합계	100.0(56)	60.6	35.8(21)	7.1(4)	**38.3(23)**	2.8(0)	0.6(0)	13.0(8)
서울	21.8	62.2	36.7	8.4	**37.7**	2.1	0.4	12.6
부산	7.9	61.9	**49.4**	1.9	33.7	0.7	0.3	12.0
대구	5.2	59.3	**62.1**	1.1	22.3	0.8	0.3	11.6
인천	5.2	57.4	34.6	5.4	**39.5**	2.1	0.5	15.3
광주	2.8	60.2	1.8	31.1	**51.6**	0.3	0.3	13.1
대전	2.9	58.9	24.3	3.1	**43.8**	14.5	0.4	11.8
울산	2.1	62.0	**36.4**	1.5	31.2	0.8	5.7	21.9
경기	20.6	59.7	35.4	6.1	**40.2**	2.0	0.4	13.5
강원	3.2	59.7	**40.6**	3.5	38.1	1.3	0.7	12.8
충북	3.1	58.2	30.3	2.2	**44.7**	6.3	0.5	13.1
충남	4.0	56.0	21.2	2.8	**38.0**	23.8	0.5	10.5
전북	4.0	61.2	3.4	13.6	**67.3**	1.0	0.7	11.1
전남	4.2	63.4	2.9	33.8	**46.7**	1.0	0.9	11.2
경북	5.7	61.5	**58.3**	1.4	23.0	1.2	0.8	12.0
경남	6.4	62.3	**47.3**	1.4	31.7	0.8	0.4	15.8
제주	1.1	61.1	30.8	5.1	**46.0**	1.1	0.5	14.1

( )은 당선된 비례대표 의원수

** 총선 이틀전인 4월 13일 열린우리당 비례대표 22번이었던 정동영의 사퇴로 24번이었던 김재홍 후보가 당선되었다(한국일보 2013.8.18)

출처: 중앙선거관리위원회, 역대선거정보(17대 국회의원선거)

충청, 제주에서 모두 득표율 1위를 차지하였다. 한나라당은 이보다 조금 낮은 35.8%를 득표하여 21명의 비례대표의원을 배출하였으며, 영남과 강원지역에서 1위를 차지하였다. 이에 반해 민주당은 전북에서 불과 13.6%, 광주와 전남에서는 각각 31.1%와 33.8%를 득표하는데 그쳐 4명의 비례대표의원을 배출하였다. 그러나 민주노동당은 전국적으로 13.0%를 득표하여 8명의 비례대표의원을 배출하였을 뿐만 아니라, 모든 지역에서 10%가 넘게 득표하였다. 자민련은 불과 2.8%를 득표하는데 그쳐 1순위 비례대표후보였던 김종필조차 당선되지 못하였다.

제6절 선거의 영향

1. 한국 선거정치 및 정당정치의 변화

제17대 국회의원 선거결과는 한국의 선거정치 및 정당정치에 현격한 변화를 가져왔다. 당시의 선거결과는 열린우리당의 승리와 민주노동당의 약진, 한나라당의 위축, 자민련과 새천년민주당의 몰락 등으로 요약할 수 있다. 한나라당은 비록 영남에서 정치적 영향력을 유지할 수 있었지만 그 위세가 크게 약화되었다. 호남과 충청을 대표하던 민주당과 자민련은 일순간에 당세가 추락하고 말았다, 특히 자민련의 몰락은 영호남 지역정당에 대당하는 충청지역정당의 소멸이 임박했음을 알리는 조종이었다.[17] 개혁적 성향이 강한 신생정당인 열린우리당이 민주화 이후 처음으로 선거를 통해 국회 과반수 의석을 차지하여 국회를 주도하게 됨으로써 지역주의를 탈피한 새로운 선거정치와 정당정치를 실험할 수 있는 정치적 환경이 어느 정도 조성되었다고 볼 수 있다.

17 민주당의 몰락은 민주당에 대한 과거의 전폭적인 호남인들의 지지가 단순히 지역출신 정치인에 대한 애착에서 기인한 것만이 아니라는 점을 보여주었다. 다만 이번 총선에서 김대중이 민주당과 열린우리당 사이에서 중립적인 태도를 유지한 것이 열린우리당의 성공에 상당한 기여를 하였다는 점은 분명하다.

2. 열린우리당의 승리에 따른 정국주도권 장악과 박근혜 중심의 한나라당 지도부 안착

제17대 총선을 계기로 한국정치의 주역 또한 큰 폭으로 교체되었다. 노무현 대통령은 집권여당인 열린우리당이 국회다수당이 됨으로써 안정적으로 국정을 운영할 수 있는 의회권력을 갖게 되었다. 총선 직전 당대표직을 맡은 박근혜 대표는 한나라당의 총선패배에도 불구하고 위기에 처했던 한나라당의 구원자로서 당내외의 정치적 입지를 확고하게 다질 수 있게 되었다. 이와는 대조적으로, 자민련의 김종필은 비례대표선거에서 당선에 실패함으로써 정계은퇴를 선언하게 되었다. 노무현 대통령의 탄핵을 주도했던 민주당의 당대표였던 조순형 또한 그 역풍으로 총선에서 낙마하게 되었다.[18]

3. 자민련의 몰락에 따른 충청지역의 세력재편과 국민중심당 창당

17대 총선을 계기로 충청지역의 정치세력은 심대평을 중심으로 재편되었다. 자민련이 충남에서만 4석을 얻는데 그친 제17대 총선 이후 당세가 급격히 기울어진 가운데 김종필이 정계은퇴를 선언하자 충청지역의 정치적 리더십의 공백이 발생하였다. 이 때 세 번이나 민선 충남지사직(1995년 7월~2006년 3월 13일 중도사퇴)을 역임한 심대평을 중심으로 '중부권 신당' 창당 시도가 이어졌으며, 이들은 2005년 10월 '국민중심당 창당준비위원회'를 결성하고, 동년 11월 4일 자민련과 신당추진세력들이 합당에 관한 합의에 도달하였다(이은파 2005.11.4). 하지만, 자민련의 대표였던 김학원이 "좌파정권의 재집권"을 막기 위해 합당을 추진하였음에도 불구하고 국민중심당이 이념적으로 모호할 뿐만 아니라 시도당 임

18 제17대 총선에서 대구의 수성갑에 출마했다가 낙마한 조순형은 2006년 하반기 보궐선거(7월 26일, 성북구을)에서 당선되어 국회에 복귀하였다. 이후 그는 민주당의 제17대 대선후보경선에 나섰다가 이인제에게 패배하였으며, 2008년 2월 자유선진당에 입당하였다. 그는 이승만 정권의 부정선거로 인해 4.19혁명으로 이어졌던 제4대 대선(1960.3.15)에 민주당의 후보(당시 부통령 후보는 장면)로 출마했다가 신병으로 사망했던 조병옥의 아들이다. 그는 1987년 김대중과 김영삼의 후보단일화를 추진했던 소위 '후단파'의 일원이었으며, 제13대 총선에는 한겨레민주당을 창당하여 출마하였다가 낙선하였다. 삼당합당 이후 꼬마민주당에 합류하였다가 이후 국민회의에 합류하였다.

명권을 포함한 당대표의 과도한 권한부여, 열린우리당과의 연대 가능성, 심대평 대표가 당대당 통합을 흡수통합으로 폄하한 점 등을 이유로 12월 27일 이 합의를 번복하여 양당의 통합은 성사되지 못하였다.[19] 결국 김학원 자민련 대표를 제외한 3명의 의원(이인제, 김낙성, 류근찬)이 모두 탈당하여 무소속 신국환의원 및 정진석의원과 함께 2006년 1월 17일 국민중심당(공동대표: 심대평, 신국환; 고문: 이인제 정진석)을 창당하였다.[20]

4. 민주노동당의 원내진입과 제3정당으로의 위상강화

마지막으로, 제17대 총선은 진보정치의 새로운 장을 열었다는 점에서도 한국의 선거 및 정당정치에 큰 영향을 미쳤다고 할 수 있다. 민주노동당은 1987년 이후 20여년 가까이 민중운동의 정치세력화를 위해 노력해온 이들의 헌신과 비례대표제의 도움을 받아 처음으로 원내 진입에 성공하였으며, 이를 통해 국회를 매개로한 진보정치의 실험을 본격적으로 추진할 수 있게 되었다. 강력한 반공보수주의가 지배하던 한국에서 민주노동당의 원내진입은 비록 제한적이지만 그 자체만으로도 보수세력이 독점하고 있던 한국 정당정치를 변화시킬 수 있는 계기를 마련하였다고 볼 수 있다.

---

19 김학원이 합당을 거부하며 발표한 기자회견문은 뉴스와이어(2005.12.27)를 참조할 것. 이후 김학원의 자민련은 동년 6월 7일 한나라당에 흡수통합됨으로써 소멸되었다(네이버. 2006.4.7).

20 2007년 대선에서 심대평은 국민중심당의 대선후보로 출마하였다가 무소속이었던 이회창을 지지하며 후보를 사퇴하였고, 그가 창당한 국민중심당은 이듬해인 2008년 2월 이회창의 자유선진당에 신설합당되었다(총재 이회창, 대표 심대평). 하지만 심대평은 유력한 국무총리후보로 물망에 올랐지만, 그의 총리기용을 반대하던 이회창과의 갈등으로 2009년 8월 30일 자유선진당을 탈당하여 2010년 4월 1일 국민중심연합을 창당하였다. 그는 2011년 10월 10일 국민중심당을 해체하고 다시 자유선진당과 신설합당하였다(대표 심대평). 하지만 자유선진당은 2012년 제19대 총선에서 대패하였으며, 동년 5월 29일 개최된 전당대회에서 이인제가 중심이 되어 선진통일당으로 개명하였다가 2012년 대선 직전 새누리당에 흡수통합되었다. 정진석은 제17대 총선에서 자민련 후보로 출마하였지만 낙선하였다. 그러나, 2005년 4.30 재보궐선거에서 무소속으로 당선되었다.

한국진보정당의 태동과 성장

오랜 권위주의체제하에서 단절되었던 한국의 진보정당운동의 역사는 민주화 이후 재개되었으며, 2000년에는 민주노동당을 창당하게 되었다. 2004년 대통령 탄핵국면에서 개최된 제17대 총선에서는 진보진영의 숙원과제였던 국회진입이 이루어졌다. 하지만, 2008년 제18대 총선 진전과 2012년 제19대 총선 직후 각각 민주노동당과 그 후신인 통합진보당은 심각한 내분으로 분당을 경험하게 되었다. 지병근(2014)은 민주화 이후 진보정당의 태동과 성장과정을 아래와 같이 정리하였다.

> … (중략) … 한국의 진보정당은 1987년 민주화와 노동자 대투쟁을 계기로 장기간의 노동억압적인 권위주의체제의 제약을 극복하며 급성장하였다. 1987년 대선에서 백기완선거운동본부의 출범, 1992년 대선에서 민중후보 백기완의 완주, 1997년 대선에서 '건설국민승리21'의 권영길 출마 등 선거공간을 이용한 민중운동진영의 독자적인 정치세력화 시도가 지속되었다. 그리고 이러한 노력은 2000년 1월 30일 민주노동당의 창당으로 결실을 맺었다. 민주노동당은 2000년 총선에 참여하여 비록 최소 원내 1석 확보라는 목표를 달성하지는 못하였지만, 민주노총과 전농 등 기층대중조직의 전폭적인 지원을 받으며 진보정당으로서 정립하게 되었으며, 마침내 2004년 총선을 통해 국회진입에 성공하였다.
>
> 그런데, 이 과정에서 주목할 만한 것은 1987년 대선에서 김대중에 대한 소위 '비판적 지지'를 표명했던 민중운동세력의 다수파인 소위 '민족해방파(NL)'의 변신이었다. 이들은 민주노동당의 출범 이후에도 진보정당운동을 외면하다가, 2001년 발표된 소위 '9월 테제'를 기점으로 대규모로 민주노동당에 입당하였으며, 이를 계기로 민주노동당 내부의 정파간 관계가 크게 바뀌었다.* 민족해방파는 2004년 김혜경 대표체제가 출범할 당시 사무총장(김창현)과 최고위원직을 차지하면서 당권파로 부상하였으며, 2006년 당대표 선출과정에서 자주파인 문성현이 결선투표를 통해 평등파인 조승수를 이기고 당선됨으로써 민주노동당의 헤게모니를 장악하게 되었다(조현연 2009, 268).
>
> 이후 민주 노동당 내부에서 당권파의 패권주의적 당운영을 둘러싼 갈등이 심화되다가, 일심회사건 관련자의 제명안이 부결된 것을 계기로 평등파가 탈당하여 제18대 총선 직전 진보신당을 창당하였다(2008.3.16). 하지만, 2012년 대선을 앞두고 진보신당은 민주노동당 및 국민참여당과 통합을 추진하여, 2011년 12월 통합진보당을 창당하였다.** 그러나, 총선 직후 벌어진 당내부정경선을 둘러싼 폭력사태(2012.5.12)와 비례대표로 당선된 이석기, 김재연 의원의 제명안이 부결되자 이들은 다시 통합진보당을 탈당하여 국민참여당 및 '인천연합'과 함께 2012년 10월 21일 진보정의당을 창당하였다.
>
> 이러한 흐름과는 달리 2000년 제16대 총선에서 서울의 모든 지역구에 후보를 출

마시키며 주목을 받았던 청년진보당은 2001년 사회당으로 변신한 이후에도 각종 선거에 참여하며 진보정당운동을 지속해왔다. 비록 별다른 성과를 거두지는 못하였지만, 이들은 '반조선노동당'을 기치로 2004년 제17대 총선에 참여하는 등 진보진영 내부에서는 일종의 금기로 여겨져 왔던 민족해방파의 패권주의와 종북주의 문제를 '노골적으로' 거론하고 민주노동당과의 통합논의과정에서도 이들과의 단절을 제기함으로써 상당한 주목을 받았다. 하지만, 지속된 실패 속에서 2012년 3월 사회당은 해산하고, 소위 '노·심·조'가 탈당한 진보신당과 합당하였으며, 2013년 7월에는 노동당으로 당명을 바꾸어 활동하고 있다.

* 이는 2001년 9월 충북 군자산에서 개최된 민주주의민족통일전국연합(1991~2008)의 '2001 민족민주전선 일꾼전진대회'에서 발표된 소위 '군자산의 약속' 혹은 '3년의 계획, 10년의 전망'으로 불리는 것으로, 3년 내에 '민족민주정당' 건설, 10년 내에 '자주적 민주정부 및 연방통일조국' 건설 등의 정치활동방침을 제시하였다(박종관 2013).

** 이 과정에서 진보신당의 지도부였던 노회찬, 심상정, 조승수는 통합안이 당내에서 부결되자 탈당하여 통합진보당에 합류하였다.

출처: 지병근. 2014d. "한국진보정당의 조직, 이념, 그리고 지지기반."『현대정치연구』7권 1호, 7~53.

제7절 제17대 총선 이후의 보궐선거: 열린우리당의 연패

1. 2004년 6.5 재보궐선거

열린우리당은 제17대 총선에서 국회의석의 과반수를 차지하였지만, 그 이후 개최된 보궐선거에서 한나라당에게 연패하며 정국의 주도권을 점차 상실해갔다. 제17대 총선 직후인 2004년 6월 5일 개최된 보궐선거는 4명의 광역단체장은 물론 19명의 기초단체장, 38명의 시도의원, 53명의 기초의원에 대한 보궐선거였다.[21] 광역단체장 보궐선거결과 박준영(새천년민주당), 허남식(부산, 한나라

21 제2회 지방선거에서 당선된 광역단체장들 가운데에도 임창열, 문희갑, 최기선, 심완구, 유종근 등 5명이 수뢰혐의로 구속되었으나, 그 시기가 대체로 임기말이나 임기가 종료된 이후였으며, 임창열의 경우는 대법원에서 무죄선고를 받기까지 지사직을 사임하지 않아 보궐선거는 이루어지지 않았다.

당), 김태호(경남, 한나라당), 김태환(제주, 한나라당)이 당선되었다. 당시의 광역단체장 보궐선거는 부산시(안상수 사망)를 제외하면 열린우리당 소속 도지사의 자격상실(전남의 박태영, 제주의 우근민)과 한나라당을 탈당하여 열린우리당으로 당적을 변경한 도지사(경남의 김혁규)의 사임에 따라 실시되었다. 선거결과 전남에서는 새천년민주당의 박준영, 그리고 나머지 지역에서는 모두 한나라당 후보들의 승리로 귀결되었다. 집권여당인 열린우리당은 단 한명의 당선자도 배출하지 못함으로써 열린우리당의 정국주도권은 크게 약화되었다.

기초단체장 보궐선거의 경우에도 열린우리당 후보는 3명의 당선에 그친 반면, 한나라당 후보가 13명, 새천년민주당 후보가 1명, 무소속 후보가 2명이 당선되었다. 게다가 보궐선거가 개최된 지역의 기초단체장이 한나라당 소속이었던 곳이 9개 지역, 열린우리당 소속이었던 곳이 2곳, 새천년민주당 소속이었던 곳이 3개 지역, 자민련 소속이었던 곳이 4개 지역, 무소속이었던 곳이 1개 지역 등이었다. 따라서, 각 정당의 소속 기초단체장의 수는 한나라당이 4명 증가한 반면, 열린우리당의 경우 1명 증가하는데 그쳤다. 자민련의 경우 4명이 줄었고, 새천년민주당 역시 2명 감소하였다.

여기서 한 가지 더 주목해야할 사실은 2004년 제17대 총선에 출마하기 위하여 2002년 지방선거를 통해 당선된 지방의원들 가운데 상당수가 임기를 2년 가까이 남겨 둔 채 대거 사직을 하였다는 점이다. 그리고 이들의 사직으로 인해 지방의회의 의정활동에 심각한 공백이 발생하였다는 것이다. 물론, 시도지사나 국회의원들이 대선이나 광역자치단체장선거 출마를 위해 사직하는 것은 결코 낯설지 않은 현상이다. 이미 앞서 살펴본 것처럼, 지난 1997년 제15대 대선출마를 위해 이인제가 경기지사직을 중도에 그만둔 것을 비롯해, 심대평 충남도지사나 김두관 경남도지사가 각각 17대 대선과 18대 대선을 앞두고 도지사직을 사퇴하였다. 1998년 동시지방선거를 앞두고도 한나라당 국회의원이었던 최병렬, 김기재, 손학규가 각각 서울과 부산, 그리고 경기도 등 3개 시도지사선거 출마를 위해 출마한 바 있다. 이러한 현상은 지방선거가 대선이나 총선과 함께 동시선거(concurrent election)로 개최되지 않으며, 특히 대선의 경우 다른 선거와 달리 임기가 4년이 아니라 5년인 공직자를 선출하기 때문에 불가피하다고 볼 수 있다.

2. 2004년 10.30 재보궐선거

2004년 10월 30일에도 5명의 기초단체장, 7명의 광역의원, 35명의 기초의원에 대한 보궐선거가 개최되었다.[22] 이 보궐선거에서도 열린우리당은 1명의 기초단체장(문경현, 강원 철원군수)을 당선시키는데 그쳤으며 전남의 2곳(전남 해남과 강진)에서 새천년민주당 후보들에게 기초단체장을 빼앗겼다. 이에 반해, 한나라당과 새천년민주당이 각각 2인씩 당선자를 배출하였다. 광역의원 선거에서도 열린우리당은 단 한명의 당선자도 배출하지 못한 반면, 한나라당과 새천년민주당이 각각 5인(서울 광진구, 대구 수성구 제2선거구, 경북 울릉군 제1선거구, 제주 제주시 제4선거구, 경남 거창군 제2선거구)과 1인(전남 해남)을 당선시켰으며, 무소속 후보가 1인(강원 철원군 제1선거구) 당선되었다.

3. 2005년 4.30 재보궐선거와 열린우리당 과반 의석 붕괴

2005년 4월 30일 개최된 보궐선거에는 제17대 총선의 당선자들 가운데 자격이 박탈된 6명의 국회의원(경기 2곳, 충남 2곳, 경북 1, 경남 1)과 7명의 기초단체장, 10명의 광역의원, 21명의 기초의원의 선출을 위해서 개최되었다. 그런데 당시의 국회의원 재보궐선거지역의 대부분은 열린우리당 소속 의원들의 당선무효에 따른 것이었으며(이상락, 경기 성남중원; 이철우, 경기 포천·연천; 오시덕, 충남 공주·연기; 복기왕, 충남 아산시; 김맹곤 경남 김해시갑), 1곳(이덕모, 경북 영천시)만이 한나라당 소속의원의 당선무효에 따른 보궐선거였다.

당시의 재보궐선거 또한 한나라당의 압승과 열린우리당의 완패로 종결되었다. 선거 결과 6명의 국회의원재보궐선거 가운데 5개 지역구(경기성남 중원구, 경기포천·연천군, 충남 아산시, 경북 영천시, 경남김해시 갑)에서 한나라당 후보가 당선되고, 나머지 한 지역구에서는 무소속(정진석, 충남공주시·연기군) 후보가 당선되었다. 반면, 열린우리당은 이번 재보궐선거에서도 한 석도 얻지 못하였다. 이

22 당시 기초단체장 보궐선거는 김태호(한나라당, 경남 거창), 이준원(한나라당, 경기 파주), 윤동환(열린우리당, 전남, 강진), 민화식(열린우리당, 전남, 해남), 김호연(한나라당, 강원 철원) 등 7인의 의원직 상실에 기인한 것이었다.

러한 선거결과는 열린우리당의 소속의원 수가 5명이나 감소하였을 뿐만 아니라, 영남은 물론 수도권과 충청권에서 전패하였고 결국 국회내 과반의석이 붕괴되었다는 점에서 열린우리당에게는 매우 충격적인 것이었으며, 재보궐선거 직전인 4월 2일 전국 대의원대회를 통해 당의장으로 선출된 문희상 체제를 심각하게 약화시켰다.

7곳의 기초단체장 보궐선거에서도 선거결과는 크게 다르지 않았다. 열린우리당 후보는 단 한명의 당선자도 배출하지 못하였으며, 한나라당 후보가 5곳, 새천년민주당 후보가 1곳, 무소속 후보가 1곳에서 승리하였다.[23] 국회의원 재보궐선거와 정반대로 기초단체장 재보궐선거가 개최된 지역은 대부분 지난 2002년 제3회 동시지방선거에서 한나라당 소속 기초단체장이 당선된 곳이었다. 한나라당 소속현직 기초단체장의 사직(부산 강서구)이나 퇴직(경기 화성시, 경북 청도군, 경북 경산시, 경북 영천시, 경북 영덕군)으로 보궐선거가 개최된 지역이 5곳이었으며, 당선자의 사망으로 인해 재보궐선거가 개최된 전남 목포시의 전직시장(전태홍)만이 민주당 소속이었다. 선거결과 무소속 후보자가 당선된 경북 청도군수선거를 제외하면, 모두 선임 기초단체장과 동일한 정당 소속의 후보가 당선되었다. 광역의원선거에서도 열린우리당의 후보는 단 한명도 당선되지 못하였으며, 한나라당 소속 후보들이 8명(경기의정부시제2, 경기성남시제5, 인천동구제2, 인천옹진군제1, 대구수성구제4, 경북경산시제1, 경북영덕군제2, 경남하동군제1), 새천년민주당 소속 후보가 1명(전남고흥군 제2선거구), 무소속 후보가 1명(경북영덕군제1) 당선되었다. 동년 10월 26일 개최된 국회의원 재보궐선거에서도 열린우리당은 참패하였다. 당시의 재보궐선거는 박창달(대구 동구을), 박혁규(경기 광주시) 등 한나라당 소속 국회의원 2인과 조승수(울산 북구) 민주노동당 소속 국회의원 1인, 김기석(경기 부천시 원미구갑) 열린우리당 소속 국회의원 1인의 당선무효에 따른 것이었다. 선거결과 4개 모든 지역구에서 한나라당 후보가 승리하였다(김당 2005.10.27).

---

23 재보궐선거에 대한 논의는 위키피디아(키워드 '재보궐 선거')를 참조하였음. 역대 재보궐선거에 대한 논의는 김당(2005.10.27)을 참조할 것.

CHAPTER

03 2006년 제4회 동시지방선거와 지방자치: 지방선거에서 양당체제의 강화

제1절 선거의 배경

1. 4대 개혁입법 실패와 여소야대의 재연

제4회 동시지방선거는 노무현 정부 말기인 2006년 5월 31일 개최되었다. 열린우리당은 노무현 대통령에 대한 탄핵역풍으로 2004년 총선에서 한나라당과 야당의 위세를 꺾고 국회의 과반수 의석을 차지할 수 있었다. 아울러 선거 직후인 5월 14일에는 헌법재판소가 노무현 대통령의 탄핵심판사건을 재판관들의 개별의견은 밝히지 않고 기각함으로써 고건 대통령직무대행체제가 끝나고 노무현 대통령이 직무에 복귀할 수 있게 되었다. 그 후 노무현 정부는 행정관리시스템인 'e-지원'을 출원해 행정자치부에 시범도입하고, 온라인 생중계로 대국민토론회를 진행하는 등 전자민주주의를 실현하기 위한 다양한 시도를 하였다.

열린우리당은 지방선거를 맞이하여 2006년 2월 정동영 당의장체제를 출범시켰다. 하지만, 국회에서의 우위에도 불구하고 집권여당인 열린우리당과 노무현 정부가 추진한 여러 정책들은 별다른 성과를 내지 못한 채 좌초되었으며, 이 과정에서 국민들의 지지는 현격하게 약화되었다. 열린우리당이 2003년 12월 29일 여야합의로 통과시킨 '신행정수도특별법'은 "관습헌법"에 어긋난다는 위헌판결로 인해 큰 타격을 입게 되었으며, 원안을 수정하여 '신행정수도 후속대책을 위한 연기·공주지역 행정중심복합도시 건설을 위한 특별법(행정도시특별법)'을 2005년 3월 2일 통과시키는데 그쳤다. 열린우리당이 민주노동당과 연합하여 추진한 '국가보안법 폐지', '과거사 진상 규명법', '사립학교법', '언론 개혁법' 등 4대 개혁입법 또한 한나라당의 반대로 실패하였다.[1] 2005년 개최된 4.30 보궐선거에서는 열린우리당의 국회과반의석이 무너지고 여소야대 정국이 펼쳐졌다.

2. 대연정안의 실패와 열린우리당의 분열

노무현 대통령은 2005년 7월 28일 지역주의 해소를 명분으로 중선거구제로의 재편을 추진하며, 한나라당에 대하여 '대연정안'을 제안하였다.[2]

노무현의 대연정 및 중대선거구제 제안

노무현 대통령의 대연정 구상은 2005년 4.30 재보궐선거결과 여당이 국회의 과반수 의석을 상실하고, 윤광웅 국방부장관의 해임 건의안이 제출된 이후 구체화되었다고 알려져 있다(대통령 비서실 2007, 103): 당초 노무현의 구상은 민주당을 포괄하는 소연정에 가까웠지만, 이후 지역주의 해소를 위한 "사회적 대타협"을 기대하며 한나라당을 포괄하는 대연정 구상으로 변화하였다고 한다(p.105).[3]
흥미롭게도 노무현(2009, 242~243)은 대연정에 대한 구상이 이미 2003년 제시되었으며, 탄핵사건으로 2004년 총선에서 열린우리당이 거둔 성과가 대연정과 선거구 개편을 오히려 어렵게 만들었다고 회고하였다. 그는 여대야소가 무너지던 시기(2005.4.30)를 바로 대연정 제안의 적기로 여겼던 것으로 보인다.

> … (중략) … 2004년 총선에서는 우리가 패배할 가능성이 훨씬 높다고 생각했습니다. 그런데 어떻게 보면 오히려 더 좋은 기회일 수도 있다는 생각을 했습니다. 여소

1 4대 개혁입법은 2004년 8월 26일 헌법재판소가 국가인권위가 폐지권고한 국가보안법에 대하여 합헌선언을 한 것에 반발하여 열린우리당이 추진한 것이다(박영규 2014).

2 노무현은 이 제안이 '참여정부' 기간 중 가장 큰 실책이었다고 자책한 것으로 알려져 있다(노무현재단 2011.6.22).

3 노무현이 대연정을 제안할 당시 청와대 민정수석이었던 문재인은 2005년 6월 이해찬 총리 주재로 당의장, 원내대표, 정동영, 김근태, 천정배, 정세균 등 장관들 가운데 일부와 대통령

야대 상황에서 실권을 가진 총리와 내각을 야당에게 주고 그 대신 선거구 개편을 제가 받으면 오랫동안 해결하지 못했던 정치의 구조적 문제를 해결할 수 있으므로 훨씬 큰 정치적 진보를 이룰 수 있다고 생각한 것입니다. 또 지역구도를 해소할 수 있는 선거구 제도도 확보하고, 동거정부를 통해 실질적 권력을 넘겨주면 협상을 통해 정치를 해나가는, '대화의 정치'라는 새로운 정치문화도 만들 수 있지 않겠는가 하는 계산까지 했습니다.

그런데 그것이 그대로 안되었습니다. 우선 예기치 못한 탄핵 사건 때문에 빗나가 버렸습니다. 제 생각에는 탄핵 사건이 없었다면 저쪽이 이겼을 것이고 그러면 선거구 제도를 협상하면서 무언가 되지 않았을까 생각합니다. 비례대표도 좋고 중대선거구제도 좋습니다. 어쨌든 지역구도를 해소할 수 있는 선거제 개편이 가능할 것으로 생각했습니다. 그런 내용을 미리 던져준 것이 2003년 첫 국회연설입니다. 그 때 상대방에게 이런 생각을 예고했던 것입니다. 그러나 아무도 진지하게 받아들이지 않았습니다. … (중략) … 그런데 2005년 4월 30일로 여대야소가 뒤집어졌습니다.

… (중략) … 그리고 합당과 연정은 전혀 다른 개념인 데다가 서로 주고받는 것이 있기 때문에 그렇게 일방적으로 손해를 보는 것은 아니라고 생각했는데, 우리 쪽 사람들은 합당과 연정을 구분하지 않고 '당신 혼자 잡은 정권인가? 당신 혼자 넘겨줄 것인가?' 하고 생각했던 것입니다.

출처: 노무현(2009, 성공과 좌절, 243~244)

주요정당들의 지역정당적 성격을 극복하기 위한 선거구제 개혁 논의는 민주화 이후 한국의 선거정치의 주요한 화두였지만 여전히 한국에서 중대선거구제의 도입은 기초의회선거를 제외하면 현실화되고 있지 않다. 지역정당을 탈피한 전국정당화를 위해서 과연 선거구제의 변화가 필수적인 조건인지, 다른 제도적 방안이나 정당의 체질개선으로도 성취될 수 있는 것인지에 대한 논의가 필요하다.

하지만 노무현의 대연정안은 열린우리당 내부의 갈등만을 낳은 채 야당의 거부로 실패하고 말았다.[4] 한나라당의 입장에서는 열린우리당이 급격히 추락하

비서실장과 정책실장 등이 참여하는 '8인 회의'에 대통령이 참석하여 이를 거론하였던 것이 언론에 유출되었으며, 이에 노무현이 자신을 포함한 측근들의 반대에도 불구하고 정면 대응하여 당원들에게 보내는 공개편지 등을 통해 공식적으로 제안하였다고 밝혔다(문재인 2011, 310~311).

4 선거법 개정과정은 크게 대표성의 실현을 위한 의원정수와 선출방식(비례대표제, 단순다수제)만이 아니라 선거구의 크기(소·중·대 선거구)를 조정하는 것을 포함한다. 대통령의 선거구 개편의지에 따라 지속적으로 선거법개정 논란이 일어났지만, 열린우리당이 집권당이 되면서, 소극적으로 변화하였다고 볼 수 있다. 하지만, 2005년 4월 30일 여대야소가 뒤집히면서, 중선거구제 도입에 대한 논란이 재연되었다. 노무현은 "여소야대 상황에서 실권을

는 가운데 정치적 이익이 불확실한 혹은 거의 없다고 볼 수 있는 중선거구제로의 개편과 연정에 따른 정치적 부담을 지기보다는 한나라당의 정치적 자산을 확대하면서 안정적으로 차기 대선에서의 승리를 기약하는 것이 더 합리적이라고 판단했을 것으로 보인다.

박근혜는 2005년 9월 7일 청와대에서 노무현을 만나 대연정에 대한 자신의 입장을 다음과 같이 밝혔다고 한다.

> 권력이란 국민이 부여하는 것입니다. 어느 누구도 권력을 나눈다고 말할 수는 없습니다. 권력을 국민으로부터 부여받은 만큼 아무리 힘들어도 끝까지 책임을 져야 하는 겁니다. 여소야대일 때 힘들다고 하시는데, 총선 이후에는 여대야소였지 않습니까. 대통령께서 경제에 전념하셔서 선거로 국민의 표심을 얻어야 합니다. 민심, 국민의 뜻이 중요하다는 점을 아셨으면 좋겠습니다. … (중략) … 지금 이 자리에서 분명히 대연정에 대한 입장을 말씀드리겠습니다. 말씀을 거두어 주십시오. 그리고 더 이상 대연정을 말씀하시지 않기 바랍니다.
>
> 출처: 박근혜(2007, 257~258: 청와대회담, 2005.9.7)

그 뿐만이 아니라, 열린우리당 내부의 지도체제 또한 안정화되지 못한 채 장기간 표류하였다. 열린우리당은 2003년 말 창당이후 초대 정동영 당의장(2004.1.11~2005.5.17)을 비롯하여 신기남(2004.5.17~2004.8.19), 이부영(2004.8.20~2005.1.3), 2005년에는 임채정(2005.1.5~4.2, 임시의장), 문희상(2005.4.2~10.28), 정세균(2005.11.~2006.1.3), 유재건(2006.1.6~2.18, 임시의장), 정동영(2006.2.18~) 등 다수의 당의장들이 개혁입법의 불발, 보궐선거의 패배에 대한 책임 혹은 입각(2004년 총선 이후 정동영) 등을 이유로 지속적으로 교체되면서 안정적인 정치적 리더십을 창출하는데 실패하였다.[5] 특히 국가보안법 폐지를 포함한 4대쟁점법안의 처리를 둘러

가진 총리와 내각을 야당에게 주고 그 대신 선거구 개편을 제가 받으면 오랫동안 해결하지 못했던 정치의 구조적 문제를 해결할 수 있으므로 훨씬 큰 정치적 진보를 이룰 수 있다고 생각"하였다고 밝혔다(노무현 2009, 243).

5 열린우리당 의장들을 단명이 이어지면서 당의장직이 마치 "독배"와 같다고 묘사되기도 하였다. 신기남은 선친의 일제하 헌병복무사실이 밝혀지면서 당의장직을 사퇴했다(연합뉴스 2004.8.19). 이부영은 4대개혁입법의 처리가 2004년 연말에 이루어지지 않은데 책임을 지고 사퇴하였다(이명건 2009.10.3). 임채정은 이부영체제의 사퇴 이후 전당대회까지 임시당의장을 맡았다(이지은·황준범 2005.1.5). 문희상은 2005년 10월 26일 보궐선거의 완패를 통감하고 사퇴하였다(송홍근 2005). 정동영과 정세균은 각각 통일부 장관(2004.7.1~

싸고 당내 이념갈등이 발생하는 등 열린우리당이 분열된 모습을 보이게 되었다. 예를 들면, 소위 '천·신·정'에 비판적이었던 이부영은 개혁법안의 처리에 실패한 책임을 지고 의장직을 사퇴하며 당내 강경세력을 겨냥하여 "필요하다면 여야 안에서 과격노선과 과감한 투쟁을 벌이는 것도 불사해야 한다고 생각한다"는 의견을 피력하기도 하였다(박득진 2005).[6] 반면, 한나라당은 5.30 지방선거를 개최할 때까지 박근혜 대표체제를 안정적으로 유지하며 2006년 1월 사립학교법 무효투쟁을 장외에서 벌이는 등 열린우리당에 대한 공세를 지속적으로 펼치며 정국의 주도권을 놓치지 않았다. 아울러 동년 4월에는 자민련을 흡수통합 하는데 성공하였다.

제4회 동시지방선거는 유권자들에게 노무현 정부와 열린우리당의 무기력을 심판할 수 있는 기회가 되었다. 5.31 지방선거 결과 집권당인 열린우리당은 참패하였으며, 이를 계기로 해체의 수순을 밟아나갔다. 열린우리당은 광역단체장선거 가운데 광주광역시장선거와 전남도지사선거에서도 민주당에게 패배하였으며, 전북도지사선거를 제외한 전국의 모든 광역단체장선거에서 패배하였다. 이는 불과 2년 전인 2004년 제17대 총선에서 열린우리당이 거둔 성과를 고려할 때 결코 상상할 수 없었던 완패였다. 반면, 한나라당은 호남의 3개 광역자치단체장선거(민주당 후보 당선)와, 제주도지사선거(무소속 후보 당선)를 제외한 12개 광역단체장 선거에서 모두 승리함으로써 정국의 주도권을 완전히 획득하게 되었다.

2006.2.9)과 산업자원부 장관(2006.2.10.~2007.1.3) 등 입각을 이유로 당의장직을 사퇴하였다(이종호. 2006.1.3). 유재건은 2006년 2.18 전당대회까지 임시의장직을 맡았다(민중의 소리 2006.1.6).

6 2000년 이후 2014년까지 여야 당대표는 무려 63회 교체가 이루어졌다. 이에 대한 논의는 강태화(2014.11.29)를 참조할 것.

제 2 절 후보공천

제4회 지방선거에서는 지난 제3회 지방선거에서 추가된 광역의회비례대표선거에 이어 기초의회비례대표선거와 교육감선거 및 교육의원선거가 추가되어 총8개의 선거가 동시에 치러졌다(교육의원 선거는 2014년 제6회 동시지방선거부터 제주특별자치도에서만 실시). 아울러 처음으로 기초의회선거에 중선거구제가 도입되었다. 이번 지방선거는 지난 2002년 제3회 지방선거와 마찬가지로 현직 대통령의 집권 말기에 개최되었으며, 탄핵역풍 속에서 한나라당과 민주당을 누르고 제17대 총선에서 과반수 의석을 차지할 수 있었음에도 불구하고 열린우리당이 내부의 분열과 '참여정부'의 실정으로 국민들의 신뢰를 얻지 못한 상태에서 개최되었다. 박근혜를 중심으로 한나라당이 강력하게 저항하는 가운데 '참여정부'와 열린우리당이 추진했던 주요 개혁정책들은 별다른 성과를 거두지 못하였으며, 정국의 주도권은 오히려 한나라당에게 주어졌다.

정당개혁과 공천논쟁: 개방화론 vs. 당원중심론

한국에서 공천방식은 정당개혁에 관한 논쟁의 일부였음에 틀림없다. 정당의 자생력, 정당발전지향, 발전동력에 대한 평가에 따라 공천방식, 특히 선출권의 개방, 중앙당－지구당 사이의 공천주도권, 기초의회의 정당공천방식에 대한 태도가 상이하다. 이에 대한 지병근(2010a)의 주장을 살펴보면 아래와 같다.

> … (중략) … 아래의 <표 1>은 비록 거칠지만 이들의 주장을 개방화론과 당원중심론으로 나누어 요약한 것이다. 개방화론자들은 암묵적 또는 명시적으로 기존의 정당들, 특히 한나라당과 민주당으로 대별되는 지역정당들이 자력에 의한 정당개혁을 이루기는 힘들다고 보는 반면, 당원중심론자들은 여러 가지 한계에도 불구하고 정당 스스로 자생력을 키우기 위한 노력을 기울여야한다고 본다.

후보공천 논쟁

	개방화론	당원중심론
진단	정당자생력 부재	정당자생력 부족
지향	정당개혁	정당강화
발전 동력	외부 동력	내부동력
	탈정당(시민단체와 선거연합)	정당중심
공천방식	개방화(일부의 전략공천)	분권화(상향식 공천)
	중앙당 주도	지역당조직 주도
	국민경선	당원경선
	국민공천배심원제	
	기초단체 정당공천 반대	기초단체 정당공천 허용

공직후보자선출방식과 관련하여 개방화론을 옹호하는 이들은 정당 외부로부터 정당개혁의 동력을 찾고, 이를 위해 후보자 또는 선출권자의 개방화가 중요하다고 본다. 이들은 진성당원이 절대적으로 부족한 현실에서 형식적인 당원중심의 상향식 공천방식은 단기적으로 고비용 선거와 부패하고 무능한 후보자를 양산할 뿐만 아니라, 장기적으로 정당의 체질 개선을 이루기 어렵기 때문에, 공천과정에서 시민에 대한 개방성의 수준을 높이는 것이 중요하다고 주장한다. 이들의 입장에서는 외부 자원을 동원하기 위해서 지방당조직의 영향력을 압도하는 중앙당 중심의 공천이 이루어져야하며, 전략공천에 대해서도 그다지 부정적이지 않다. 이번 6.2 지방선거에서 한나라당과 민주당이 도입을 고려하거나 시행했던 국민참여경선제도나 국민/시민배심원제도는 개방화론자들이 선호하는 공천방식이라고 할 수 있다.

이에 반하여, 당원중심론자들의 경우는 비록 한계가 있지만 정당의 자생성에 대한 어느 정도의 신뢰를 바탕으로 상향식 공천과 같이 당원의 권리를 강화하는 민주화를 실현시켜야한다고 믿는다. 대의원 또는 당원경선에 의한 공직후보자선출 방식이 이에 해당한다. 정당 내부의 분권화와 관련해서도 당원중심론의 경우 공천은 지역당조직을 중심으로 공직후보자 경선이 이루어져야한다고 본다. 이들은 비록 지역주의에 의존해온 지역정당들의 문제점을 부정하지 않으며, 비록 규범적 또는 현실적 차원에서 만족스럽지는 않더라도 후보공천이 조직화된 당원 중심으로 이루어져야한다고 본다.

출처: 지병근. 2010a. "후보선출권자(selectorate)의 개방과 분권화가 대안인가?." 『현대정치연구』 3권 2호, 217~249. 원문의 각주는 생략.

1. 전국 16개 광역자치단체장 선거에 열린우리당과 한나라당 후보 공천

제4회 지방선거에는 총 66명이 광역단체장후보로 중앙선관위에 등록하였다. 집권여당인 열린우리당은 16개 전 광역시도에 광역단체장 후보를 공천하였다. 열린우리당은 광주광역시(조영택/), 전남(서범석/), 전북(김완주) 등 호남지역은 물론 서울(강금실/), 경기(진대제/), 인천(최기선/, 옥중출마), 강원도(이창복/), 부산(오거돈/), 경남(김두관/), 제주(진철훈/) 등 10곳과 지난 지방선거에서는 후보를 공천하지 않았던 충북(한범덕/), 충남(오영교/), 대전(염홍철) 등 충청지역 3곳과 대구(이재용/), 경북(박명재/), 울산(심규명/) 등 영남지역 3곳에서도 후보를 공천하였다.[7]

한나라당 또한 전국 16개 광역자치단체장선거에 후보를 공천하였다. 서울시장선거에는 오세훈, 경기도에는 김문수가 한나라당 후보로 출마하였다. 영남지역은 물론 인천시와 강원도에는 한나라당 후보로 현역단체장인 허남식과 김진선이 각각 재선과 삼선을 노리며 각각 출마하였으며, 제주도에는 현역단체장이 아닌 현명관이 출마하였다. 그 밖에 당선가능성이 지극히 희박했던 호남 3곳에서도 각각 이환의(광주광역시), 라경균(전북), 황수연(전남)이 출마하였다.

2. 민주당 7개, 국민중심당 7개, 민주노동당 13개 광역단체장 선거에 후보공천

민주당은 광주광역시(조영택/), 전남(서범석/), 전북(김완주) 등 호남 3곳과 서울(박주선/), 경기(박정일/), 인천(신경철/) 등 수도권과 대전(최기복/)에, 자민련

---

7 당초 제주도지사 김태환은 현명관의 전략공천에 반발하여 2006년 2월 한나라당을 탈당하였으며, 동년 5월 4일 열린우리당 입당을 선언하였다(김희원 2006a). 하지만 열린우리당은 예비후보 진철환이 단식투쟁을 벌이는 등 소란이 일자 5월 6일 김태환의 입당수용을 번복하였다(김희원 2006b). 김태환(117,244, 42.73%)은 결국 무소속으로 출마하여 약 1.63%의 차이로 현명관(112,774, 41.10%)을 누르고 당선되었다. 그는 1998년 국민회의 소속으로 제주시장에 당선되었으며, 우근민 제주도지사가 선거법 위반으로 지사직을 상실한 이후 시행된 2004년 6.5지방선거 직전 한나라당에 입당하여 공천을 받아 당선된 바 있다. 그는 제5회 동시지방선거에는 불출마하기로 미리 공표하였으며, 2013년 새누리당에 복당하였다.

을 승계하여 충청권을 주요 지지기반으로 삼고 있던 국민중심당은 대전(남충희/), 충남(이명수/), 충북(조병세/) 등 충청지역 3곳과 서울(임웅균/), 대구(박승국/), 강원도(유승규/), 경남(김재주/) 등 4곳에 후보를 공천하였다. 그 외에도 민주노동당은 강원도와 경북을 제외한 13개 지역, 시민당과 한미준이 각각 1개 지역(서울)과 2개 지역(서울, 대전)에 후보를 공천하였다. 무소속 후보가 광역단체장선거에 출마한 곳은 서울, 대구, 제주 등 3개 지역(3명)이었다.

3. 현역광역단체장의 재출마, 경선을 통한 공천, 지역편향성

당시의 광역단체장선거의 공천과정에서 주목할 만한 점은, 첫째, 심대평(충남), 이의근(경북) 등 2명의 현역단체장이 3선의 임기제한으로 인해 출마하지 않았음에도 불구하고 현역단체장의 출마비율이 감소하지 않았다는 것이다. 대선출마를 위해 재선을 포기한 서울시장 이명박과 경기도지사 손학규, 그리고 일찍부터 불출마 의사를 밝힌 충북지사 이원종과 대구시장 조해녕만이 재선 혹은 삼선을 포기하였다. 현역시도지사들 가운데 한나라당 소속인 인천의 안상수, 부산의 허남식, 울산의 박맹우, 경남의 김태호 등 4명과 민주당 소속인 광주광역시의 박광태, 전남의 박준영 등 2명, 열린우리당 소속인 대전의 염홍철, 그리고 무소속인 제주도의 김태환 1인 등 총 8명이 재출마하였다. 본인의 출마의사에도 불구하고 공천을 받지 못한 현역시도지사는 열린우리당 소속인 전북도지사 강현욱뿐이었다.

둘째, 한나라당이 열린우리당보다 더 많은 수의 광역단체장 후보들을 경선을 통해 공천하였다. 한나라당은 15명의 광역단체장 후보를 공천하면서 8명을 경선을 통해 선출한 반면, 열린우리당은 16명의 후보를 공천하면서 불과 3명만을 경선을 통해 공천하였다. 다만, 기초단체장 후보의 경우 한나라당(25.1%)보다 열린우리당(29.9%)이 약간 더 많은 비율로 경선을 통해 후보를 공천하였다(지병근 2011, 315).[8]

---

8 후보공천과정에서는 최락도 전의원이 전북 김제시장 공천을 위해 4억원이 든 사과상자를 민주당 사무총장에게 전달한 사건 등 다양한 잡음이 불거져 나왔다.

정당공천의 민주화: 개방과 분권화

정당의 공천 민주화를 둘러싼 논쟁에서 기존의 연구들은 후보선출권의 개방과 분권화에 주목해왔다. 하지만, 민주주의의 핵심적 요소가 참여와 경쟁이라는 점에서 정당공천의 민주화 또한 이들을 중심으로 평가하는 것이 바람직하다고 할 수 있다. 이에 대한 논의를 좀 더 살펴보면 아래와 같다.

… (중략) … 기존의 연구들은 공천민주주의를 구성하는 핵심적인 요소들에 대한 충분한 논의와 합의를 이루어내지 못하고 있다. 상당수의 연구들은 후보선출권한의 포괄성의 확대, 즉 참여수준의 확대를 의미하는 개방화를 공천민주화와 동일시하고 있다(Hopkin 2001; Hazan 2006). 하지만, 필드 외(2008, 625)가 잘 요약하고 있듯이, 참여의 확대, 즉 선출권자에 대한 포괄성은 "정보가 부족하고 원자화된 선출권자"를 조작함으로써 정당지도부에게 도전할 수 있는 "활동가"들을 억압하기 위하여 활용되어 왔다; 아울러 분권화 또한 "국가 수준에서의 과두제"를 대신하여, "지역수준의 과두제"를 낳을 수 있[기 때문이]다.

일반적인 상식과 달리 개방화와 분권화가 이처럼 공천민주주의와 대치될 수 있다는 점은 정당 개혁 또는 민주화를 내세워 한국 정당들이 변형시켜온 공천방식의 한계를 이해하는데 매우 중요하다. 예를 들어, 한국에서는 전국적 정당조직에서의 발생하는 과두제보다 토후세력과 유착한 지방정당조직의 과두제가 더 심각하게 정당정치의 후퇴를 유발할 수 있다. 아울러, 지역의 정당엘리트들이 쉽게 (종이)당원을 동원할 수 있는 조건에서 일반 당원에 의존한 공직후보선출방식이 과두제적이며 국지적 지역정치를 재생산할 수 있으며, 비당원에 대한 개방화 역시 정당민주주의의 근간을 해칠 수 있다. 따라서 단순히 기계적으로 분권화와 일반당원 또는 비당원의 참여를 개방하는 것이 민주적 공천제도 수립을 위한 기본 방향이라는 통상적인 주장은 허구일 수 있다.

이와 더불어, 한 가지 더 주목해야할 것은 정치체제수준에서의 민주주의에 관한 논의와 달리, 대부분의 정당연구자들은 공천민주주의의 핵심적 구성요소로서 경쟁성을 그다지 고려하지 않았다는 점이다. 달(Dahl 1971)을 비롯한 여러 민주주의연구자들은 정치세력 사이의 자유롭고 공정한 경쟁을 참여와 함께 민주주의적 정치체제의 핵심적 조건으로 규정하고 있다. 후보공천의 민주주의 역시 당원들의 참여와 함께 후보자들 사이의 자유롭고 공정한 경쟁을 요구한다. 공천과정 및 결과를 경쟁 차원에서 평가하는 것은 비록 일반당원들에게 포괄적인 선출권이 부여되었다고 해도 매우 제한된 수의 후보자들만이 경선에 참여하는 비경쟁적 후보선출과정을 구별해내는데 중요하다. 예를 들어, 지난 6.2 지방선거에서 진보신당과 민주노동당 후보자들의 당내후보경선은 대체로 민주적이라고 보기에는 미흡한 단일후보에 대한 찬반 투표로 진행된 비경쟁적 성격을 갖는다.

공천과정의 민주주의와 민주화에 관한 선행연구들이 경쟁성 차원을 그다지 고려하지 않은 것은 아마도, 후보자선출권자의 포괄성과 분권화를 중심으로 공천과정에 행사되는 개인으로서의 당원과 지역당조직의 권한을 중요시해온 전통적 시각 때문일 수 있다. 하지만 공천민주주의는 후보선출권자의 범위(포괄성)와 역할(분권화)에 관한 법적 제도적 권한에 국한시키기보다는 당원의 참여(participation)와 후보자들 사이의 경쟁(contestation) 등 두 가지 차원에서 포괄적인 개념화가 필요하다고 볼 수 있다.

출처: 지병근. 2010a. “후보선출권자(selectorate)의 개방과 분권화가 대안인가?.” 『현대정치연구』 3권 2호, 217~249. 원문의 각주는 생략.

셋째, 과거에 비해서 주요정당들의 광역단체장후보공천과정에서 나타나던 지역편중성은 어느 정도 약화되었다. 열린우리당과 새누리당, 그리고 민주노동당이 전국적으로 고르게 후보를 공천하였다. 넷째, 민주노동당은 지난 제3회 지방선거에 비해서 거의 두배에 가까운 지역에 광역단체장후보를 공천하였다. 이는 지난 2004년 총선을 계기로 제3당으로 성장한 민주노동당의 위상과 기세를 보여주는 것이라고 할 수 있다. 다만, 민주당과 국민중심당은 호남과 충청지역에 편중된 공천을 하였다.

4. 기초단체장 후보공천

광역단체장선거에 비해서 총 230명을 선출하는 기초단체장선거의 경우 주요 정당들의 후보공천에서 나타난 지역편향성은 좀 더 강하였다.[9] 열린우리당은 72명을 선출하는 영남지역에서 41명만을 후보로 공천한 반면, 41명을 선출하는 호남에서는 35명을 공천하였다. 이와는 대조적으로 한나라당은 영남의 모든 선거구에 72명을 공천한 반면, 호남에서는 불과 8명만을 공천하였다. 민주당

9 총 839명이 후보로 출마한 이번 기초단체장 선거에는 한나라당이 가장 많은 197명, 열린우리당이 185명, 민주당이 90명, 민주노동당이 55명, 국민중심당이 37명, 시민당과 한미준이 각각 1명과 4명을 기초단체장 후보로 공천하였으며 무소속 후보는 270명에 달하였다.

의 경우에는 호남의 42개 선거구 가운데 1곳만을 제외한 모든 지역의 기초단체장선거에 후보를 공천하였지만, 영남지역에 공천한 기초단체장후보는 부산 2명, 경남 1명뿐이었다. 마찬가지로 국민중심당은 33명을 선출하는 충청권에 25명을 공천하였다. 충북을 제외하면 대전과 충남의 모든 기초단체장선거에 후보를 공천한 것이다. 하지만, 호남에는 국민중심당이 공천한 후보가 단 한명도 없었으며, 영남에서도 1명뿐이었다.

5. 광역의회선거 후보공천

총 655명을 선출하는 광역의회선거에는 2,062명이 출마하였으며, 한나라당이 565명, 열린우리당이 520명, 민주당이 235명, 민주노동당이 97명, 국민중심당이 69명, 사회당이 4명, 무소속이 572명이 각 정당의 공천을 받아 출마하였다. 열린우리당은 499명을 선출하는 영남지역에 70명만을 후보로 공천한 반면, 299명을 선출하는 호남에는 87명을 공천하였다. 그런데 한나라당의 경우 영남에 181명을 공천한 반면, 호남에서는 불과 7명만을 공천하였다. 민주당의 경우에는 호남에 94명의 후보를 공천하였지만, 영남지역에는 단 한명도 공천하지 않았다. 국민중심당은 272명을 선출하는 충청권에 55명을 공천하지만, 영남은 물론 호남에 단 한명의 후보도 공천하지 않았다.

6. 중선거구제를 도입한 기초의회선거 후보공천

당시에 처음으로 중선거구제가 도입된 기초의회선거(1,028개 선거구, 2,513명 선출)에는 무려 7,968명이 출마하였다. 기초의회선거에는 한나라당은 1,943명, 열린우리당은 1,303명, 민주당은 747명, 민주노동당은 465명, 국민중심당은 266명을 공천하였다. 군소정당 후보로는 시민당이 3명, 한미준이 6명, 희망사회당이 4명을 공천하였고, 무소속 후보자는 3,231명에 달하였다. 776명을 선출하는 영남지역의 기초의회선거에는 열린우리당이 240명만을 후보로 공천한 반면, 443명을 선출하는 호남에는 337명이나 공천하였다. 한나라당은 영남에 무려 760명이나 공천한 반면, 호남에는 불과 8명만을 공천하였다. 민주당의 경우에는 호남에만 422명의 후보를 공천하였지만, 영남지역에는 부산과 경남에 각 한명씩만 공천하였다. 국민중심당은 321명을 선출하는 충청권에 200명을 공천하지만, 영남에는 단 한명의 후보도 공천하지 않았으며, 호남의 경우에도 전남에 1명의 후보만 공천하는데 그쳤다.

제3절 선거제도

1. 투표연령 하향조정과 외국인에 대한 투표권 확대

제4회 동시지방선거는 2005년 8월 4일 기존의 '공직선거 및 선거부정방지법'을 개정한 '공직선거법'에 따라 개최되었다. 당시의 개정사항으로 주목할 만한 것으로는 만19세로 투표연령 하향조정과 외국인에 대한 투표권 확대, 기초의회의원선거의 정당공천허용과 중선거구제(2~4인) 및 비례대표제의 도입, 지방의원 유급화 등이다(류이근 2006.4.26).[10] 당시의 공직선거법 제정으로 19세 이상의 국민들(61만 6,844명)과 영주권을 취득한지 3년이 지난 외국인(6,726명) 등 약 62만여 명이 처음으로 지방선거에서 선거권을 행사할 수 있게 되었다(중앙선거관리위원회 2013, 687).[11] 그 외에도 공직선거법은 중앙당과 시도당의 후원회는 폐지하되, 시도지사후보자에게는 후원회를 둘 수 있도록 허용하고(p.960), 국고보조금을 지급받는 정당의 공직후보경선을 선거관리위원회에 위탁할 수 있는 제도를 신설하였다.[12] 아울러, 2006년 2월 '제주특별자치도'가 설치됨에 따라 이

10 기초의회선거에 중선거구제를 도입하기로 결정하는 과정에 대한 설명은 강민제·윤성이(2007, 11~17)를 참조할 것.

11 헌법상 대선과 총선에서는 외국인들이 투표권을 행사할 수 없지만, 지방선거에서는 처음으로 투표권을 행사할 수 있게 되었다. 이로 인해 투표권을 행사하게 되는 외국인들의 대부분은 대만국적의 화교들이다(한겨레21, 2006.5.2 제607호).

12 이번 지방선거에서도 117건의 신청을 받아 위탁경선이 추진되었지만, 당원경선을 이유로 7건만 선관위가 관리하였다(중앙선거관리위원회 2013, 690); 이와 함께 대통령선거경선후보자도 후원회를 둘 수 있도록 하였으며, 2008년 2월 28일 정치자금법 개정을 통해 대통령후보자 및 예비후보자, 2010년 1월 25일 재개정하여 기초단체장선거 및 교육감선거의 후보자로 그 적용범위를 확대하였다(p.960).

지역의 기초의회선거는 사라지게 되었다.

2. 기초의회의원선거의 정당공천허용, 중선거구제, 및 비례대표제 도입, 예비후보자제도 적용

당시의 지방선거에는 2004년 총선에 처음 도입된 예비후보자제도가 시행되었으며, 선거방송토론위원회 주관 대담·토론회가 비례대표 광역의회선거와 기초단체장 선거에 확대 적용되었다.[13] 아울러, 광역의회선거뿐만 아니라 기초의회선거에도 비례대표제(비례대표의석은 지역구의 기초의원정수의 10%)를 확대적용하고, 정당명부의 50%를 여성에게 할당하도록 의무화하여 여성의 정치적 대표성을 강화하도록 하였다.[14] 그 외에도 지방의원을 유급화함으로써 지방정치에 대한 물질적 보상을 제공함으로써 지방정치를 활성화하고, 기초의회의원 후보에 대한 정당공천을 허용하여 정당정치를 발전시킬 수 있는 제도적 기반을 마련하였다(이상묵 2006).[15]

---

13 예비후보자의 선거사무원수를 구체적으로 차등화하여 대통령선거에 10인, 광역단체장선거에 5인, 지역구국회의원 및 기초단체장선거에 3인, 광역 및 기초의회 지역구의원선거 2인을 둘 수 있도록 하였으며, 예비후보자와 함께 배우자 혹은 직계존비속 중 신고한 1인이 명함배부를 포함한 선거운동을 할 수 있도록 하였다(제4회 동시지방선거총람, 52). 예비후보자 등록 시기는 광역단체장 선거의 경우 선거일 120일전 규정을 유지하되, 기초단체장 및 지방의회의원의 경우 선거일 60일전으로 단축하였다(p.54). 여론조사결과공표금지는 선거기간 개시일부터 선거일 6일전으로 완화하였다(p.53). 11인 이내의 기초의회의원선거구 획정위원회를 설치하였다(p.55).

14 광역의회선거에서 여성후보를 30% 이상 추천한 정당에 대한 여성추천보조금을 지급하는 것에 그치지 않고, 5% 이상 추천한 정당에 대해서도 추천비율에 따라 보조금을 지급하고 이들의 선거경비로만 지출하도록 하였다(제4회 동시지방선거총람, 57; 김혜영·전기택 2006).

15 하지만 이러한 선거법 개정에도 불구하고, 여전히 비례대표와 여성의원의 비율은 매우 낮은 수준에 머무르고 있는 것이 사실이며, 중선거구제의 도입에도 불구하고 지방의회는 지역정당에 의해 지배되고 있으며, 지방의원들의 유급화가 효율적인 의정활동을 촉진하였다고 단언하기 힘들다. 기초의회의 정당공천 또한 소위 '젊고 능력있는' 정치인 양성을 더욱 어렵게 하였다는 비판을 피하기 어렵다. 지방의원의 의정비 지급기준에 대해서는 한국지방행정연구원(2012)을 참조할 것. 기초의회선거의 정당공천허용에 관한 논의는 주용학(2002), 박재욱(2006), 육동일(2006), 가상준(2009) 등을 참조할 것.

제4절 선거과정

1. 열린우리당의 '지방정부 심판론' vs. 한나라당의 '노무현정부 심판론'

2006년 5.31 지방선거과정에서 한나라당은 현정부에 대한 심판론을 제기한 반면, 열린우리당은 부패한 지방권력에 대한 심판론을 제기하였다(강준만 2006; 정원칠·정한울 2007; 김석우·임성학·전용주 2008). 이들은 한나라당의 입장에서는 지지율이 극도로 악화된 노무현정부에 대한 심판론, 열린우리당의 입장에서는 지난 2002년 제3회 동시지방선거를 통해 11개 광역자치단체장을 차지한 한나라당에 대한 심판론이 각각 유리하다고 판단하였기 때문에 각각 제기된 것이었다. 당시의 지방선거에서는 문재인이 민정수석을 사임한 이후 부산의 지방선거를 돕기 위해 부산시당 기자간담회에서 노무현정부가 "부산정권"이라는 발언을 한 것이 구설수로 떠오르기도 하였다.[16]

2. 박근혜에 대한 커터 칼 테러

제4회 지방선거에서 가장 주목을 받은 것은 박근혜 한나라당 대표가 5월 20일 저녁 서울의 신촌에서 오세훈 서울시장후보를 지원하다가 지충호에 의해 '커터 칼 테러'를 당한 사건이었다. 그녀는 얼굴에 11센티미터 가량의 상처를 입었으며 4주간의 치료를 받아야했다. 이 사건은 그녀와 한나라당에 대한 동정여론을 조성함으로써 선거결과에 지대한 영향을 미친 것으로 알려져 있다.

당초 열린우리당이 우세하다고 판단한 지역은 '신행정수도' 건설추진을 명분으로 2005년 3월 한나라당을 탈당한 후 동년 4월에 입당한 염홍철이 출마한 대전과 김완주가 출마한 전북 두 곳 뿐이었다. 하지만 박근혜에 대한 테러는 대전에서의 승리 가능성마저 사라지게 만들었다. 치료를 받은 직후 병원에서 박

16 이는 그가 2012년 제18대 대선에 출마한 이후에도 지속적으로 문제가 되었다. 문재인이 자서전에서 밝힌 당시의 상황에 대해서는 부록 E를 참조할 것.

근혜의 일성이 "대전은요?"라는 보도는 직전까지 염홍철에게 간발의 차로 뒤지고 있던 박성효의 당선을 견인하는 결정적인 역할을 하였다고 알려져 있다.[17]

3. '매니페스토(Manifesto)' 운동

그 이외에도 당시의 지방선거에서 주목할 만한 것은 처음으로 정책선거를 실현하기 위하여 후보자들이 공약과 함께 실행방안 및 일정과 예산확보방안을 제시하도록 권장하는 '매니페스토(Manifesto)' 운동이 중앙선거관리위원회의 지원 속에서 전국적으로 진행되었다는 점이다. 2006년 2월 서울에서 10여개 시민단체가 참여하는 '5.31 스마트 매니페스토정책 추진본부'가 출범하고 3월 16일에는 열린우리당은 물론 한나라당, 민주노동당, 민주당, 국민중심당 등 거의 모든 주요정당들이 참여하는 협약식이 개최되었다. 아울러 매니페스토정책 추진본부는 매니페스토 실천가이드북 발간, 매니페스토 아카데미 운영, SMART 지표개발 등의 사업을 진행함으로써 상당한 반향을 일으켰다(김영래 2007, 295).

제5절 선거결과

1. 열린우리당의 참패와 한나라당의 압승, 그리고 민주당의 부활

제4회 지방선거의 투표율은 전국적으로 51.6%였다(부록 12 참조). 2002년 제3회 전국동시지방선거에서의 새천년민주당처럼 열린우리당은 이 선거에서 참패하고 말았다. 광역자치단체장 선거의 경우 열린우리당은 전북에서만 후보를 당선시키는데 성공하였으며, 전남과 광주광역시에서는 민주당에게 패배하였다. 이와는 대조적으로 한나라당은 호남과 제주를 제외하고 영남은 물론, 수도권,

---

17 서울시장선거에서는 일찌감치 오세훈 후보가 강금실 후보를 따돌렸다. 부산시장선거에서는 문재인이 "참여정부는 경상도 정권"이라며 지역감정을 자극하면서까지 오거돈 후보를 지원하였지만 역부족이었다. 한나라당과 민주당 후보들에 대한 "표쏠림 현상"에 대한 패널조사결과에 대해서는 정원칠·정한울(2007) 참조할 것.

충청, 강원 등 모든 지역의 광역단체장선거에서 후보자를 당선시켰다. 열린우리당의 공천을 받지 못해 이번 지방선거에 출마하지 못한 전북도지사 강현욱을 제외하면, 현역시도지사들 가운데 재선을 시도한 8명(한나라당: 인천 안상수, 부산 허남식, 울산 박맹우, 경남 김태호 등 4인; 민주당: 광주광역시 박광태, 전남 박준영 등 2명; 열린우리당: 대전 염홍철; 무소속: 제주도 김태환) 가운데 재선에 실패한 이는

〈표 2-3-1〉 제4회 광역자치단체장선거(2006) 정당별 당선자 분포

지역	제1회 (1995.6.27)	제2회 (1998.6.4)	제3회 (2002.6.13)	제4회 (2006.5.31)
서울특별시	● 조순	● 고건	○ 이명박	○ 오세훈
부산광역시	○ 문정수	○ 안상영	○ 안상영/○ 허남식	○ 허남식
대구광역시	√/○ 문희갑	○ 문희갑	○ 조해녕	○ 김범일
인천광역시	○/◇ 최기선	◇/√ 최기선	○ 안상수	○ 안상수
광주광역시	● 송언종	● 고재유	● 박광태	△ 박광태
대전광역시	◇ 홍선기	◇ 홍선기	○/● 염홍철	○ 박성효
울산광역시		○/● 심완구	○ 박맹우	○ 박맹우
경기도	○ 이인제	● 임창열	○ 손학규	○ 김문수
강원도	◇ 최각규	○ 김진선	○ 김진선	○ 김진선
충청북도	◇/○ 주병덕	◇/○ 이원종	○ 이원종	○ 정우택
충청남도	◇ 심대평	◇ 심대평	◇ 심대평	○ 이완구
전라북도	● 유종근	● 유종근	● 강현욱	● 김완주
전라남도	● 허경만	● 허경만	● 박태영/△ 박준영	△ 박준영
경상북도	○ 이의근	○ 이의근	○ 이의근	○ 김관용
경상남도	○ 김혁규	○ 김혁규	○ 김혁규/○ 김태호	○ 김태호
제주특별자치도	√/● 신구범	● 우근민	● 우근민/○ 김태환	√ 김태환

○ 새누리당계, ● 민주당계, △ 새천년민주당, ◇ 자민련계, √ 무소속; / 당적변경이나 재보궐선거
출처: 중앙선거관리위원회, 역대선거정보

대전의 염홍철 단 한명뿐이었다.[18] 한나라당의 공천을 받지 못해 무소속으로 출마한 김태환도 재선에 성공하였다.

2. 기초자치단체장 선거결과

기초자치단체장 선거결과 또한 크게 다르지 않았다. 열린우리당은 230개 기초단체장선거 가운데 불과 8.3%에 불과한 19개 기초단체장선거에서만 당선자

〈표 2-3-2〉 제4회 기초자치단체장선거(2006) 정당별 당선자 분포

지역	(의석수)	열린우리당		한나라당		민주당		국민중심당		무소속	
합계	(230)	8.3	(19)	67.4	(155)	8.7	(20)	3.0	(7)	12.6	(29)
서울특별시	(25)	0.0	(0)	100.0	(25)	0.0	(0)	0.0	(0)	0.0	(0)
부산광역시	(16)	0.0	(0)	93.8	(15)	0.0	(0)	0.0	(0)	6.3	(1)
대구광역시	(8)	0.0	(0)	100.0	(8)	0.0	(0)	0.0	(0)	0.0	(0)
인천광역시	(10)	0.0	(0)	90.0	(9)	0.0	(0)	0.0	(0)	10.0	(1)
광주광역시	(5)	0.0	(0)	0.0	(0)	100.0	(5)	0.0	(0)	0.0	(0)
대전광역시	(5)	0.0	(0)	100.0	(5)	0.0	(0)	0.0	(0)	0.0	(0)
울산광역시	(5)	0.0	(0)	80.0	(4)	0.0	(0)	0.0	(0)	20.0	(1)
경기도	(31)	3.2	(1)	87.1	(27)	0.0	(0)	0.0	(0)	9.7	(3)
강원도	(18)	0.0	(0)	100.0	(18)	0.0	(0)	0.0	(0)	0.0	(0)
충청북도	(12)	33.3	(4)	41.7	(5)	0.0	(0)	0.0	(0)	25.0	(3)
충청남도	(16)	18.8	(3)	37.5	(6)	0.0	(0)	43.8	(7)	0.0	(0)
전라북도	(14)	28.6	(4)	0.0	(0)	35.7	(5)	0.0	(0)	35.7	(5)
전라남도	(22)	22.7	(5)	0.0	(0)	45.5	(10)	0.0	(0)	31.8	(7)
경상북도	(23)	0.0	(0)	82.6	(19)	0.0	(0)	0.0	(0)	17.4	(4)
경상남도	(20)	10.0	(2)	70.0	(14)	0.0	(0)	0.0	(0)	20.0	(4)

( )안의 수는 기초단체장 수

출처: 중앙선거관리위원회, 역대선거정보

18 염홍철은 대표적인 철새정치인으로 2002년 제3회 지방선거에서는 한나라당 후보로 대전시장에 당선되었지만 2005년에는 집권여당인 열린우리당으로 당적으로 바꾸었다. 2006년 재선에 실패한 이후 2009년 12월 자유선진당에 입당하여 2010년 제5회 지방선거에서 대전시장으로 재선되었다. 그는 제18대 대선을 앞두고 추진된 자유선진당과 새누리당의 합당으로 다시 한번 집권여당의 시장이 되었다. 삼선을 위해 새누리당 입당을 타진하던 그에게 양당의 통합은 그가 가장 유력한 차기시장후보로 부상하게 만들었다고 알려져 있다. 하지만, 그는 2013년 8월 갑자기 불출마선언을 하였으며, 그 이유를 두고 논란이 일기도 하였다.

를 배출한 반면, 한나라당은 무려 전국 기초단체장 수의 67.4%에 해당하는 155명의 기초단체장을 차지하였다. 한나라당은 단 한명의 기초단체장도 당선시키지 못한 호남지역과 국민중심당보다 1명이 적은 6명의 당선자를 배출한 충남을 제외한 나머지 지역에서 가장 많은 당선자를 배출한 정당이 되었다. 한나라당의 압승은 유례없이 서울시의 25개, 대전의 5개, 강원도의 18개 기초단체장 선거에서 전승하였다는 사실만으로도 확인할 수 있다.

3. 광역의회선거결과

총 655명을 선출하는 광역의회선거에서 한나라당은 무려 519명을 당선시켰으며, 이는 광역의회 전체의석의 79.2%에 해당하는 것이었다. 놀라운 것은 서울, 경기, 인천 등 수도권 3개 지역과 대전, 부산, 대구 등 3개 광역시의회의 지역구 의석을 모두 차지했다는 것이다. 집권여당인 열린우리당은 불과 5%의 의석을 차지하였으며, 이는 한나라당이 차지한 의석의 6%에 불과한 것이다. 열린우리당은 호남에서도 별다른 성과를 얻지 못하였으며, 전북에서는 광역의회 의석의 58.8%(20석), 전남에서 4.3%(2석)의 의석을 차지했지만, 광주에서는 단 한명의 당선자도 배출하지 못하였다. 민주당은 광주에서 100.0%(30석)의 의석을 차지하였을 뿐만 아니라, 전남과 전북에서만 각각 93.5%(43개 의석)와 35.3%(12석)을 차지하였다. 비록 모든 의석이 호남에 한정되어 있었지만, 열린우리당의 두 배에 이르는 광역의회의석을 차지한 것이다. 국민중심당은 충남에서만 38.2%(13개 의석)의 의석을 차지하는데 그쳤다. 민주노동당 또한 별다른 성과를 내지 못하였으며, 울산(3석, 18.8%)과 경남(1석, 2.1%), 그리고 제주(1석, 3.4%)에서 소수의 의석만 차지하였다.

〈표 2-3-3〉 제4회 광역의회의원선거(2006) 정당별 당선자 분포

지역	(의석수)	열린우리당		한나라당		민주당		민주노동당		국민중심당		무소속	
합계	(655)	5.0	(33)	79.2	(519)	10.8	(71)	0.8	(5)	2.0	(13)	2.1	(14)
서울특별시	(96)	0.0	(0)	100.0	(96)	0.0	(0)	0.0	(0)	0.0	(0)	0.0	(0)
부산광역시	(42)	0.0	(0)	100.0	(42)	0.0	(0)	0.0	(0)	0.0	(0)	0.0	(0)
대구광역시	(26)	0.0	(0)	100.0	(26)	0.0	(0)	0.0	(0)	0.0	(0)	0.0	(0)
인천광역시	(30)	0.0	(0)	100.0	(30)	0.0	(0)	0.0	(0)	0.0	(0)	0.0	(0)
광주광역시	(16)	0.0	(0)	0.0	(0)	100.0	(16)	0.0	(0)	0.0	(0)	0.0	(0)
대전광역시	(16)	0.0	(0)	100.0	(16)	0.0	(0)	0.0	(0)	0.0	(0)	0.0	(0)
울산광역시	(16)	0.0	(0)	81.3	(13)	0.0	(0)	18.8	(3)	0.0	(0)	0.0	(0)
경기도	(108)	0.0	(0)	100.0	(108)	0.0	(0)	0.0	(0)	0.0	(0)	0.0	(0)
강원도	(36)	2.8	(1)	94.4	(34)	0.0	(0)	0.0	(0)	0.0	(0)	2.8	(1)
충청북도	(28)	3.6	(1)	89.3	(25)	0.0	(0)	0.0	(0)	0.0	(0)	7.1	(2)
충청남도	(34)	5.9	(2)	55.9	(19)	0.0	(0)	0.0	(0)	38.2	(13)	0.0	(0)
전라북도	(34)	58.8	(20)	0.0	(0)	35.3	(12)	0.0	(0)	0.0	(0)	5.9	(2)
전라남도	(46)	4.3	(2)	0.0	(0)	93.5	(43)	0.0	(0)	0.0	(0)	2.2	(1)
경상북도	(50)	0.0	(0)	94.0	(47)	0.0	(0)	0.0	(0)	0.0	(0)	6.0	(3)
경상남도	(48)	0.0	(0)	91.7	(44)	0.0	(0)	2.1	(1)	0.0	(0)	6.3	(3)
제주자치도	(29)	24.1	(7)	65.5	(19)	0.0	(0)	3.4	(1)	0.0	(0)	6.9	(2)

( )안은 당선된 기초단체장의 수

출처: 중앙선거관리위원회, 역대선거정보

4. 기초의회선거결과

기초의회선거에서도 한나라당은 열린우리당에게 압승을 거두었다.[19] 다만, 열린우리당은 광역의회의원선거보다는 기초의회선거 조금 많은 비율의 당선자

19 2006년 2월 21일「제주국제자유도시 특별법」이 폐지되고「제주특별자치도 설치 및 국제자유도시 조성을 위한 특별법」이 제정되었다(국가법령정보, http://www.law.go.kr/). 이에 따라 2006년 7월 1일부터 특별자치도가 되어 제4회 지방선거에서는 기초의회선거가 실시되지 않았다.

를 배출하였다. 한나라당은 1,401명(55.8%)의 광역의원을 배출한 반면, 열린우리당은 543명(21.6%)의 광역의원을 배출하였다. 그 뒤를 민주당(9.3%, 233명), 민주노동당(2.1%, 52명), 국민중심당(2.2%, 56명)이 따랐다. 한나라당 당선자의 영남편향성, 민주당의 호남편향성, 국민중심당의 충남편향성은 여전히 강하게 나타났다. 한나라당은 전체 당선자 가운데 영남에서 613명(43.8%)을 배출한 반면, 호남에서는 당선자를 한명도 배출하지 못하였다. 민주당은 무려 221명(94.8%)의 당선자를 호남에서 배출하였지만, 영남에서는 전무하였다. 국민중심당은 충청에서만 56명(100.0%)을 배출하였다.

〈표 2-3-4〉 제4회 기초의회의원선거(2006) 정당별 당선자 분포

지역	(의석수)	열린우리당		한나라당		민주당		민주노동당		국민중심당		무소속	
합계	(2513)	21.6	(543)	55.8	(1401)	9.3	(233)	2.1	(52)	2.2	(56)	9.1	(228)
서울특별시	(366)	32.5	(119)	63.7	(233)	2.7	(10)	0.5	(2)	0.0	(0)	0.5	(2)
부산광역시	(158)	12.0	(19)	86.7	(137)	0.0	(0)	0.0	(0)	0.0	(0)	1.3	(2)
대구광역시	(102)	2.0	(2)	97.1	(99)	0.0	(0)	0.0	(0)	0.0	(0)	1.0	(1)
인천광역시	(97)	32.0	(31)	62.9	(61)	1.0	(1)	2.1	(2)	0.0	(0)	2.1	(2)
광주광역시	(59)	27.1	(16)	0.0	(0)	57.6	(34)	13.6	(8)	0.0	(0)	1.7	(1)
대전광역시	(55)	38.2	(21)	54.5	(30)	0.0	(0)	0.0	(0)	7.3	(4)	0.0	(0)
울산광역시	(43)	4.7	(2)	58.1	(25)	0.0	(0)	25.6	(11)	0.0	(0)	11.6	(5)
경기도	(364)	28.3	(103)	67.3	(245)	0.3	(1)	1.9	(7)	0.0	(0)	2.2	(8)
강원도	(146)	21.9	(32)	63.0	(92)	0.0	(0)	0.0	(0)	0.0	(0)	15.1	(22)
충청북도	(114)	34.2	(39)	53.5	(61)	0.0	(0)	0.9	(1)	0.0	(0)	11.4	(13)
충청남도	(152)	14.5	(22)	43.4	(66)	0.0	(0)	0.7	(1)	34.2	(52)	7.2	(11)
전라북도	(173)	49.1	(85)	0.0	(0)	30.1	(52)	3.5	(6)	0.0	(0)	17.3	(30)
전라남도	(211)	16.1	(34)	0.0	(0)	64.0	(135)	1.4	(3)	0.0	(0)	18.5	(39)
경상북도	(247)	2.0	(5)	74.1	(183)	0.0	(0)	0.8	(2)	0.0	(0)	23.1	(57)
경상남도	(226)	5.8	(13)	74.8	(169)	0.0	(0)	4.0	(9)	0.0	(0)	15.5	(35)

( )안은 당선된 기초단체장의 수

출처: 중앙선거관리위원회, 역대선거정보

5. 광역 및 기초 비례대표의원선거결과

광역비례대표의원선거에서도 한나라당(48.7%, 38명)은 열린우리당(24.4%, 19명)의 두 배에 달하는 당선자를 배출하였다. 그 뒤를 민주노동당(12.8%, 10명), 민주당(11.5%, 9명), 국민신당(2.6%, 2명)이 따랐다. 이미 앞서 살펴본 대로 민주노동당은 광역 및 기초단체장선거에서 단 한명의 당선자도 배출하지 못하였고 광역의회선거에서도 전체 의석가운데 1%도 되지 않는 의석을 차지하는데 그쳤음에도 불구하고, 광역비례대표선거에서는 민주당보다 더 많은 12.8%의 의석을 점유할 수 있었다.

〈표 2-3-5〉 제4회 광역비례대표의원선거(2006) 정당별 당선자 분포

지역	(의석수)	열린우리당		한나라당		민주당		민주노동당		국민중심당	
합계	(78)	24.4	(19)	48.7	(38)	11.5	(9)	12.8	(10)	2.6	(2)
서울특별시	(10)	20.0	(2)	60.0	(6)	10.0	(1)	10.0	(1)	0.0	(0)
부산광역시	(5)	20.0	(1)	60.0	(3)	0.0	(0)	20.0	(1)	0.0	(0)
대구광역시	(3)	33.3	(1)	66.7	(2)	0.0	(0)	0.0	(0)	0.0	(0)
인천광역시	(3)	33.3	(1)	66.7	(2)	0.0	(0)	0.0	(0)	0.0	(0)
광주광역시	(3)	33.3	(1)	0.0	(0)	66.7	(2)	0.0	(0)	0.0	(0)
대전광역시	(3)	33.3	(1)	33.3	(1)	0.0	(0)	0.0	(0)	33.3	(1)
울산광역시	(3)	0.0	(0)	66.7	(2)	0.0	(0)	33.3	(1)	0.0	(0)
경기도	(11)	18.2	(2)	63.6	(7)	9.1	(1)	9.1	(1)	0.0	(0)
강원도	(4)	25.0	(1)	50.0	(2)	0.0	(0)	25.0	(1)	0.0	(0)
충청북도	(3)	33.3	(1)	66.7	(2)	0.0	(0)	0.0	(0)	0.0	(0)
충청남도	(4)	25.0	(1)	50.0	(2)	0.0	(0)	0.0	(0)	25.0	(1)
전라북도	(4)	50.0	(2)	0.0	(0)	25.0	(1)	25.0	(1)	0.0	(0)
전라남도	(5)	20.0	(1)	0.0	(0)	60.0	(3)	20.0	(1)	0.0	(0)
경상북도	(5)	20.0	(1)	60.0	(3)	0.0	(0)	20.0	(1)	0.0	(0)
경상남도	(5)	20.0	(1)	60.0	(3)	0.0	(0)	20.0	(1)	0.0	(0)
제주자치도	(7)	28.6	(2)	42.9	(3)	14.3	(1)	14.3	(1)	0.0	(0)

( )안은 당선된 광역비례대표의원의 수

출처: 중앙선거관리위원회, 역대선거정보

광역비례대표의원선거에서도 각 정당후보들의 당선자 비율은 지역적으로 편향되어 있었다. 한나라당은 38명의 당선자 가운데 영남에서 13명(34.2%)의 의원을 배출한 반면, 호남에서는 전혀 당선자를 배출하지 못하였다. 반면, 민주당은 9명의 당선자 가운데 호남에서만 6명(66.7%)의 의원을 배출하였다. 국민신당은 충남에서만 2명(100%)의 당선자를 배출하였다.

기초비례대표의원선거(375명)에서도 한나라당(58.7, 220명)은 가장 많은 수의 의원을 배출하였으며, 열린우리당(23.2%, 87명), 민주당(11.5%, 43명), 민주노동당(3.7%, 14명), 국민중심당(2.9%, 11명)이 그 뒤를 따랐다. 한나라당의 공천을 받아

〈표 2-3-6〉 제4회 기초비례대표의원선거(2006) 정당별 당선자 분포

지역	(의석수)	열린우리당		한나라당		민주당		민주노동당		국민중심당	
합계	(375)	23.2	(87)	58.7	(220)	11.5	(43)	3.7	(14)	2.9	(11)
서울특별시	(53)	43.4	(23)	52.8	(28)	3.8	(2)	0.0	(0)	0.0	(0)
부산광역시	(24)	29.2	(7)	70.8	(17)	0.0	(0)	0.0	(0)	0.0	(0)
대구광역시	(14)	7.1	(1)	92.9	(13)	0.0	(0)	0.0	(0)	0.0	(0)
인천광역시	(15)	33.3	(5)	66.7	(10)	0.0	(0)	0.0	(0)	0.0	(0)
광주광역시	(9)	44.4	(4)	0.0	(0)	55.6	(5)	0.0	(0)	0.0	(0)
대전광역시	(8)	37.5	(3)	62.5	(5)	0.0	(0)	0.0	(0)	0.0	(0)
울산광역시	(7)	0.0	(0)	71.4	(5)	0.0	(0)	28.6	(2)	0.0	(0)
경기도	(53)	24.5	(13)	71.7	(38)	0.0	(0)	3.8	(2)	0.0	(0)
강원도	(23)	8.7	(2)	91.3	(21)	0.0	(0)	0.0	(0)	0.0	(0)
충청북도	(17)	23.5	(4)	76.5	(13)	0.0	(0)	0.0	(0)	0.0	(0)
충청남도	(26)	7.7	(2)	50.0	(13)	0.0	(0)	0.0	(0)	42.3	(11)
전라북도	(24)	45.8	(11)	0.0	(0)	41.7	(10)	12.5	(3)	0.0	(0)
전라남도	(32)	18.8	(6)	0.0	(0)	81.3	(26)	0.0	(0)	0.0	(0)
경상북도	(37)	5.4	(2)	91.9	(34)	0.0	(0)	2.7	(1)	0.0	(0)
경상남도	(33)	12.1	(4)	69.7	(23)	0.0	(0)	18.2	(6)	0.0	(0)

( )안은 당선된 기초비례대표의원의 수

출처: 중앙선거관리위원회, 역대선거정보

당선된 220명 가운데 영남에서 당선된 이는 92명(41.8%)인 반면, 호남에서는 전혀 없었다. 민주당의 당선자 43명 가운데 호남에서 당선된 이는 41명(95.3%)이었다. 국민신당의 당선자 11명(100%) 모두 충청에서 당선되었다. 이는 정당별 당선자들의 지역 편향성을 확연히 보여주는 것이다.

6. 중선거구제의 효과

중선거구제는 개별 선거구에서 복수의 후보를 선출하기 때문에 1위를 차지하기 어려운 군소정당 후보들이 기초의회에 진입할 수 있는 기회를 신장시킬 것으로 기대되었다(이상묵 2006, 56).[20] 하지만 실제선거결과는 그렇지 않았다(고선규 2006; 김용철 2006; 정준표 2007; 강민제·윤성이 2007; 황아란 2007; 김용복 2009; 김순은 2010; 조성대 2010; 김영태 2011). 그 이유는 중선거구제 도입에도 불구하고 3인 혹은 4인 선거구를 채택한 선거구가 그다지 많지 않았을 뿐만 아니라 이에 대한 유권자들의 이해부족으로 특히 영호남과 같이 특정정당에 대한 지지도가 현격히 높은 지역에서는 군소정당에게 별다른 기회를 제공해주지 못하였기 때문이다.

중선거구제의 도입과 유권자들의 투표선택

선거구제가 선거결과에 미치는 영향은 정치학 분야에서 상당히 오래된 연구주제 가운데 하나였다. 단순다수제를 이용한 후보선출이 이루어질 경우 소선거구제하에서는 양당제가 촉진된다는 소위 '두베르제의 법칙(Duverger's law)'에 관한 논의가 대표적이다. 우리나라에서도 2006년 기초의회선거에서 중선거구제가 처음으로 도입된 이후 그 효과에 대한 논의가 어느 정도 진행되어 왔지만, 당초의 기대와 달리 기초의회 선거에서 중선거구제가 군소정당들에게 유리하다고 볼 수 있는 뚜렷한 근거를 찾기 힘들 뿐만 아니라 선거구의 규모(MD: magnitude of district)가 상이한

20 지병근(2014b, 187)은 중선거구제의 도입 근거와 관련하여 "당시 집권당이었던 열린우리당이 주도하여 도입한 중선거구제는 무엇보다 거대정당에게 유리한 선거정치를 탈피하여 군소정당과 정치신인의 지방의회 진입을 원활하게 할 뿐만 아니라 지역주의를 극복하기 위한 제도적 장치를 마련하기 위한 것이었다"고 주장하였다. 중선거구제 이외에 지방선거제도에 대한 전반적인 평가에 대해서는 황아란(2005)을 참조할 것.

선거구, 즉 2인 혹은 3·4인 선거구제에서 선거결과가 얼마나 차이가 있는지 분명하지 않기 때문이다. 이에 대한 논의를 좀 더 살펴보면 아래와 같다.

… (중략) …

한국에서 기초의회선거에 중선거구제가 도입된 것은 2005년 정치관계법의 개정을 통해서였다. 당시 집권당이었던 열린우리당이 주도하여 도입한 중선거구제는 무엇보다 거대정당에게 유리한 선거정치를 탈피하여 군소정당과 정치신인의 지방의회 진입을 원활하게 할 뿐만 아니라 지역주의를 극복하기 위한 제도적 장치를 마련하기 위한 것이었다. 하지만 이러한 기대에도 불구하고 중선거구제로의 전환이 양대정당 중심의 정당체제에 별다른 변화를 가져오지 못하였다.

2010년 광역 및 기초의회를 사례분석한 조성대(2010)가 밝히고 있듯이 중선거구제도의 도입 이후 득표와 의석배분 사이의 비례성이 증진된 것은 사실이지만 만족스러운 수준은 아니었으며, 군소정당과 여성의 원내 의석율의 추이분석을 보더라도 대표성에 주목할 만한 차이를 만들어내지는 못하였다. 아울러 "경쟁적 정당구도"를 창출함으로써 지역주의를 해소하는 데에도 실패하였다. 그 외에도 여러 연구들이 역대 지방선거의 집합적 데이터를 이용하여 비례성과 대표성, 지역주의정당의 재생산에 미친 영향에 대한 추이분석을 시도하였으며 거의 유사한 분석 결과를 제시하였다(고선규 2006; 황아란 2007; 김용복 2009; 김순은 2010; 김영태 2011).

… (중략) …

이들의 연구는 규모가 큰 선거구가 자동적으로 군소정당이나 무소속후보에게 유리하게 작용하지 않는다는 점을 보여주었다. 하지만 이러한 성과에도 불구하고 한국의 지방선거에서 선거구 규모가 선거결과에 미치는 영향에 대한 설명이 충분하게 이루어졌다고 보기는 힘들다. 왜냐하면, 선거구 규모 이외에도 선거결과에 영향을 주는 요인들은 다양하기 때문이다. 예를 들어, 2인 선거구보다 3·4인 선거구에서 군소정당의 득표율과 당선율이 낮다는 사실만으로 선거구의 규모가 유권자들의 투표전략에 별다른 영향을 주지 못한다거나, 3·4인 선거구의 수를 늘리는 것이 군소정당에게 유리하지 않을 것이라고 단정할 수는 없으며, 반대의 경우에도 마찬가지다. 아울러, 선거구 단위의 분석만으로 환경론적 오류(ecological fallacy)를 피하면서 선거구 규모가 유권자들의 투표성향에 미친 영향에 대한 추론을 수행하기는 쉽지 않다.

출처: 지병근. 2014b. "선거구 제도와 군소정당 지지자들의 투표행태: 2010 기초의회선거 사례 분석."『한국정치연구』23권 2호, 185~210. 원문의 각주는 생략.

더 나아가 지병근(2014b)은 한국사회과학데이터센터(KSDC)의 2010년 제5회 동시지방선거후 여론조사자료를 분석하여 중선거구제의 도입에 따른 최대의 수

혜자가 군소정당이 아닌 민주당이었으며, 군소정당 지지자들의 순수투표가 차지하는 비율이 2인 선거구보다 3·4인 선거구에서 더 높았다는 점을 밝혔다. 그리고 이러한 분석결과를 근거로 2인 선거구 중심의 현행 선거구제를 3·4인 선거구제 중심으로 개편해야한다는 주장과 함께 선거구제의 규모(magnitude of district)에 관한 정치정보를 유권자들이 이해하도록 함으로써 군소정당 지지자들이 전략적 투표가 아닌 순수투표를 통해 자신들의 정치적 선호를 표출할 수 있는 기회를 제공해야한다고 주장하였다.

7. 열린우리당 참패의 원인

종합해보면, 제4회 동시지방선거는 한나라당의 완승으로 종결되었다. 이내영(2006, 169~170)은 2006년 5.31 지방선거가 과거와 달리 수도권에서 여야가 각축을 벌이기보다는 한나라당이 '싹쓸이'를 하였다는 점과 고령층 뿐만 아니라 젊은 연령대의 유권자들이 여당보다 한나라당을 더 많이 지지하였다는 점에 주목하고, '급속한 정당지지의 재편(partisan realignment)'이 발생하였다고 주장하였다. 다시 말해, 당시의 선거에서 젊은 유권자들이나 진보적인 유권자들과 같이 과거 열린우리당의 지지층이 대거 한나라당 후보에게 투표하였다는 사실은 단순히 한나라당 후보에 대한 유권자들의 지지성향이 강화되었다기보다는 '주요 정당 지지층이 급격히 바뀌는 현상'이 발생하였다는 것이다(p.170).

제4회 지방선거에서 이러한 선거결과가 나타난 원인은 무엇보다 노무현 정부와 집권여당인 열린우리당에 대한 실망에서 찾을 수 있다(강준만 2006; 정원칠·정한울 2007). 노무현 정부는 국회과반수 의석을 차지한 이후에도 국정운영의 주도권을 제대로 행사하지 못한 채 별다른 성과를 내지 못하고 있었다. 따라서 정원칠·정한울(2007, 77)이 지적하였듯이 열린우리당이 추진한 '지방정부 심판론'보다 '노무현 정권 심판론'이 유권자들에게 더 설득력이 있었으며, 한나라당이 잘해서라기보다는 정부 및 여당에 대한 실망이 한나라당에 대한 투표로 이어졌다는 것이다.[21] 이들에 따르면, 한나라당은 박근혜 대표체제 아래에서 차떼

21 강준만(2006)은 5.31 지방선거에서 열린우리당이 지방권력교체를 주장하였지만 한나라당 소속 단체장이 장악하고 있는 지방정부가 왜 덜 부패하였는지 설득할 수 있는 근거를 제

기 정당의 오명을 벗어나기 위한 노력을 지속적으로 벌였으며, 이번 지방선거에서도 국민참여경선제도를 활용한 공천을 확대하였다. 물론 집권여당에 대하여 부정적인 보도로 일관한 보수언론이 유권자들의 인식에 영향을 준 것은 사실이지만, 노무현 정부와 열린우리당이 국정운영능력이나 추진 방법에서 유권자들의 신뢰를 창출하는데 실패한 것 또한 분명한다(김두한 2006).[22]

특히, 집권 초기부터 노무현 정부가 추진한 이라크 파병(2003.4.2)을 비롯하여 신자유주의적 경제개혁과 한미자유무역협정(KORUS FTA)의 체결은 열린우리당의 주요 지지자들의 불만을 초래하였다. 노무현 정부가 국익을 위하여 불가피하다고 역설하며 추진한 이 정책들은 새누리당과의 정책적 차별성을 약화시킴으로써 진보적 유권자들이 열린우리당에 대한 '전략적 투표(strategic voting)', 즉 당선가능성이 없는 진보정당의 후보대신 차선으로 당선가능성이 있는 열린우리당 후보에게 투표할 필요성을 상실하게 만든 것이다(지병근 2008b).[23] 따라서 이들을 포함하여 노무현정부와 열린우리당의 전통적인 지지층인 개혁적 성향의 유권자들이 장기적으로 현정부의 실정을 바로잡고 열린우리당이 변화의 계기를 스스로 찾을 수 있도록 '항의투표(protest voting)'에 나섰을 가능성이 있다. 그러나, 당시의 선거결과만으로 이내영(2006)의 주장처럼 '정당지지의 재편'에 이를 만큼 유권자들의 정당일체감이나 이념적 성향의 패턴이 현격하게 달라졌다고 단정하기는 힘들다. 아울러, 남북정상회담 개최를 위한 DJ방북설을 유포하는 등 퇴행적 선거운동을 펼친 점 또한 집권당의 실패를 자초하였다고 볼 수 있다.

시하지 않았으며(p.50), "중앙정치권이 지방을 식민지로 생각하고 있다"는 점에서 여야 사이에 차이가 없었다고 주장하였다. 그는 지방 유권자들도 일종의 "스톡홀름 신드롬"과 같이 지역발전을 위해서 힘 있는 중앙정당의 권력을 추구하는 행태를 보인다고 비판하였다(p.52).

22 노무현 측근들 가운데 비리사건에 연루되어 처벌을 받은 이들로는 최도술 청와대 총무비서관, 안희정 비서실정무팀장, 이광재 국정상황실장, 여택수 행정관, 노무현의 친형인 노건평, 강금원 창신섬유회장 등이다. 보수언론에 대한 노출이 유권자들의 정치적 선택에 미치는 영향에 대한 논의는 지병근·신두철·엄기홍(2013)을 참조할 것.

23 노무현정부은 진보진영으로부터 신랄한 비판을 받았다. 예를 들어, 김두한(2006)은 5.31 지방선거결과를 평가하며 노무현 정권이 "친노동적 이미지를 이용하고 개혁을 자처하면서 노동계급과 특히 중간계급의 전폭적인 지지를 통해 등장"하였지만 결국 "모든 계급으로부터 버림받은 정권"으로 ""친노동"으로 위선을 떠는 중간계급에 기반한 자본가 독재정권"에 불과하다고 주장하였다.

한편, 민주노동당이 이번 지방선거에서 기대에 훨씬 미치지 못했던 원인은 김윤철(2005, 85)이 지적하였듯이 단순히 정책대안을 제대로 제시하지 못하였고 보수언론에 의한 이념적 동원 혹은 유권자들의 무지 때문이라기보다 민주노동당이 '민심불감증'과 '무능'에 빠졌기 때문이라고 할 수 있다. 민주노동당은 지난 2004년 제17대 총선을 통해 제3당으로 국회에 진입하는데 성공하였기에 이번 지방선거에도 상당한 성과를 거둘 것으로 기대하고 예년과 달리 상당수의 후보자들을 공천하였다. 하지만 그 결과는 매우 실망스러운 것이었다.

제6절 선거의 영향

1. 박근혜 대표체제의 강화와 민주당의 부활

당시의 지방선거를 계기로, 첫째, 한나라당은 내부에서 박근혜 대표체제가 더욱 확고해졌으며, 정국의 주도권을 완전히 잡게 되었다. 이는 불과 2년 전에 개최된 제17대 총선에서 탄핵을 주도하여 한나라당이 자초했던 '여대야소'와 상황과 비교할 때 놀랄만한 성장이라고 할 수 있다. 이러한 성과를 바탕으로 한나라당은 별다른 위기감 없이 정권을 교체하기 위한 행보를 본격적으로 전개할 수 있게 되었다. 당시 유력한 대선주자로 주목을 받던 이명박 전서울시장이 대선주자로 나서면서 한나라당 내부에서는 그를 옹호하는 '친이계'와 박근혜 대표를 옹호하는 '친박계' 사이에 경쟁이 점차 치열해지기 시작했다. 열린우리당이 몰락하는 가운데 한나라당 지지율이 급상승하면서, 한나라당이 다가올 제17대 대통령선거에서 승리할 가능성이 커졌다. 이명박은 점차적으로 당내부의 지지세력을 확대하였으며, 박근혜 전대표에 비해서 대의원들의 지지를 더 많이 받지는 못하였음에도 불구하고 국민여론조사에서는 높은 지지율을 얻음으로써 당내경선을 통해 한나라당의 제17대 대선후보가 되었다.

둘째, 민주당 또한 호남을 근거로 재생할 수 있는 계기를 마련하게 되었다.

민주당은 지난 제17대 총선에서 한나라당과 마찬가지로 '탄핵역풍'으로 인해 거의 몰락할 상황에 직면하였음에도 불구하고, 이미 앞서 살펴본 것처럼 제4회 지방선거에서 기대 이상의 성과를 호남에서 거두게 됨으로써 대선국면에서 유리한 고지를 차지하였다. 호남지역의 정치적 기반을 근거로 민주당을 주도했던 세력들은 제17대 대선 이후 대통합민주신당과의 통합을 추진하여 통합민주당을 창당함으로써 야당 내부의 핵심적 세력으로 부활할 수 있게 되었다.

2. 열린우리당의 자멸

셋째, 열린우리당은 제4회 5.31 지방선거에서 완패한 이후 자멸의 길로 접어들었다. 지방 선거직후인 6월 1일 패배에 대한 책임을 지고 정동영이 당의장에서 사퇴하였고, 이를 승계한 김근태 체제(2006.6.9~2007.2.13)가 새롭게 들어섰다. 하지만, 지방선거의 패배 이후에 개최된 여러 재보궐선거(2006.7.26, 2006.10.25)에서도 연이어 패배하면서 열린우리당의 미래에 대한 회의적 시각이 팽배해졌다(중앙일보. 2006.10.25). 재집권의 가능성이 거의 사라진 열린우리당에 정치인들이 더 이상 남아 있을 이유를 찾기 힘들었으며, 집단적인 탈출(exodus)이 임박하게 되었다.

남북정상 합의문 서명 발표(2007.10.4)

출처: 대통령기록관(http://pa.go.kr/index.jsp, 대통령 사진·동영상)

3. 2006년 7.26, 10.25 재보궐선거와 열린우리당의 연패

2006년 7월 26일 재보궐선거는 제4회 지방선거에서 광역단체장선거에 출마하기 위해 국회의원직을 사직한 한나라당의 맹형규(서울시장 출마)와 김문수(경기도지사 출마)의 지역구였던 서울시의 송파구갑과 부천시 소사구, 그리고 정치자금법 위반혐의와 당선무효로 국회의원직을 상실한 신계륜과 김정부의 지역구인 성북구을과 경남 마산시갑에서 치러졌다.[24] 이 선거에서도 열린우리당은 단 한석도 차지하지 못한 반면, 한나라당은 3개 지역에서 승리하였다. 서울시 송파구갑에서는 서울시장 출마를 위해 의원직을 사직함으로써 보궐선거의 원인을 제공했던 맹형규가 공천을 받지 못하게 되자 재출마하여 논란이 일었지만 다시 국회의원에 당선되었다. 그리고 지난 제17대 총선에서 낙선했던 민주당의 조순형이 서울의 성북구을에서 당선되어 국회에 복귀하였다. 경기 부천시 소사구에서는 김문수의 국회의원시절 보좌관이었던 한나라당의 차명진이, 그리고 경남 마산시갑에서는 2014년 4월 16일 발생한 세월호 사건 당시 해양수산부장관이었던 이주영이 각각 당선되었다. 당시의 재보궐선거 결과 열린우리당은 1석이 감소한 반면, 민주당은 1석을 더 확보할 수 있게 되었다. 특히 탄핵을 주도했던 조순형이 당선된 것은 매우 상징적인 것으로 열린우리당에게 상당한 좌절감을 안겨주었다. 아울러 한나라당이 보궐선거의 빌미를 제공했던 모든 지역에서 승리한 것은 집권여당에게 위기감을 심어주기에 충분하였다.

2006년 10월 25일 실시된 재보궐선거에서도 2곳의 국회의원과 충북 충주시, 전남의 화순군, 신안군, 창녕군 등 4개 기초단체장과 1개 광역의원(서울 금천구 제2), 2개 기초의원(경기 고양시 자, 경남 밀양시 다)을 선출하는 것이었다. 이 선거에서 열린우리당은 또 다시 단 한곳에서도 승리하지 못하는 참패를 경험하게 되었다. 인천 남동구을의 경우에는 정치자금법 위반혐의를 받은 이호웅 열린우리당 의원과 상대후보 불법도청으로 구속기소된 전남 해남진도의 이정일

24 서울 성북을의 신계륜은 정치자금법 위반으로 의원직을 상실하였다(김하영 2015). 경남 마산시갑의 김정부는 뇌물공여혐의를 받은 부인의 유죄판결로 의원직을 상실하게 되었다. 하지만 그는 선거사무장이나 회계책임자, 그리고 배우자의 선거범죄로 당선무효가 될 수 있도록 규정한 것은 연좌제에 해당한다며 해당 공직선거법에 대한 헌법소원을 제출하여 주목을 끌었다(홍성규. 2005).

의원이 의원직을 상실함에 따라 보궐선거가 치러졌으며, 한나라당의 이원복과 민주당의 채일병이 각각 열린우리당의 박우섭과 박양수를 누르고 승리하였다(법률신문 뉴스. 2006.9.15).

4. 노무현의 개헌제안: 대통령 연임제 도입과 대통령-국회의원 임기일치

열린우리당의 몰락이 임박한 시점에 노무현은 집권을 마무리하는 개혁으로 개헌을 제안하였다. 2007년 1월 9일 제안된 그의 개헌안에는 대통령 단임제를 연임제로 바꾸면서 대통령과 국회의원의 임기를 일치시키자는 것이 포함되어 있었다(대통령비서실 2007). 이는 연임이 불가능한 단임제 대통령제 하에서 책임정치를 기대하기 힘들고 조기레임덕 현상이 불가피하다는 점과 대통령과 국회의원 임기가 각각 5년과 4년이기 때문에 행정부의 수장과 의회 다수당이 불일치하여 발생하는 '분점정부(divided government)'가 정책 추진력을 갖기 힘들기 때문에 이를 개선하려면 개헌이 필요하다는 것이었다.

> … (중략) … 따라서 저는 국민적 합의 수준이 높고 시급한 과제에 집중해서 헌법을 개정하는 것이 필요하다는 판단에서 대통령 4년 연임제 개헌을 제안합니다.
>
> 87년 개헌과정에서 장기집권을 제도적으로 막고자 마련된 대통령 5년 단임제는 이제 바꿀 때가 되었습니다. 선거의 공정성과 투명성이 비약적으로 제고되고 국민의 민주적 역량이 성숙한 오늘의 대한민국 현실에서 단임제가 추구했던 장기집권의 우려는 사라졌고, 오히려 많은 부작용이 나타나고 있습니다.
>
> 단임제는 무엇보다 대통령의 책임정치를 훼손합니다. 대통령의 국정수행이 다음 선거를 통해 평가받지 못하고, 또한 국가적 전략과제나 미래과제들이 일관성과 연속성을 갖고 추진되기 어렵습니다. 특히 임기 후반기에는 책임있는 국정운영을 더욱 어렵게 만들어 국가적 위기를 초래하기도 합니다.
>
> 대통령 5년 단임제를 임기 4년에 1회에 한해 연임할 수 있게 개정한다면 국정의 책임성과 안정성을 제고하고, 국가적 전략과제에 대한 일관성과 연속성을 확보하는 데 크게 기여할 것입니다.
>
> 대통령 임기를 4년 연임제로 조정하면서, 현행 4년의 국회의원과 임기를 맞출 것

을 제안합니다. 현행 5년의 대통령제 아래서는 임기 4년의 국회의원 선거와 지방자치단체 선거가 수시로 치러지면서, 정치적 대결과 갈등을 심화시키고, 적지 않은 사회적 비용을 유발하여 국정의 안정성을 약화시킵니다(대통령비서실 2007.1.9. "개헌과 관련하여 국민 여러분께 드리는 말씀").

노무현은 자신의 임기와 제17대 국회의원의 임기가 종료되는 시점이 거의 일치한다는 점에서 2007년이 20년 만에 찾아오는 적기라고 주장하였다. 하지만 그는 한나라당이 제18대 국회에서나 개헌을 다루겠다고 의원총회(2007.4.13)를 통해 결의한 다음날 개헌발의를 포기하겠다는 입장을 밝힘으로써 개헌논란은 사실상 중단되었다.

5. 2007년 4.25 재보궐선거와 열린우리당의 해체

2007년 2월 14일 조기전당대회를 통해 정세균 대표체제가 들어섰지만, 연초부터 열린우리당 소속 의원들의 탈당이 가속화되면서 열린우리당은 본격적인 해체과정에 들어서게 되었다. 2007년 4월 25일에는 대전 서구을, 경기 화성시, 전남 무안·신안군에서 국회의원 재보궐선거가 실시되었다. 열린우리당의 구논회가 사망하여 공석이 된 대전 서구을에는 충남도지사를 3번 역임한 심대평 국민중심당 대표가, 전남 무안·신안군에는 김대중 전대통령의 차남인 김홍업이 많은 주목을 받으며 민주당의 후보로 출마하여 당선되었다.25 경기화성에는 한나라당의 고희선이 출마하여 당선되었다. 그 외에도 당시의 보궐선거에는 6명의 기초단체장, 9명의 광역의원, 38명의 기초의원을 선출하였으나, 열린우리당은 단 1명의 기초의원(박일, 전북 정읍시 바 선거구)을 배출하는데 그쳤다. 열린우리당이 거둔 이러한 성적은 너무나 초라한 것이었으며 "민심이 노무현 정부를 떠났다"는 것이 너무나 명약관화해졌다.

---

25 김대중의 장남인 김홍일은 1980년 김대중내란음모사건 당시 부친의 사상과 관련한 조사를 받던 중에 고문을 받았으며 시멘트바닥에 머리를 부딪혀 자살을 기도하였다가 파킨슨병을 얻었다고 알려져 있다(최경환 2010, 140). 그는 1996년 제15대 총선과 2000년 제16대 총선에 목포시 국회의원으로 출마하여 당선되었으며, 2004년에는 새천년민주당의 비례대표의원으로 당선되었다. 그가 2004년 총선 당시 열린우리당에 합류하지 않고 새천년민주당에 잔류한 것은 소위 '김심', 즉 김대중의 열린우리당에 대한 의중과 관련하여 논란거리가 되었다.

4월 25일 재보궐선거 직후 김한길을 포함한 20명의 열린우리당 탈당파가 5월 7일 '중도개혁통합신당'을 창당한 이후, 민주당과 통합하여 6월 27일 '중도통합민주당'을 창당하였다(성한용 2007.5.7).[26] 이들과는 별도로 80여명에 달하는 열린우리당 탈당파는 중도통합민주당 탈당파와 손학규 등과 함께 8월 5일 '대통합민주신당'을 창당하였으며, 이후 열린우리당을 흡수통합하였다. 제17대 대선이 끝난 후 이듬해인 2008년 2월 18일에는 중도통합민주당과 대통합민주신당이 합당하여 '통합민주당'을 창당하였다.

6. 제17대 대선: 이명박(48.67%)의 당선과 정동영(26.14%), 이회창(15.07%)의 낙선

제17대 대선은 노무현 정부 시기의 말기인 2007년 12월 19일 개최되었다. 투표율은 63.0%로 역대 대선에서의 투표율 가운데 가장 낮았다. 당시의 대선에는 한나라당의 이명박, 대통합민주신당의 정동영, 무소속 이회창, 민주당의 이인제, 창조한국당의 문국현, 민주노동당의 권영길, 한국사회당의 금민 등 10명의 후보가 선거가 끝날 때까지 참여하였지만, 사실상 이명박 후보의 당선이 거의 기정사실화 되고 있었다. 그와 경합을 벌였던 정동영의 지지율이 거의 제자리 걸음인 상황에서 분당과 같은 극단적인 상황이 한나라당 내부에서 벌어지지 않는 이상 이명박의 당선은 거의 확실시 되었다.

제17대 대선 공보물 표지

출처: 중앙선관위 선거정보도서관(http://elecinfo.nec.go.kr/neweps/main.do)

26 탈당과정에 대한 상세한 설명은 엔하위키 미러(검색어, "열린우리당").

투표율의 정당편향

상당수의 선거연구자들이 투표율에 따라 정당의 이해득실에 차이가 있다는 소위 '투표율의 정당편향(partisan bias)'에 대하여 관심을 기울여 왔다. 과연 이러한 주장이 단순한 신화(myth)에 불과한 것인지에 대한 논의를 살펴보면 아래와 같다.

… (중략) … 투표율의 정당편향성이 존재한다는 주장은 대체로 투표자와 투표불참자의 정당선호가 상당히 이질적이라는 가정에서 출발한다(Hansford et al. 2010). 미국의 경우, 민주당 지지자들은 대체로 공화당 지지자들에 비해서 투표참여율이 낮으며, 결과적으로 투표자에 비해서 투표불참자들 가운데 더 많은 비중을 차지한다. 따라서 투표율이 상승할 경우 민주당에게 유리한 반면, 하락할 경우 공화당에게 유리하다는 것이다. 예를 들어, 카우프만 외(Kaufmann et al. 2007)는 지난 2004년 미국의 대선에서 민주당 지지자들의 수가 공화당 지지자들보다 약 6% 더 많았지만, 투표장에는 공화당 지지자들이 민주당 지지자들보다 1% 더 많이 나왔으며, 결국, 부시가 당선될 수 있었다고 보았다.

통상적으로 투표율의 정당편향성에 관한 연구는 날씨가 투표율과 정당의 득표율에 미친 영향에 관한 것이었다(Knack 1994; Shachar and Nalebuff 1999; Gomez et al. 2007). 최근에도, 고메즈 외(Gomez et al. 2007)는 카운티 단위별 날씨관련 자료를 이용하여 14번의 미국 대선(1948~2000)에서 비 또는 눈이 내렸을 경우 투표율이 하락할 뿐만 아니라 공화당에게 유리하게 작용하였다는 점을 밝혔다. 하지만, 대부분의 선행연구들은 날씨보다는 선거구 유권자의 구성과 선거특유의 속성 등 사회경제적 혹은 정치적 조건들에 주목해왔다. 아울러, 이들 가운데 상당수는 비록 투표율의 정당편향이 상식처럼 받아들여지고 있지만, 실제와는 상당한 거리가 있다는 점을 밝혀왔다(Erickson 1995; DeNardo 1980; Kaufmann et al. 2007; Hansford et al. 2010). 예를 들어 에릭슨(Erickson 1995)은 선행연구에서 발견되었던 미국선거에서 나타난 투표율과 민주당의 득표율 사이의 통계적으로 유의미한 긍정적 관계는 단순한 허위적(spurious) 관계일 뿐이며, 사실상 흑인들의 투표참여를 가능케 하였던 남부정치개혁의 영향 때문에 나타난 현상이라고 주장하였다.

출처: 지병근. 2012b. "투표율 상승이 민주통합당에게 이로울까?: 제19대 총선에서 나타난 투표율의 정당편향." 『한국정치연구』 21집 3호, 127~154.

선거가 실시될 때마다 투표율이 높으면 특정정당에게 유리할 것이라는 언론보도를 접할 수 있다. 그러나 투표율이 00%가 넘으면 민주당계 정당에게 유리할 것이라는 주장의 경험적 근거는 거의 제시되지 않고 있다. 이러한 주장은 거의 예외 없이 투표율이 상승하려면 젊은 유권자들이 투표에 참여해야하기 때문에 새누리당계 정당에 비해서 이들의 지지를 더 많이 받아 온 민주당계 정당의 득표를 늘릴 수 있다는 직관에 의존하고 있다. 하지만 투표율 증가가 여당 지지경향이 강한 노년층에 의해서 주도될 경우 오히려 야당에게 불리할 수 있다는 점에서 이러한 주장의 설득력은 거의 없다고 할 수 있다. 따라서 투표참여를 독려하는 행위를 통해 특정정당을 도우려는 시도와 마찬가지로 이를 정파적인 행위로 이해하고 법적인 제약을 가하려는 시도는 근거 없는 것이며 한국의 선거문화를 발전시키는 데 도움이 되지 않는다.

개표 결과 이명박이 48.7%(11,492,389표)의 득표율로 제17대 대통령에 당선되었다. 정동영의 경우 26.1%(6,174,681표), 이회창의 경우 15.1%(3,559,963표)의 득표율로 각각 2위와 3위를 차지하였다. 지지층이 겹치는 이회창이 후보직을 사퇴하지 않고 끝까지 대선에 참여하였음에도 불구하고 이명박이 비교적 높은 득표율로 당선에 성공하였다는 점과 정동영이 역대 제1야당의 후보로서는 가장 낮은 득표율을 기록하였다는 점은 주목할 만하다. 이들 이외에 제3후보로 관심을 모았던 문국현은 5.82%(1,375,498표), 진보정당의 후보로 출마한 민주노동당의 권영길과 한국사회당의 금민은 각각 3.01%(712,121표)와 0.07%(18,223표) 득표하는데 그쳤다(이상 각 후보의 득표율과 득표수는 중앙선거관리위원회, 역대선거정보).

이명박은 호남지역을 제외한 어느 광역시도에서도 득표율 1위를 놓치지 않았다. 무소속으로 출마한 이회창으로 인해 영남유권자들의 표가 분산되었음에도 불구하고, 이명박은 지난 2004년 제16대 대통령 선거에서 한나라당 후보였던 이회창과 달리 수도권은 물론 충청지역의 유권자들로부터 더 많은 지지를 얻는데 성공하였다. 반면, 정동영은 김대중이나 노무현과 달리 서울·경기·인천에서 모두 2위를 차지하는 데 그쳤을 뿐만 아니라, 호남에서 얻은 득표율도 10%p 가까이 낮았다. 그는 영남지역과 대전·충남지역에서 이명박은 물론 이회창에게도 득표율이 뒤졌다. 이회창은 비록 수도권과 호남, 충북, 강원, 제주에서 3위의 득표율에 그쳤지만, 다른 지역에서는 정동영의 득표율을 앞섰으며, 특히 충남에서는 1위를 차지한 이명박의 득표율인 34.3%에 근접한 33.2%를 득표하는데 성공하였다.

〈표 2-3-7〉 제17대 대통령 선거(2007) 결과

시도명	이명박	정동영	이회창	문국현	이인제	권영길	금민
합계	48.7	26.1	15.1	5.8	3.0	0.7	0.1
서울	53.2	24.5	11.8	7.1	2.3	0.5	0.1
부산	57.9	13.5	19.7	5.4	2.8	0.3	0.1
대구	69.4	6.0	18.1	4.0	2.0	0.1	0.1
인천	49.2	23.8	15.2	7.0	3.5	0.6	0.1
광주	8.6	79.8	3.4	4.8	2.1	1.1	0.0
대전	36.3	23.6	28.9	7.1	2.5	1.1	0.1
울산	54.0	13.6	17.5	5.5	8.4	0.4	0.1
경기	51.9	23.6	13.4	7.1	2.9	0.6	0.1
강원	52.0	18.9	17.6	5.9	3.9	0.8	0.1
충북	41.6	23.8	23.4	5.7	3.6	1.1	0.1
충남	34.3	21.1	33.2	4.7	3.5	2.5	0.1
전북	9.0	81.6	3.6	2.8	1.9	0.7	0.1
전남	9.2	78.7	3.6	3.2	2.4	2.4	0.1
경북	72.6	6.8	13.7	3.3	2.8	0.3	0.1
경남	55.0	12.4	21.5	4.8	5.4	0.3	0.1
제주	38.7	32.7	15.0	7.8	4.4	0.7	0.1

출처: 중앙선거관리위원회 역대선거정보

한국에서 제3정당의 성공조건

1997년 이인제의 국민신당, 2002년 정몽준의 국민통합21, 2007년 문국현의 창조한국당 등 새누리당과 새정치민주연합으로 양대정당을 제외한 제3정당의 창당이 지속되어왔다. 진보진영을 대표하던 통합진보당도 이들 가운데 하나였다고 할 수 있다. 하지만 이들은 모두 단명으로 한국정당사에서 사라지게 되었으며, 이는 제3정당이 한국에서 거의 생존하기 어렵다는 비관적인 전망의 근거가 되고 있다. 그럼에도 불구하고 한국정치사에서 양대정당에 대한 불만을 표출하거나 새로운 사회적 균열을 반영한 제3정당이 앞으로도 지속적으로 등장할 것으로 전망된다.

… (중략) … 신생정당의 등장과 소멸에 관한 선행연구들은 이에 영향을 미치는 다양한 내외생적 변수들을 주목해왔다. 특히 이들 가운데 상당수는 선거제도, 사회적 균열구조, 기성정당의 대의성(representation)과 성과(performance) 등과 같은 외생적 변수에 주목해왔다. 예를 들어, 로천(Rochon 1985, 419)은 신생정당의 유형을 "새로운 균열에 기초하여 지지를 창출하는 정치적 이슈를 정의하려고 시도하는" 동원정당(mobilizing party)과 "이미 동원된 유권자들을 두고 기성정당과 경쟁하는" 도전자정당(challenging party)으로 구분하고 네덜란드 신생정당사례분석을 통하여 전자가 후자보다 더 생존가능성이 크다는 점을 밝혔다. 그에 따르면, 동원정당은 "새로운 균열과의 연관성을 강조하거나 새로운 정치적 정체성(political identity)을 동원"하고, "새로운 이슈들"을 "강조"하거나 "오래된 이슈들"을 "재해석"한다(p.421); 반면에 도전정당은 기성정당지지자들의 이익이 제대로 대표되지 못하고 있다는 점을 비판하며 기성정당의 정당성에 도전하며 대체로 분당을 통해 등장한다(p.421); 동원정당은 새로운 균열에 기초하여 형성되며 "정치적 이해"를 새롭게 "정의"해야 하기 때문에 처음에는 시간이 걸리고 힘들지만 일단 정치적 정체성을 형성하면 배타적인 자산이 되는 반면, 도전정당은 만들기는 쉽지만 유지하기가 힘들다(p.422).

출처: 지병근. 2014a. "한국에서 제3정당의 실패요인: 새정치연합 사례 분석." 『인문사회과학연구』 44권, 63~93. 원문의 각주는 생략.

이명박의 승리는, 첫째, 열린우리당의 해체로 귀결된 노무현 정부와 집권여당의 실정에서 찾을 수 있다. 탄핵역풍 속에서 제17대 총선을 통해 단독으로 국회 과반수 의석을 차지하는 성과를 거두었지만, 열린우리당은 노무현 대통령과 함께 국민들의 신망을 얻지 못함으로써 제4회 지방선거뿐만 아니라 이후 실시된 거의 모든 재보궐선거에서 치욕적인 패배에 직면하면서 분당으로 치닫게 되었다. 2005년 대연정 제안과 2007년 대통령 연임개헌제안이 야당의 호응을 얻지 못한 채 거부당하는 등 각종 정치적 실패와 함께 부동산 폭등과 사회적 양극화에 제대로 대처하지 못하는 등 경제정책의 실패가 집권당 후보에 대한 지지철회로 귀결되면서 이명박이 반사이익을 얻었다는 것이다.[27]

27 이병완(2009, 90)은 노무현정부시기 주가가 2천포인트를 상회하였고, 국민1인당 GDP, 외환보유고, 실업률, 무역수지 등 각종 거시경제지표가 그다지 나쁘지 않았다고 주장하였다. 이를 근거로 그는 2007년 대선에서 이명박의 압승은 노무현의 '참여정부에 대한 심판이 아니었다고 보았다. 한국의 역대대선은 정권심판의 장이 되지 못하였으며, 대선후보들의 전

둘째, 대선과정에서 이명박 후보가 BBK 사건을 비롯한 각종 의혹에 시달리며 다른 후보들의 공세를 감내해야했지만, 정동영이나 이회창이 대안이 되기는 힘들었다. 정동영은 지난 2002년 제17대 총선을 앞두고 '노인폄하 발언'으로 구설수에 오른 바 있으며 열린우리당의 당의장과 통일부장관을 역임하였음에도 불구하고 노무현 대통령에게 모든 책임을 전가하며 신당창당에 나섰다는 비판을 피하기 힘들었다. 이회창 역시 지난 대선에서 선거자금을 둘러싼 비리공방에서 한나라당에게 차떼기 정당이라는 오명을 씌어준 장본인이었으며, 그의 출마로 인해 보수세력의 분열과 정권교체를 위협하였다는 비판을 받았다.

셋째, 한나라당은 탄핵역풍에도 불구하고 박근혜를 중심으로 약화된 당세를 회복해왔을 뿐만 아니라, 한나라당의 대선후보 경선과정에서 빚어진 심각한 갈등에도 불구하고 일찌감치 박근혜가 경선결과에 승복함으로써 별다른 분란없이 대선에 임할 수 있었다. 집권여당인 열린우리당이 정권재창출에 대한 집착과 조바심에서 내부적인 책임공방과 분열로 치달은 반면, 제1야당인 한나라당은 지속적으로 국민들의 신뢰를 회복하는데 주력함으로써 마침내 정권교체에 성공하였다고 할 수 있다.

략전술에 의해 승자가 결정되었다는 것이다(p.95). 이러한 인식은 노무현(2009)에게서도 발견할 수 있다. 그는 '잃어버린 10년'이라는 것은 거짓말이며, 그 근거로 2003년과 2004년 경제가 어려웠음에도 불구하고 소득증대(2002년 1인당 국민총소득이 1만 2,100달러에서 2007년 2만 1,695달러), 외환보유고(김대중 정부 1,234억 달러에서 노무현 정부 2,620억 달러), 코스피 지수 2000 포인트 돌파 등을 들었다(pp.207~210). 하지만 그 역시도 인정하였듯이 국민들은 이러한 성과보다 극심한 사회적 양극화, 실업율, 부동산 급등에 훨씬 민감하게 반응하였다.

CONCLUSION

결 론

– 민주화 이후 선거의 역사와 쟁점 –

1. 김대중·노무현 정부 시기의 선거

지금까지 이 연구는 평화적인 정권교체가 이루어진 1997년 대선 이후 이명박 정부가 등장하게 된 제17대 대선까지 한국에서 개최된 대통령선거와 국회의원선거, 동시지방선거에서 나타난 한국 선거정치의 특징에 대한 분석을 시도하였다. 김대중 정부 시기의 선거는 1997년 제15대 대선, 1998년 제2회 지방선거, 2000년 제16대 총선, 2002년 제3회 지방선거가 포함되었다. 노무현 정부 시기의 선거에는 2002년 제16대 대선, 2004년 제17대 총선, 2006년 제4회 지방선거, 2007년 대선이 포함되었다.

이 시기는 민정당–민자당–신한국당–한나라당으로 이어지는 영남기반 지역정당을 대신한 평민당–국민회의–민주당–열린우리당으로 이어지는 호남기반 지역정당의 집권기이다(부록 1 참조). 이 시기에는 민주화 이후 민주주의 공고화와 심화라는 시대적 과제를 안고서, 시민들의 자유로운 정치참여와 공정한 정치적 경쟁을 보장할 수 있도록 선거제도를 개선하기 위한 노력이 매우 활발하게 진행되었다. 아울러, 이 시기에는 3김 시대를 마감하고 각 지역정당이 새로운 형태의 내부권력구조와 운영양식, 그리고 새로운 형태의 선거경쟁을 모색하였다. 그 뿐만이 아니라 1987년 이후 민중의 정치세력화를 추진하던 재야세력 또한 진보정당의 창당과 국회입성을 본격적으로 시도하였다.

제15대 대선에서 '내각제 개헌'을 매개로 추진된 DJP 연합을 통해 민주화 이후 처음으로 야당이 집권에 성공하였으며, 집권당이 된 국민회의는 제2회 지방선거와 2000년 제16대 총선에서 상당한 성과를 거둘 수 있었다. 하지만 자민련은 오히려 국민회의와의 공조로 인해 일부 영남지역에 존재하던 지지기반을 상실하였으며, 2000년 제16대 총선에서는 원내교섭단체조차 독립적으로 구성하지 못할 정도로 급속히 쇠퇴하였다. DJP 공조체제가 깨지고, 김대중 대통령의 측근비리가 속출하던 국민의 정부 말기 제16대 대선을 앞두고 개최된 제3회 지방선거에서는 한나라당이 호남, 충남과 제주도를 제외한 모든 광역시도의 지방정부를 차지하는 등 압승을 거두었다(부록 4–1, 부록 4–2 참조).

하지만 2002년 제16대 대선에서는 국민참여경선을 통해 극적으로 민주당의 대선후보로 선출된 노무현이 정몽준과의 후보단일화를 바탕으로 이회창을 누르고 대통령에 당선되었다. 그 후 민주당을 탈당한 이들이 2003년 말 창당한 집권여당인 열린우리당은 노무현 대통령에 대한 탄핵을 추진한 야당에 대한 국민들의 반감에 기대어 2004년 제17대 총선에서 국회의 과반의석을 차지하는 성과를 거둘 수 있었다. 당시의 총선에서 진보정당인 민주노동당이 비례대표제 덕분에 민주화 이후 최초로 국회에 입성할 수 있는 계기를 마련하기도 하였다.

그럼에도 불구하고 '참여정부와 열린우리당이 추진한 국보법폐지, 사학법개정, 언론입법, 과거사청산 등 4대법안의 처리가 야당의 반대로 좌초되었고, 집권초반기의 대북송금특검수용과 이라크 파병결정에 뒤이어 한미자유무역협정과 대연정을 추진하면서 주요 지지층인 호남과 진보적 성향의 유권자로부터 반발을 사게 되었다. 마침내 노무현 대통령과 열린우리당은 한나라당에게 정국주도권을 빼앗기고 말았다. 2006년 제4회 지방선거에서는 전북도지사 선거를 제외한 광역시도지사 선거에서 단 한명의 당선자도 내지 못하는 치욕적인 패배를 경험하게 되었으며, 그 후 실시된 재보궐선거에서도 참패를 거듭하다가 결국 2012년 대선을 앞두고 공중분해 되었다.

2. 제도적 차원의 주요 쟁점들

이 연구는 이 시기에 개최된 공직선거에 적용된 선거제도와 정당 및 유권자의 선거행태로 나누어 다양한 논점들을 제시하였다. 먼저, 이 시기에는 선거제도를 개선하기 위한 노력이 지속적으로 이루어졌다. 물론, 1997년 경제위기를 맞이하여 선거 및 대의기관의 경제적 효율성이 추구되기도 하였지만, 전반적으로 이 시기에는 불법타락선거의 근절과 선거의 비례성 제고, 사회경제적 자원의 불평등으로 인한 불공정성의 개선을 목적으로 과감한 제도개선이 이루어진 시기라고 할 수 있다. 그리고 그 성과는 정치자금의 투명성 제고와 선거공영제의 확대, 여성할당제와 비례대표제의 도입을 통한 여성과 노동의 정치적 대표성 강화 등에서 찾을 수 있다.

하지만, 이러한 성과에도 불구하고 여전히 한국의 선거제도가 민주적 선거의 사전 조건(precondition)이라고 할 수 있는 공정한 경쟁과 자유로운 참여를 충분히 보장하지 못하고 있다는 점에서 논란의 대상이 되고 있는 것이 사실이다. 여기에는 경제적 자원이 취약한 군소정당들에게 불리한 정치자금제도, 제한된 여성 할당제와 비례대표제, 불법정치자금의 운용과 정당기초조직의 사인화(personalization), 낙선운동을 포함한 시민단체의 선거참여에 대한 제약, 부정선거행위에 대한 선거관리위원회의 제한된 제재 권한 등이 포함된다.

첫째, 선거공영제의 도입에도 불구하고 군소정당 혹은 무소속 후보자들에게 불리한 현행 제도의 한계는 여전히 비판을 받고 있다. 지난 1997년 대선을 앞두고 옥외집회를 폐지하고 선거운동기간을 줄이는 대신 미디어 선거운동의 활성화를 도모하기 위한 선거법개정이 이루어졌으며, 선거비용의 수입과 지출에 관한 투명성을 제고하고, 선거공영제의 확대가 이루어졌다.[1] 하지만, 당시의 선거법 개정으로 대통령선거에서 기탁금은 3억에서 5억으로 올랐을 뿐만 아니라 기탁금 반환의 조건이 7% 이상의 득표율에서 10% 이상으로 상향조정되었으며, 이는 2002년 제16대 대선에서는 15%로 다시 강화되었다(중앙선거관리위원회 2003, 638). 총선의 경우에도 후보자들의 기탁금이 2000년 총선을 앞두고 기존의 1000만원에서 2000만원으로 상향조정되었다. 비록, 2001년 위헌결정에 따라 기탁금의 액수가 다시 하향조정이 되고 반환조건 또한 15%로 완화되었지만, 여전히 정치자금이 부족한 군소정당이나 무소속 후보들의 경우 방송을 이용한 선거운동을 수행할 만한 경제적 지원이 이루어지지 않고 있다.

둘째, 여성할당제와 비례 대표제의 도입에도 불구하고 여전히 여성의 정치

---

1 범기수·최용혁(2013)은 제15~18대 대선에서 후보자들의 TV 토론방식을 비교분석한 결과 지지율 1위 후보 혹은 여당후보가 충돌전략보다는 비충돌전략을 사용한다는 점을 밝혔다.

적 대표성은 매우 취약하며, 비례대표의원이 국회 및 지방의회에서 차지하는 비중은 그다지 크지 않다. 2002년 광역의원 선거에서 비례대표제가 도입되었을 뿐만 아니라 여성후보를 50% 이상 할당하도록 의무화하였다. 국회의원선거에서도 2004년 처음으로 비례대표제가 도입되어 진보정당인 민주노동당이 국회에 진출하는 데 크게 기여하였다. 하지만 대부분의 여성할당은 선거자금의 인센티브가 제공되는 비례대표선거에 국한되어 있을 뿐만 아니라, 지역구의원에 비해 비례대표의원이 차지하는 비율은 지극히 낮다는 점에서 여전히 한국선거에서 나타나는 여성의 대표성과 비례성은 매우 취약하다(김영수 2004; 안형준 2014).

셋째, 선거운동의 투명성과 고비용을 극복하기 위한 법안들의 효율성에 대한 의문 역시 제기되고 있다. 이미 앞서 언급하였듯이, 1997년 대선에서 막대한 선거자금이 소요되는 옥외집회를 금지함으로써 선거사범이 급감하는 효과가 있었음에도 불구하고 선거과정에서 정치자금의 모금과 지출과정에서 불법행위가 지속되었으며, 2002년 대선 직후 소위 이회창 후보측의 '차떼기 자금'사건이 불거져 나왔을 뿐만 아니라 노무현 대통령의 대선자금도 논란이 되었다. 대선자금논란의 소용돌이 속에서 2004년 국회의원 선거를 앞두고 소위 '돈 안드는 선거'를 위한 '오세훈법'이 통과되어, 정치자금의 투명성을 제고하기 위하여 납세실적 공개 범위를 넓히고, 선거사범에 대한 처벌수준을 높였다. 아울러, 기업 및 노동조합의 정치자금 기부를 금지하고, 비용이 많이 드는 지구당을 폐지하였다. 하지만 이러한 변화가 오히려 불법정치자금을 양산하고, 정당의 기초조직을 사인화(personalization)함으로써 정치발전을 저해한다는 비판에 직면하고 있다.

넷째, 중선거구제의 도입, 기초의원의 정당공천여부, 예비후보제도의 도입 등 정치신인의 충원과 관련한 선거제도와 낙선운동을 비롯한 시민들의 참정권과 관련한 논란 또한 사라지지 않고 있다. 제4회 지방선거 이후 기초의원선거에 중선거구제를 도입하였을 뿐만 아니라, 기초의원후보의 정당공천이 허용되었지만, 이러한 제도적 변화가 지역주의적 선거정치를 약화시키고 정당정치를 발전시킬 수 있을 것이라는 기대에 그다지 부응하지 못하고 있으며, 오히려 지방정치를 중앙정치에 종속시키고, 능력이 있는 정치신인들의 정치참여를 저해한다는 주장이 제기되고 있다(김석우·임성학·전용주 2008). 2004년 총선에서 처음 도입된 예비후보제도 또한 현직자와 도전자 사이의 공정한 경쟁을 실현하기에는 역부족이라는 의견이 지배적이다. 이와 더불어, 지난 2000년 총선에서 선거결과에 상당한 영향을 미쳤던 시민단체의 낙선운동은 함량미달의 후보자들을 걸러내고 유권자들의 합리적 선택에 도움을 주겠다는 선의에도 불구하고 정치적 중립성 위반 시비에 휘말리며 결국 불법화되었다. 하지만, 이와 동시에 낙선운동에 대한 제약이 유권자들의 참정권을 훼손할 수 있다는 우려와 비판이 제기되고 있다.

다섯째, 선거관리위원회에 부여된 권한의 범위 또한 중요한 쟁점이 되고 있다. 선거법위반에 대한 감시 감독을 강화하기 위해서, 선관위의 권한을 강화할 필요성에 대하여 많은 이들이 동감한 것은 사실이다. 그리고 이를 반영하여 2000년 총선을 앞두고 선관위가 혐의자의 동행 및 출석 요구권과 증거물품 수거권이 부여되었을 뿐만 아니라 검찰에 의해 공소제기가 이루어지지 않았을 경우 재정신청 권한을 부여하였다(임성호 2011, 162). 하지만, 선관위의 권한이 지나치게 확대될 가능성에 대한 우려 또한 제기되고 있으며, 대표적으로 2004년 제17대 총선을 앞둔 시점에 노무현 대통령의 선거법 위반여부에 대한 선관위 결정이 노무현 대통령의 탄핵으로 이어지면서 확대되고 있는 선관위의 역할과 위상에 대한 사회적 합의의 필요성이 제기되고 있다.

3. 선거행태의 주요변화와 선거정치에 미친 영향

이 시기에 개최된 선거에서는 선거연합, 후보공천, 투표결정요인 등 정당 및 유권자의 행태에서 주목할 변화가 나타났다. 첫째, 이 시기의 선거에서는 과거와 다른 새로운 지역연합이 구성되었다. 지난 1990년 민자당의 창당을 계기로 형성되었던 충청-영남 지역연합을 대신하여 1997년에는 충청-호남 지역연합, 즉 'DJP연합'이 구축되었으며, 이를 통해 새정치국민회의와 자유민주연합은 한국정치사에서 처음으로 평화적인 정권교체를 이루어냈다. 한국에서 주요 정당들의 지지기반이 지역적으로 지극히 제한되어있다는 점을 고려할 때, 당시의 양당이 추진한 지역연합은 집권을 위한 최적의 선거연합으로서 지금도 주요 정당들이 선거전략을 구상하는 데 중요한 모델이 되고 있다. 2002년 대선에서도 신행정수도공약을 매개로 호남-충청 지역연합이 추진되었으며, 이는 노무현의

승리에 상당한 기여를 한 것으로 알려져 있다.[2]

둘째, 이 시기의 선거는 과거와 달리 후보선출과정의 민주화와 개방화가 획기적으로 심화 발전되었다. 이는 3김 중심의 위계적 구조를 벗어나지 못했던 정당자체의 민주주의를 심화시키는 결정적 계기를 마련하였다고 볼 수 있다. 1997년 대통령선거에서도 당내 경선을 통해 후보가 결정되었다. 새정치국민회의의 경우 정대철과 김대중이, 신한국당의 경우 이회창과 이인제 등 이른바 9룡이, 자민련의 경우에도 김종필과 한영수가 경선을 벌였다. 그런데 이인제가 신한국당의 당내 대선후보경선결과를 무시하고 이회창 후보의 병역비리문제와 낮은 지지율을 이유로 탈당하여 대선에 출마함으로써 한국의 정당들은 당내경선을 개선하기 위해 숙고하게 되었다. 2002년 대선에서는 획기적으로 시민들이 후보선출권자로 참여하는 국민경선제도를 도입하였으며, 이는 그 후에도 주요 정당들이 각종 공직선거의 후보자를 선출하는 보편적 제도로 정착하게 되었다. 다만 이 제도는 당원의 역할 축소에 따른 정당정치의 약화, 그리고 대표성을 상실한 선거인단구성과 관련하여 규범적·방법론적 차원의 다양한 문제점들에 대한 논란이 사라지지 않고 있다(지병근 2010).

셋째, 이 시기에 개최된 각종 선거에서 나타난 지역주의적 투표성향을 탈피한 새로운 유형의 투표성향이 점차 주목을 받게 되었다(부록 11 참조). 여전히 이들이 지역정당에 대한 일체감에 기초하여 투표를 결정하는 경향성은 뚜렷하게 나타나고 있지만 점차 약화되고 있으며, 경제투표, 이념투표, 계급투표와 같은 새로운 투표성향이 점차 이를 대신하고 있다는 점 또한 확인되고 있다. 예를 들어, 1997년 대선에서 김대중이 승리할 수 있었던 것은 국가경제의 위기를 초래한 집권여당과 그 당의 대선후보였던 이회창에 대하여 품고 있던 유권자들의 불만이 표출되고 책임을 물으려는 경향성이 나타났기 때문이라고 할 수 있다. 아울러 2002년 대선은 미군에 의한 여중생 사망사건과 SOFA 개정을 둘러싼 반미성향의 여론이 비등한 상황에서 개최됨으로써 보수성향의 이회창 후보에게 불리하게 작용하였으며, 그 이후에도 북한핵문제와 대북정책을 둘러싼 정치적 갈등이 심화되면서 유권자들의 이념적 성향이 투표할 후보를 선택하는데 결정

2 민자당 창당보다는 덜 하였지만, DJP연합 역시 각 정당의 이념적 지향을 저버린 일부 정치인들의 이익을 위한 야합이며, 당내민주주의를 훼손하였다는 비판을 받아야 했다.

적인 영향을 미친다는 주장이 제기되어 왔다(Jhee 2008a). 아울러 이 시기에 사회적 양극화가 심화되면서 부동산을 포함한 유권자들의 자산규모에 따라 투표성향의 차이가 나타났다는 주장 또한 제기되기도 하였다.

이 시기의 선거는 한국의 선거 및 정당정치의 특성에도 상당한 영향을 미쳤다. 이는 무엇보다 영호남을 대표하는 지역정당 중심의 양당체제, 특히 영남지역을 대표하는 한나라당 우위의 양당체제를 강화시켰다는 점에서 찾을 수 있다. 충청지역을 대표하는 자민련의 몰락은 새누리당으로 이어져온 보수정당의 내부 통합력만이 아니라 선거경쟁력을 강화시켰다. 이에 반해 새정치민주연합으로 이어지는 호남지역정당은 포스트 DJ 시대에 부응하는 지도력을 창출하는데 실패하였으며, 점차 민주당 내부의 계파갈등이 악화되어 열린우리당이 해체되는 등 심각한 위기상황에 처하게 되었다.

국민의 정부가 들어서기 이전에는 보수적 유권자들의 표는 자민련과 한나라당에게 분산되었으며, 이는 1997년 대선과 2002년 대선에서 한나라당의 후보였던 이회창의 패배로 귀결되었다. 하지만, 자민련이 국민회의와의 공동정권을 창출한 이후 충청지역을 독점적으로 대표하는 지역정당으로서의 입지가 현격히 약화되었으며, 특히 2004년 총선 이후에는 일개 군소정당으로 전락하면서, 한나라당은 보수적 유권자들의 지지를 받는 유일한 보수정당이 되었다.[3] 이와는 대조적으로 민주당의 분당과 열린우리당의 창당, 그리고 민주당이 주도한 노무현 대통령에 대한 탄핵으로 극적으로 표출되었듯이 호남지역을 대표하는 민주당계 정당들은 내부 계파간의 갈등이 부상하면서 당세가 현격히 약화되었다. 아울러 '탄핵역풍'에 의한 열린우리당의 압승으로 잘 드러나지는 않았지만 2004년 총선에서 이루어진 민주노동당의 국회진출은 소위 '야권분열' 혹은 '개혁세력의 분열'을 일상화시켰다.[4]

---

3 이는 경선불복후보의 출마를 금지하는 법률제정(공직선거법 57조 2항)으로 완성되었다.

4 역설적이지만 비례대표제는 민주노동당의 국회진입과 함께 야권의 다당화를 촉진함으로써 한나라당이 안정적으로 국회의 다수당이 될 수 있도록 보장하는 기제로 작용하였다고 볼 수도 있다. 자민련이 보수적 유권자들을 분점하여 한나라당의 성장을 제한하였듯이, 민주노동당이 진보적 유권자를 분점함으로써 민주당계 정당의 성장을 제한하였다는 것이다. 자민련계와 한나라당 사이의 갈등이 제15대·제16대 대선에서 한나라당의 패배로 이어졌듯이, 이제 진보정당과 민주당계 정당 사이의 갈등이 대선결과에 지속적으로 영향을 미치게 되었다. 하지만, 비례대표제가 장기적으로 보수적 성향의 지역정당이 독점해온 한국정

2004년 총선 이후 나타난 정치환경의 변화는 정당내부의 권력이 다원화되고 진보정치의 공백이 일부나마 채워졌다는 점에서 한국정당정치의 '정상화'가 이루어지는 과정에서 나타난 자연스런 현상이라고 할 수 있다. 그런데 주목해야할 것은 이 과정에서 한나라당이 안정적으로 국회를 지배할 수 있을 만큼 성장하게 되었다는 사실이다. 아울러, 선거정치의 측면에서 주목할 만한 것은 진보적 성향의 유효정당(efficient party)으로서 민주노동당의 존재는 개혁정당을 자임하는 열린우리당에게 정책적 위치선정을 매우 어렵게 만들었다는 점이다. 이는 이념적으로 진보적 성향이 뚜렷한 민주노동당이 존재하는 상황에서 이라크파병이나 한미자유무역협정 추진 등 열린우리당이 추진했던 여러 정책들이 보수적 유권자들의 지지를 창출하기보다 오히려 진보적 유권자들의 지지를 상실하는 결과를 초래했다는 사실에서도 확인될 수 있다. 다시 말해, 진보정당이 국회에 진출하지 못했던 시절과 달리, 열린우리당은 진보적 유권자의 지지를 상실하지 않기 위해 민주노동당과는 진보적 이슈경쟁을 하면서도 이와 동시에 중도적 유권자들의 지지를 얻기 위해 한나라당과 보수적 이슈경쟁을 해야하는 딜레마에 처하게 된 것이다(지병근 2012a; 지병근 2014d). 그리고 이러한 딜레마는 내부 계파관계를 더욱 복잡하고 갈등적으로 만들었다고 할 수 있다.

치의 변화와 발전을 자극하였다는 점은 결코 부정할 수 없다. '개혁적' 성격의 민주당계 정당들이 주장하는 소위 "야권분열론"은 진보정당과의 연대보다 진보적 유권자들을 배타적으로 독점하기 위한 주장에 다름 아니다.

참고문헌

가상준. 2004. “6.13 지방선거에서 유권자의 행태.” 『한국정당학회보』 3집 1호, 5~29.

가상준. 2009. “지방선거에서 정당공천제: 새로운 변화를 위한 올바른 선택.” 『OUGHTOPIA』 24집 1호, 207~232.

강민제·윤성이. 2007. “선거구획정과 선거결과의 왜곡.” 『한국정당학회보』 6집 2호, 5~28.

강원택. 2007. “정당·후보자요인과 선거운동: 서울시장선거를 중심으로”. 이내영·이현우·김장수 편. 『변화하는 한국유권자: 패널조사를 통해 본 5.31 지방선거』, 서울: 동아시아 연구원.

강원택. 2009. “당내 공직 후보 선출 과정에서 여론조사 활용의 문제점.” 『동북아연구』 14집, 35~63.

강원택. 2010. “지역주의는 약화되었을까: 지역주의와 2007년 대통령 선거.” 강원택 편. 『한국 선거정치의 변화와 지속: 이념, 이슈, 캠페인과 투표참여』. 서울: 나남.

강준만. 2006. “5·31 지방선거와 지방자치: ‘스톡홀름 신드롬’의 딜레마.” 『인물과 사상』 50~65.

고선규. 2006. “2006년 지방선거에서 중선거구제 도입과 정치적 효과.” 『한국정치연구』 15집 2호, 121~146.

고성원. 2002. “지배구조의 성격변화와 사회운동에 관한 연구: 1987·1992·1997 대선과정 비교연구.” 연세대학교 석사 학위 논문.

국정홍보처. 2003. 『참여정부 국정포커스: 국정개혁 토론보고 자료집』. 서울: 일지사.

국정홍보처. 2007. “개헌과 관련하여 국민 여러분께 드리는 말씀: 2007년 1월 9일.” 『노무현 대통령 연설문집 제4권 : 2006년 2월 1일~2007년 1월 31일』. 대통령비서실.

김대중. 2010a. 『김대중 자서전 1』. 서울: 삼인.

김대중. 2010b. 『김대중 자서전 2』. 서울: 삼인.

김두한. 2006. “5.31지방선거와 자본가 계급 지배체제의 강화.” 『정세와 노동』 14집, 15~27.

김래영. 2012. “개정 공직선거법의 문제점과 개선방안.”『한국비교공법학회』13집 2호, 3~36.

김석우. 2004. “기초단체장 충원과정에 관한 연구.”『한국정치학회보』38집 1호, 215~231.

김석우·임성학·전용주. 2008. “한국정치사에서의 5·31 지방선거의 의미.”『한국정치외교사논총』29집 2호, 349~373.

김선미. 2004, “한국의 시민사회, 시민운동, 그리고 시민의식: 노무현대통령 탄핵정국과 17대 총선을 중심으로.” 한국사회학회 전기 사회학 대회. 대구. 6월.

김순은. 2010. “기초의회 중선구제의 효과분석.”『한국지방자치학회보』22집 3호, 27~55.

김영래. 2007. “한국의 매니페스토 운동과 지방선거에 대한 영향 평가 연구.”『한국동북아논총』45집, 285~304.

김영수. 2004. “지방선거제도의 개선방안에 관한 연구.”『지방정부연구』8집 2호, 223~242.

김영태. 2011. “지역정당구조와 중대선거구제.”『미래정치연구』1집 1호, 113~135.

김용복. 2009. “지방의회의 역할과 선거제도의 개선: 비례성의 제고와 정당정치의 활성화.”『세계지역연구논총』27집 3호, 35~63.

김용철. 2006. “선거제도의 변화와 5·31 지방선거.”『한국정당학회보』5집 2호, 59~88.

김 욱. 2006. “16대 대선에서 세대, 이념, 그리고 가치의 영향력.” 어수영 편저.『한국의 선거 V』, 서울: 오름.

김윤철. 2006. “5·31 지방선거, 진보정당은 왜 대안세력이 될 수 없었나.”『인물과 사상』, 83~94.

김진하. 2010. “한국 지역주의의 변화.”『현대정치연구』3집 2호, 89~114.

김태완. 2012. “한국 선거에서의 영호남 지역주의 투표성향에 대한 분석.”『로컬리티 인문학』7집, 57~104.

김혜영·전기택. 2006. “전국동시지방선거와 여성참여 특성 분석.”『한국정책연구』6집, 1~23.

노무현. 2009.『성공과 좌절: 노무현 대통령 못다쓴 회고록』. 서울: 학고재

노무현재단. 2010.『운명이다: 노무현 자서전』. 파주: 돌베개.

노혜경 외. 2002.『유쾌한 정치반란 노사모』. 고양: 개마고원.

동아시아연구원. 2003.『2002 대선평가와 노무현 정부의 과제』. 서울: 이슈투데이.

문우진. 2005. “지역본위투표와 합리적 선택이론: 공간모형 분석.” 『한국과 국제정치』 21집 3호, 151~186.

문재인. 2011. 『문재인의 운명』. 서울: 가교출판.

박경미·한정택·이지호. 2012. “한국사회 이념갈등의 구성적 특성.” 『한국정당학회보』 11집3호, 127~154.

박근혜. 2007. 『박근혜 자서전: 절망은 나를 단련시키고 희망은 나를 움직인다』. 고양시: 위즈덤하우스.

박명호. 2007. “2006 지방선거의 공직후보자 선정과정에 대한 분석: 열린우리당과 한나라당을 중심으로.” 『정치정보연구』 10집 2호, 79~95.

박상훈. 2001. “한국의 유권자는 지역주의에 의해 투표하나: 제16대 총선의 사례.” 『한국정치학회보』 35집 2호, 113~134.

박상훈. 2003. “민주화 이후의 한국정치와 지역주의 지배담론: ‘3김 청산론’의 담론동맹과 그 이데올로기적 기능을 중심으로.” 『아세아연구』 46집 2호, 241~270.

박영규. 2014. 『한권으로 읽는 대한민국 대통령실록』. 서울: 웅진지식하우스.

박용수. 2006. “한국 복지국가의 성격: 잔여적 유형?” 『국제지역연구』 10집 3호.

박용수. 2007. “1990년대 이후 잔여적 한국복지국가 발달의 주요 배경.” 『국제정치논총』 47집 2호, 97~122.

박재욱. 2006. “지방선거에서의 정당공천제와 경선제.” 『국제정치연구』 9집 1호, 336~359.

박찬표·김영태·지병근. 2013. “국민참여 경선제의 정치적 효과 및 개선방안 연구.” 2013년도 국회연구용역과제 중간보고서.

범기수·최용혁. 2013. “한국의 역대 대선 TV 토론에 나타난 후보자의 충돌 전략에 관한 연구.” 『한국언론학보』 57집 3호, 455~481.

새천년민주당. 2003. 『노무현은 이렇게 말했다』. 서울: 새천년민주당 제16대 대통령 선거 백서발간위원회.

서중석. 2007. 『대한민국 선거이야기: 1948제헌선거에서 2007 대선까지』. 서울: 역사비평사.

송근원. 2006. “유권자들의 정책성향과 배경 변수의 관계: 16대 대선을 중심으로.” 『의정연구』 제21집, 159~195.

시미즈 도시유키 저·백계문 역. 『한국정치와 시민사회: 김대중·노무현의 10년』. 파주시: 한울.

외교통상부. 2007. 『참여정부 5년 외교성과』. 외교통상부 정책기획국 정책총괄과.

유현종. 2011. “선거운동 규제의 제도적 변화와 지속성.” 『한국정치학회』 45집 1호, 87~111.

육동일. 2006. “지방선거 정당공천제의 한계와 과제.” 『한국지방자치학회보』 18집 1호, 5~26.

윤상철. 2004. “이념의 정치와 권력경쟁의 정치: 노정권의 출범에서 총선까지.” 『경제와 사회』 62집.

윤종빈. 2008. “2007년 대선과 정당의 후보 선출: 대통합민주신당과 한나라당을 중심으로.” 『세계지역연구논총』 26집 1호, 31~55.

이갑윤·이현우. 2000. “국회의원선거에서 후보자 요인의 영향력: 14~16대 총선을 중심으로.” 『한국정치학회보』 34집 2호, 149~170.

이갑윤·이현우. 2009. 『한국국회의 현실과 이상』. 서울: 오름.

이남영. 2006. “누가, 왜, 어떻게 노무현 대통령을 당선시켰나?”. 어수영 편저. 『한국의 선거 V』, 서울: 오름.

이내영. 2006. “5.31 지방선거와 정당지지기반의 재편: 이탈투표의 분석.” 김민전·이내영 편. 『변화하는 한국 유권자 3』, 169~194. 서울: 동아시아연구원.

이동윤. 2008. “정당의 후보선출제도와 정당정치의 문제점－제17대 대통령선거를 중심으로.” 『한국정당학회보』 7집 1호, 5~37.

이상묵. 2006. “한국의 국회의원 선거제도 변화의 원인분석.” 『한국정치학회』 40집 5호, 165~189.

이준한. 2007. 『개헌과 민주주의: 한국적 정치제도의 비교연구』. 파주: 한울.

이현우. 2006a. “16대 대통령 선거에서 나타난 이슈와 후보자 전략”. 어수영 편저. 『한국의 선거 V』, 서울: 오름.

이현우. 2006b. “지방선거를 통한 지방자치 평가: 대표성, 민주성, 자율성.” 『세계지역연구논총』 24집 3호, 219~245.

이현출. 2008. “제18대 총선과 지방행정: 개정된 선거법의 고찰.” 『지방행정』 57집 653호, 45~54.

전용주·김도경·서영조. 2008. “부산·광주지역 대학생들의 정치성향 비교연구.” 『한국정치학회보』 42집 4호, 289~314.

전진영. 2000. “비례대표 국회의원 여성할당제의 제도적 특성과 정당의 후보자 공천.” 『한국정당학회보』 12집 3호, 89~112.

정구종. 2006. “16대 대통령 선거 분석: 정치변동에서 사회변혁으로.” 어수영 편저. 『한국의 선거 V』, 서울: 오름.

정기선. 2005. “지역감정과 지역갈등인식의 변화.” 『한국사회학』 39집 2호, 69~99.
정몽준. 2011. 『나의 도전 나의 열정』. 파주: 김영사.
정무권. 2002. “비판과 대안을 위한 사회복지학회.” 『비판사회정책』 11집, 109~161.
정병기. 2010. “민주화 이후 한국 정당체제의 현황과 전망: 보수적 지역주의 카르텔 정당체제의 형성과 해체.” 『대한정치학회보』 17집 2호, 45~72.
정병기. 2012. “제19대 총선과 정당체제 전망: 연합 정치의 효과.” 『의정연구』 36집 0호, 65~94.
정상호. 1998. “제15대 대선과 한국 민주주의의 공고화.” 『동향과 전망』 83~100.
정상호. 2002. “제16대 대선의 정치적 의미와 과제－왜 민주당의 노무현인가.” 『역사비평』 60호, 83~100.
정영태. 1998. “15대 대선, 김대중 정권, 그리고 민주주의.” 『경제와 사회』 37집, 202~223.
정원칠·정한울. 2007. “패널조사를 통해 본 지방선거.” 이내영·이현우·김장수 편. 『변화하는 한국유권자: 패널조사를 통해 본 5.31 지방선거』, 서울: 동아시아 연구원.
정준표. 2007. “5·31 기초의원선거에서 나타난 선거제도의 효과.” 『한국정당학회보』 6집 2호, 29~63.
정준표. 2012. “뒤베르제의 법칙과 지역주의.” 『국제정치연구』 15집 2호, 1~22.
정준표·김정도. 2013. “민주화 이후의 국회의원선거를 통해 본 정치의 전국화.” 『한국정치학회보』 47집 3호, 83~108.
정해구. 1998. “6·4 지방선거 및 7·21 재·보선선거와 정치개혁 논의.” 『황해문화』 6집 3호, 280~290.
조기숙. 1997. “지역주의 논쟁: 비판이론적 시각에 대한 비판.” 『한국정치학회보』 31집 2호, 203~232.
조성대. 2010. “선거구제의 정치적 효과에 관한 연구.” 『현대정치연구』 3집 2호, 115~150.
조현연. 2009. 『한국진보정당운동사: 진보당에서 민주노동당 분당까지』. 서울: 후마니타스.
주봉호. 2007. “제15대 대통령 선거와 북한 변수.” 『정치정보연구』 10집 2호, 21~45.
주용학. 2002. “지방선거에 있어서 기초단체장의 정당공천제에 관한 연구.” 『한국지방자치학회보』 14집 1호, 43~69.
중앙선거관리위원회. 2009. 『대한민국정당사 제5집』. 과천: 중앙선거관리위원회.

중앙선거관리위원회. 2013. 『선거관리위원회 50년사』. 과천: 중앙선거관리위원회.

지병근. 2008a. "동북아 공동체 형성의 인식론적 장애요인: 한국에서의 반일 반중의식." 『한국과 국제정치』 24집 3호, 125~147.

지병근. 2008b. "한국에서의 전략적 투표." 『국제정치논총』 48집 2호, 151~171.

지병근. 2010a. "후보선출권자(selectorate)의 개방과 분권화가 대안인가?." 『현대정치연구』 3집 2호, 217~249.

지병근. 2010b. "서베이 민주주의(Survey Democracy)?: 6·2 지방선거 후보공천사례를 중심으로." 『한국정치연구』 19집 3호, 57~75.

지병근. 2012a. "한국정당들의 복지정책." 『선거연구』 2집 1호, 59~95.

지병근. 2012b. "투표율 상승이 민주통합당에게 이로울까?: 제19대 총선에서 나타난 투표율의 정당편향." 『한국정치연구』 21집 3호, 127~154.

지병근. 2013a. "호남지역에서 나타난 정당후보득표율의 지역편향: 제18대 대선 사례 분석." 『한국정당학회보』 12집 1호, 141~172.

지병근. 2013b. "한국인의 이념적 성향과 민주주의 인식." 『국가전략』 19집 1호, 31~56.

지병근. 2014a. "한국에서 제3정당의 실패요인: 새정치연합 사례 분석." 『인문사회과학연구』 44집, 63~93.

지병근. 2014b. "선거구 제도와 군소정당 지지자들의 투표행태: 2010 기초의회선거 사례 분석." 『한국정치연구』 23집 2호, 185~210.

지병근. 2014c. "호남 유권자들의 이슈에 대한 태도 및 이념적 특성." 『21세기정치학회보』 24집 1호, 33~56.

지병근. 2014d. "한국진보정당의 조직, 이념, 그리고 지지기반." 『현대정치연구』 7집 1호, 7~53.

지병근. 2014e. "민주주의와 정교분리: 정교분리주의 결정요인에 관한 한국사례연구." 『한국정치학회보』 48집 1호, 79~98.

지병근. 2015. "민주화 이후 지역감정의 변화와 원인." 『한국정당학회보』 14집 1호, 63~91.

지병근·박종민. 2008. "한국에서의 정치참여: 접촉과 항의." 『국가전략』 14집 4호, 121~145.

지병근·신두철·엄기홍. 2013. "보수언론에 대한 노출과 이슈에 대한 태도의 변화: 한국 대학생들의 정치정보 수용과정을 중심으로." 『현대정치연구』 6집 2호, 127~155.

지병문·김용철·천성권·지충남·유경화. 2010. 『현대 한국의 정치』. 서울: 박영사.

지충남·최길수. 2009. "지방 재보궐선거 유발 요인과 비용 부담에 관한 연구: 전라남도 기초단체장을 중심으로." 『정치정보연구』 12집 1호, 275~304.

진영재·엄기홍. 2002. "낙천·낙선운동의 선거적 결과: 선거참여율, 득표, 당락, 그리고 정당지지를 중심으로" 진영재 편. 『한국의 선거 IV』, 서울: 한국사회과학데이터센터.

참여정부 국정운영백서 편찬위원회. 2008. 『참여정부 국정운영백서 2: 민주주의』. http://president.rohmoohyun.pa.go.kr/ (접근일: 2013.8.25).

최장집. 1993. 『한국민주주의의 이론』. 서울: 한길사.

최장집. 1998. "1997년 대선과 새정부의 개혁과제." 『사회비평』 18집, 108~137.

최장집. 2005. 『민주화 이후의 민주주의』. 서울: 후마니타스.

최준영. 2008. "지역감정은 존재하는가?" 『현대정치연구』 1집 1호, 199~222.

최준영·조진만. 2005. "지역균열의 변화 가능성에 대한 경험적 고찰: 제17대 국회의원선거에서 나타난 이념과 세대 균열의 효과를 중심으로." 『한국정치학회보』 39집 3호, 375~394.

하세헌. 2005. "영남 지역주의의 변화." 『한국정치외교사논총』 27집 1호, 161~191.

한국갤럽. "한국갤럽 정치지표: 1987년(제13대)~2012년(제18대) 대통령 선거 후보지지도 추이." p.3.

한국지방자치학회. 2010. 공직선거및선거부정방지법. 『지방자치사전』. 서울: 보성각.

한국지방행정연구원. 2012. "지방의원 의정비 개선 방안." KRILA Focus 49호.

호광석. 2004. "개정 선거법과 공명선거." 『동국대학교 사회과학연구원』 11집 1호, 263~287.

홍득표. 2009. "정치야심과 한국정당의 연속과 변화" 『윤리연구』 1집 73호, 267~286.

황아란. 2000. "경제투표에 대한 정치심리학적 접근." 『한국정치학회보』 34집 2호, 193~212.

황아란. 2007. "기초 지방의원 선거의 중선거구제 개편과 정치적 효과." 『지방정부연구』 11집 1호, 209~225.

황아란. 2005. "민선자치 10년의 지방선거." 『한국정당학회보』 4집 2호, 271~305.

Aspalter, Christian. 2005. "The Welfare State in East Asia: An Ideal-Typical Welfare Regime." *Journal of Societal & Social Policy* 4(1): 1~20.

Berendse, Gerrit-Jan. 2003. "German Anti-Americanism in Context," *Journal of European Studies* 33: 333~350.

Bernhagen, Patrick and Michael Marsh. 2007. "The partisan Effects of Low Turnout: Analysing Vote Abstention as a Missing Data Problem." *Electoral Studies* 26: 548~560.

Biden, Joseph R. 2000. "Unholy Symbiosis: Isolationism and Anti−Americanism," *The Washington Quarterly* 23: 7~14.

Bolleyer, Nicole & Evelyn Bytzek. 2013. "Origins of party formation and new party success in advanced democracies." *European Journal of Political Research* 52(6): 773~796.

Campbell, Angus, Philip Converse, Warren Miller, and Donald Stokes. 1960. *The American Voter*. New York: John Wiley & Sons.

Campbell, Angus. 1966. "Surge and Decline: A Study of Electoral Change." *Public Opinion Quarterly* 24: 397~418.

Citrin, Jack, Eric Schickler, and John Sides. 2003. "What If Everyone Voted? Simulating the Impact of Increased Turnout in Senate Elections." *American Journal of Political Science* 47(1): 75~90.

Cox, Gary. 1997. *Making Votes Count*. Cambridge: Cambridge University Press.

Cox, Gary. 1997. *Making Votes Count: Strategic Coordination in the World's Electoral Systems*. Cambridge; New York: Cambridge University Press.

Cox, Gary. 1999. "Electoral Rules and Electoral Coordination." *Annual Review of Political Science* 2: 145~161.

DeNardo, James. 1980. "Turnout and the Vote: The Joke's on the Democrats." *The American Political Science Review* 74(2): 406~420.

Duverger, Maurice. 1951. *Political Parties: Their Organization and Activity in the Modern State*. New York, John Wiley Inc.

Dyck, Brandon Van. 2013. "The Paradox of Adversity: New Left Party Survival and Collapse in Latin America. Dissertation." *Harvard University*.

Eijk, Cees van der and Marcel van Egmond. 2007. "Political effects of low turnout in national and European elections Original Research Article" *Electoral Studies* 26(3): 561~573.

Erickson, Robert. 1995. "State Turnout and Presidential Voting: A Closer Look." *American Politics Quarterly* 23: 387~396.

Fabbrini, Sergio. 2002, "The Domestic Sources of European Anti−Americanism,"

Government and Opposition 37: 3~14.

Fraser, Matthew. 2005, *Weapons of mass distraction : soft power and American Empire*. New York: Thomas Dunne Books.

Gomez, Brad, Thomas Hansford, and George Krause. 2007. "The Republicans Should Pray for Rain: Weather, Turnout, and Voting in U.S. Presidential Elections." *The Journal of Politics* 69(3): 649~663.

Hansford, Thomas and Brad Gomez. 2010. "Estimating the Electoral Effects of Voter Turnout." *American Political Science Review* 104(2): 268~288.

Jesse, Neal G. 1999. "Candidate success in multi-member districts, an investigation of Duverger and Cox." *Electoral Studies* 18: 323~340.

Jhee, Byong Kuen & Gei Guen Shin. 2007. "Democratization and Changing Voting Behavior: A Case Study of Korea." *Korea Observer* 38(1): 33~63.

Jhee, Byong-Kuen & Changnam Kim. 2011. "South-North Divide and Political Tolerance: A Liberal Explanation of the Political Attitude toward Pro-North Korean Activities." *Korea Observer* 42(4): 677~696.

Jhee, Byong-Kuen. 2006. "Ideology and Voter Choice in Korea." 『한국정치학회보』 40(4): 61~83.

Jhee, Byong-Kuen. 2008a. "Anti-Americanism and Electoral Politics in Korea." *Political Science Quarterly* 123(2): 301~318.

Jhee, Byong-Kuen. 2008b. "Economic Origins of Electoral Support for Authoritarian Successors: A Cross-national Analysis of Economic Voting in New Democracies." *Comparative Political Studies* 41(3): 362~388.

Jhee, Byong-Kuen. 2009. "Public Support for Regional Integration in Northeast Asia: An Empirical Test of Affective and Utilitarian Models." *International Political Science Review* 30(1): 49~65.

Kaufmann, Karen M., John R. Petrocik, and Daron R. Shaw. 2007. *Unconventional Wisdom: Facts and Myths about American Voters*. New York: Oxford University Press.

Kim, Jiyoon. 2014. "The Party System in Koea and Identity Politics" *in New Challenges for Maturing Democracies in Korea and Taiwan*. Edited by Larry Diamond and Gi-Wook Shin. Stanford, CA: Stanford University Press.

Knack, Stephen. 1994. "Does Rain Help the Republicans? Theory and Evidence on

Turnout and the Vote." *Public Choice* 79: 187~209.

Kwon, Soonman & Ian Holliday. 2007. "The Korean welfare state: a paradox of expansion in an era of globalisation and economic crisis." *International Journal of Social Welfare* 16: 242~248.

Lago, Ignacio. 2008. "Rational Expectations or Heuristics." *Party Politics* 14(1): 31~49.

Lee, Yoonkyung. 2014. "Global Ascendance, Domestic Fracture: Korea's Economic Transformation Since 1997" *in New Challenges for Maturing Democracies in Korea and Taiwan*. Edited by Larry Diamond and Gi-Wook Shin. Stanford, CA: Stanford University Press.

Myatt, David. 2007. "On the Theory of Strategic Voting." *Review of Economic Studies* 74(1): 255~281.

Nagel, Jack and John McNulty. 1996. "Partisan Effects of Voter Turnout in Senatorial and Gubernationrial Elections." *American Political Science Review* 90: 780~793.

Nagel, Jack and John McNulty. 2000. "Partisan Effects of Voter Turnout in Presidential Elections." *American Politics Quarterly* 28: 408~429.

Nye, Joseph S. Jr. 2004, *Soft power : the means to success in world politics*. New York: Public Affairs.

Nye, Joseph S. Jr. 1990, "Soft Power," *Foreign Policy* 80: 153~171.

Nye, Joseph S. Jr. 1991, *Bound to Lead: The Changing Nature of American Power*. New York: Basic Books.

Pacek Alexander and Benjamin Radcliff. 1995. "Turnout and the Vote for Left-of-center Parties: A Cross-national Analysis." *British Journal of Political Science* 25: 137~143.

Peng, Ito and Joseph Wong. 2008. "Institutions and Institutional Purpose: Continuity and Change in East Asian Social Policy." *Politics & Society* 36(1): 61~88.

Rochon, Thomas R. 1985. "Mobilizers and Challengers Toward a Theory of New Party Success." *International Political Science Review* 6(4): 419~439.

Rubin, Barry and Judith Colp Rubin. 2004, "Anti-Americanism Re-Examined," *The Brown Journal of World Affairs* 10: 17~24.

Shachar, Ron and Barry Nalebuff. 1999. "Follow the Leader: Theory and Evidence on Political Participation." *The American Economic Review* 89: 525~547.

Shiraev, Eric and Vladislav Zubok. 2000, *Anti-Americanism in Russia: From Stalin to Putin*. New York: Palgrave.

Spoon, Jae-Jae. 2011. "Balancing Preferences: A Theory of Small Party Survival." *in Political Survival of Small Parties in Europe*. Ann Arbor MI: Michigan University Press. pp.26~52.

Tai, Chong-Soo, Erick J. Peterson, and Ted Robert Gurr. 1973, "Internal Versus External Sources of Anti-Americanism: Two Comparative Studies," *Journal of Conflict Resolution* 17: 455~488.

Tavits, Margit. 2008. "Party Systems in the Making: The Emergence and Success of New Parties in New Democracies." *British Journal of Political Science* 38(1): 113~133.

Woo, Myung Sook. 2004. "Explaining Early Welfare Policies in South Korea: Focusing on the Nexus between the State and the Business Sector." *Development and Society* 33(2): 185~206.

Yang, Jae-jin. 2011. Another Exceptionalism?: Comparative Analysis of the Small Welfare State in Korea. Paper Prepared for 61st Political Studies Association Annual Conference.

*** 신문 및 잡지 기사**

강태화. 2014. "여야 대표 15년간 63번 교체 … 선거여왕 박근혜, 상대 9명 갈아치워." 『중앙일보』 (11월 29일).
http://article.joins.com/news/article/article.asp?total_id=165 58672.
(접근일: 2015.4.13).

경상일보. 2003. "개혁당 김원웅, 유시민 의원 우리당 입당." 『경상일보』 (11월 3일).
http://www.ksilbo.co.kr/news/articleView.html?idxno=75648.
(접근일: 2015.4.13).

고동우. 2002. "지방선거 전망 : 울산은 4·13 총선 악몽은 극복될 것인가." 『월간말』, 94~98.

김 당. 2005. "재보궐 선거는 여당의 무덤인가." 『오마이뉴스』 (10월 27일).
http://www.ohmynews.com/NWS_Web/View/at_pg.aspx?CNTN_CD=A0000288980
(접근일: 2015.4.13).

김선식. 2013. "대북송금 사건 10년 만에 종결." 『한겨레신문』 (6월 2일).

http://www.hani.co.kr/arti/society/society_general/590153.html
(접근일: 2015.4.13).

김성호. 1997. "죽느냐 사느냐, 그것이 문제로다"『한겨레21』(10월 9일), 제179호.
http://legacy.h21.hani.co.kr/hankr21/K_97AN0179/97AN0179_004.html.
(접근일: 2014.10.09).

김시관. 2001. 서울시장 후보 "나요, 나"『주간동아』(8월 2일), 제295호.
http://www.donga.com/docs/magazine/weekly_donga/news295/wd295cc030.html
(접근일: 2015.4.13).

김종철. 1997. "쫓고 쫓기는 '2위싸움'"『한겨레21』(10월 2일), 제176호.
http://legacy.h21.hani.co.kr/hankr21/K_97A20176/97A20176_006.html.
(접근일: 2014.10.09).

김종철. 1997b. "신한국당 마지막 결투"『한겨레21』(10월 30일), 제180호.
http://legacy.h21.hani.co.kr/hankr21/K_97AU0180/97AU0180_008.html.
(접근일: 2014.10.9).

김진 · 김현기. 1997. "신한국당· 민주당 합당 합의까지 긴박했던 과정."『중앙일보』(11월8일).
http://article.joins.com/news/article/article.asp?total_id=3550421&ctg=.
(검색일: 2015.4.15).

김창혁. 2015. "간판은 '동북아연구모임'… DJP연합 작업이 시작됐다."『동아일보』(4월 11일).
http://news.donga.com/BestClickIlbo/3/all/20150410/70642084/1.).
(접근일: 2014.10.9).

김하영. 2006. "신계륜 의원 유죄 확정‥의원직 상실."『프레시안』(2월 10일).
http://www.pressian.com/news/article.html?no=78699 (접근일: 2015.4.13).

김희원. 2006a. "김태환 제주지사 '열린당 입당' 선거정국 파란."『올인코리아』(5월 5일).
http://m.allinkorea.net/a.html?uid=1777. (접근일: 2015.4.13).

김희원. 2006b. "열린우리당, 김태환 제주지사 입당 '수용불가'."『올인코리아』(5월 8일).
http://m.allinkorea.net/a.html?uid=1803. (접근일: 2015.4.13).

네이버. 2006. "동지라는 이름으로 새롭게 태어난 한나라-자민련, 이제 함께 희망의 대한민국을 만들자!"『네이버』(4월 7일).
http://news.naver.com/main/read.nhn?mode=LSD&mid=sec&sid1=001&oid=156&aid=0000000202 (접근일: 2015.4.13).

뉴스와이어. 2005. 자민련 김학원대표 기자회견문, "국민중심당 공동창당에 불참을

선언하며"『뉴스와이어』(12월 27일)
http://www.newswire.co.kr/newsRead.php?no=110372 (접근일: 2015.4.13).

동아일보. 2009. "김창현 울산동구청장, 국보법위반 25일 구속."『동아일보』(9월 25일).
http://news.donga.com/3/all/19980725/7364314/1 (접근일: 2015.4.13).

동아일보. 2009. "독수리 5형제의 한나라당 탈당."『동아일보』(9월 22일).
http://news.donga.com/3/all/20090517/8732579/1. (접근일: 2013.8.27).

류이근. 2006. "외국인 참정권, 일본 수출하세요"『한겨레21』(5월 2일), 제607호.
http://legacy.h21.hani.co.kr/section-021067000/2006/04/021067000200604260606015.html. (접근일: 2014.10.09).

미국의소리. 2003. "노무현 한국 대통령, 새천년 민주당 탈당."『미국의소리』(9월 29일).
http://www.voakorea.com/content/a-35-a-2003-09-29-12-1-91134439/1285716.html(접근일: 2015.4.13).

민중의소리. 2006. "열린우리당, 당 의장에 유재건 의원."『민중의소리』(1월 6일).
http://www.vop.co.kr/A00000035358.html(접근일: 2015.4.13).

박득진. 2005. "여, 이부영 의장 등 일괄사퇴."『사람일보』(1월 3일).
http://saramilbo.com/ sub_read.html?uid=2453&section. (접근일: 2015.4.13).

박석철. 2014. "울산 남구을 출마 송철호, 토론회서 '울음' 터뜨려."『오마이뉴스』(7월 22일).
http://www.ohmynews.com/NWS_Web/View/at_pg.aspx?CNTN_CD=A0002015946. (접근일: 2014.9.25).

박종관. 2013. "PD 무력화시킨 NL '군자산 약속' 뭐길래…."『CBS노컷뉴스』(9월 2일).
http://www.nocutnews.co.kr/news/1093320. 접근일(02/07/2014)
(접근일: 2015.4.13).

박찬수. 1998. "'처남 홍인길' 심완구 여당행 담담한 반응."『한겨레21』(9월 24일), 제226호.

박태견. 2002. "민주당 광주시장 후보 전격교체."『프레시안』(5월 28일).
http://www.pressian.com/ezview/article_main.html?no=22969. (접근일: 2015.4.13).

백기철·신승근. 2003. "김두관 행정자치부 장관 해임 건의안 국회 통과."『한겨레신문』(9월 3일).
http://legacy.www.hani.co.kr/section-003100001/2003/09/00310000

1200309031823407.html. (접근일: 2015.4.13).
법률신문 뉴스. 2006. “대법원, ‘이호웅의원 의원직 상실형 확정’.” 『법률신문 뉴스』 (9월 15일).
https://www.lawtimes.co.kr/Legal-News/Legal-News-View?Serial=22013. (접근일: 2015.4.13).
법률신문 오피니언. 2002. “곽치영 의원 의원직 상실 위기.” 『법률신문 오피니언』 (2월 6일).
https://www.lawtimes.co.kr/Legal-Opinion/Legal-Opinion-View?Serial=6976&kind=AA&key=&page=1. (접근일: 2015.4.13).
성한용. 2007. “중도개혁통합신당 출범.” 『한겨레신문』 (5월 7일).
http://www.hani.co.kr/arti/politics/assembly/207702.html (접근일: 2014.9.29).
손원제. 2012. “대통령형님 관리 실패·대북송금 특검 수용 ‘아킬레스건’” 『한겨레신문』 (8월 23일).
http://www.hani.co.kr/arti/politics/politics_general/548069.html. (접근일: 2015.4.13).
송홍근. 2005. “우리당 의장 또 낙마 … 독이 든 성배 누가 마시나.” 『동아일보』 (10월 31일).
http://news.donga.com/3/all/20051031/8243070/1 (접근일: 2015.4.13).
시민의 소리. 2002. “고재유측 경선불복, 재투표'요구 일파만파.” 『시민의 소리』 (5월 6일).
http://www.siminsori.com/news/articleView.html?idxno=20719. (접근일: 2015.4.13).
시사저널. 1999. “이회창의 양수겸장 승부수 ‘송파 갑 회군’” 『시사저널』 (5월 20일).
http://www.sisapress.com/news/articleView.html?idxno=5433
(접근일: 2015.4.13).
신동아. 1998. “전국현장취재: 6.4 지방선거 격전지역 22” 『신동아 6월호』
http://www. donga.com/docs/magazine/new_donga/9806/nd98060170.html.
(접근일: 2015.4.13).
신승근. 1997a. “우린 못 나가, 니들이 나가라” 『한겨레21』, 제181호.
http://legacy.h21.hani.co.kr/hankr21/K_97B60181/97B60181_002.html.
(접근일: 2014.10.09).
신승근. 1997b. “기업 뒷돈, 누가 자유로운가” 『한겨레21』, 제179호.
http://legacy.h21.hani.co.kr/hankr21/K_97AN0179/97AN0179_002.html.
(접근일: 2014.10.09).

안기석. 2002. “김정일 서울 와도 대선판도 안 변한다.” 『신동아 1월호』 http://www.donga.com/docs/magazine/new_donga/200201/nd2002010010.html. (접근일: 2014.10.09).

안형준. 2014. “지역구 여성공천 30% 규정 있으나마나?” 『오마이뉴스』 (2월 12일). http://www.ohmynews.com/NWS_Web/View/at_pg.aspx?CNTN_CD=A0001957368. (접근일: 2015.4.13).

연합뉴스. 2002. “광역단체장 비리연루 행정공백 초래.” 『연합뉴스』 (5월 9일). http://legacy.www.hani.co.kr/section-003000000/2002/05/00300000020020509161 4929.html (접근일: 2015.4.13).

연합뉴스. 2002. “盧당선자 대선장정 1년7개월.” 『연합뉴스』 (12월 19일). http://media.daum.net/ politics/others/view.html?newsid=20021219111658326. (접근일: 2013.7.24).

연합뉴스. 2002. “임창열지사 지방선거 불출마 선언.” 『연합뉴스』 (5월 2일). http://media.daum.net/society/nation/others/newsview?newsid=20020502100848796 (접근일: 2015.4.13).

연합뉴스. 2003. “국가안전보장회의 개최 안팎.” 『한겨레 신문』 (3월 20일). http://legacy.www.hani.co.kr/section-003000000/2003/03/00300000020030320163 3001.html. (접근일: 2015.4.13).

연합뉴스. 2004. “신기남 열린우리당 의장 사퇴.” 『연합뉴스』 (8월 19일). http://legacy.www.hani.co.kr/section-003000000/2004/08/00300000020040819093 6001.html (접근일: 2015.4.13).

연합뉴스. 2007. “선관위 ‘법 어기지 말라고 내린 결정’” 『연합뉴스』 (6월 8일). http://news.naver.com/main/read.nhn?mode=LSD&mid=sec&sid1=100&oid=0 01&aid=0001660468 (접근일: 2013.8.25).

연합뉴스. 2002. “통합21 지지철회 발표문.” 『연합뉴스』 (12월 19일). http://media.daum.net/politics/others/view.html?newsid=20021219022146865 (접근일: 2015.4.13).

오마이뉴스. 2007. “‘정치인’ 노무현의 좌절과 열린우리당 창당 선언문.” 『오마이뉴스』 (5월 7일). http://www.ohmynews.com/NWS_Web/view/at_pg.aspx?CNTN_CD=A00004089 53. (검색일: 2015.5.09).

원성호. 1997. “선두 김대중” 『한겨레21』, 제175호.

http://legacy.h21.hani.co.kr/hankr21/K_979P0175/979P0175_009.html. (접근일: 2014.10.09).

윤승모. 1999. JP"박태준은 DJ 밀사?"『동아일보메거진 NEWS+』, 제165호. http://www.donga.com/docs/magazine/news_plus/news165/np165ee010.html (접근일: 2015.4.13).

이기철. 2002. "단체장들 불출마 선언 러시."『서울신문』(2월 5일). http://www.seoul.co.kr//news/newsView.php?code=&id=20020205015001&keyword= (접근일: 2015.4.13).

이명건. 2009. "이부영의장등 與지도부 일괄사퇴."『동아일보』(10월 3일). http://news.donga.com/3/all/20050103/8145732/1. (접근일: 2015.4.13).

이승욱. 2002. "문희갑 대구시장, 한나라당 후보경선 불출마 선언."『오마이뉴스』(3월 30일). http://m.ohmynews.com/NWS_Web/Mobile/at_pg.aspx?CNTN_CD=A0000069672 (접근일: 2015.4.13).

이연홍·전영기. 1998. "국민회의-국민신당 통합."『중앙일보』(8월 29일). http://article.joins.com/news/article/article.asp?total_id=3690596&ctg=10 (접근일: 2015.4.13).

이용훈·이지은. 2004. "'60~70대 투표 안해도 된다' 鄭의장, 본보 총선기자단 인터뷰 발언 파문."『국민일보』(4월 1일). http://news.naver.com/main/read.nhn?mode=LSD&mid=sec&sid1=100&oid=005&aid=0000155548. (접근일: 2013.8.26).

이은파. 2005. "자민련 국민중심당에 흡수 통합."『한겨레신문』(11월 4일). http://www.hani.co.kr/kisa/section-001003000/2005/11/001003000200511041444896.html (접근일: 2015.4.13).

이종호. 2006. "정세균 원내대표직 사퇴... 원혜영 정책위 의장이 대행."『오마이뉴스』(1월 3일). http://www.ohmynews.com/NWS_Web/View/at_pg.aspx?CNTN_CD=A0000302491&CMPT_CD=SEARCH (접근일: 2015.4.13).

이지은·황준범. 2005. "열린우리당 '임채정 임시체제' 출범."『한겨레신문』(1월 5일). http://legacy.www.hani.co.kr/section-003100001/2005/01/00310000120050105183 3276.html. (접근일: 2015.4.13).

임경구. 2002. "김대중 대통령 민주당 탈당 선언."『프레시안』(5월 6일).

http://www.pressian.com/article/article.asp?article_num=60020506101335&section=01. (접근일: 2013.7.24).

임지선. 2011. "자서전서 "노무현 전 대통령 지지 철회 이유는…." 『경향신문』 (9월 4일).
http://news.khan.co.kr/kh_news/khan_art_view.html?artid=201109041220511 (접근일: 2015.4.13).

장성민. 2011. "김용환 만난 DJ "내각제 공약하면 누가 찍어주겠소." 『중앙일보』 (7월24일).
http://article.joins.com/news/article/article.asp?total_id=5838796&cloc=olink|article|default. (접근일: 2015.4.13).

전북도민일보. 2000. "자민련 이한동총재 체제 출범." 『전북도민일보』 (2월 16일).
http://www.domin.co.kr/news/articleView.html?idxno=648815. (접근일: 2015.4.13).

정용균. 1997. "문희갑 대구시장 한나라당 막차탄 이유." 『동아일보』 (12월 5일).
http://news.donga.com/NEWS/3/all/19971205/7304669/1. (접근일: 2015.4.13).

조선일보 주요기사 전문서비스. 1999. "[DJP] 97년 내각제 합의문 (전문)" (7월 14일).
http://www.chosun.com/special/9904/full/index.html. (접근일: 2015.4.13).

중앙일보. 2006. "열린우리당 또 참패…무소속 돌풍." 『중앙일보』 (10월 25일).
http://article.joins.com/news/article/article.asp?total_id=2487178. (접근일: 2015.4.13).

중앙일보. 2011. "박태준, DJ에 '거짓말쟁이 아닌가?' 묻자…" 『중앙일보』 (12월 14일).
http://article.joins.com/ news/article/article.asp?total_id=6889573. (접근일: 2015.4.13).

폴리뉴스. 2003. "국민참여통합신당 창당 발기 취지문." 『폴리뉴스』 (10월 13일).
http://www.polinews.co.kr/news/article.html?no=5099. (접근일: 2013.8.27).

한겨레신문. 2003. "대북특사 임동원 누구인가." 『한겨레 신문』 (1월 24일).
http://legacy.www.hani.co.kr/section-003100000/2003/01/00310000020030124162 7001.html (접근일: 2015.4.28).

한겨레21. 1997a. "비자금 자료 경선 전 나돌았다" 『한겨레21』, 제181호.
http://legacy.h21.hani.co.kr/hankr21/K_97B60181/97B60181_006.html. (접근일: 2014.10.9).

한겨레21. 1997b. "YS, 또 이중플레이냐" 『한겨레21』, 제181호.

http://legacy.h21.hani.co.kr/hankr21/K_97B60181/97B60181_007.html. (접근일: 2014.10.9).

한겨레21.1998. “민주화 숙제 떠안은 민주화의 성지.” 『한겨레21』 (5월 11일). http://legacy.h21.hani.co.kr/h21/data/L980511/1p9e5b03.html (접근일: 2015.4.13).

한겨레 신문. 2004. “정동영 ‘노인폄하’ 발언 사죄.” 『한겨레 신문』 (4월 2일). http://legacy.www.hani.co.kr/section-003400000/2004/04/00340000020040402113 1497.html. (접근일: 2013.8.26).

한겨레21. 2000. “당당하게 야당하고 싶다”인터뷰/이한동 자민련 총재 대행. 『한겨레21』, 제295호. http://legacy.h21.hani.co.kr/h21/data/L000131/1p701v05. html. (접근일: 2015.4.13).

한겨레21. 2000. “민주노동당, 울산 고민.” 『한겨레21』 (3월 23일), 제300호. http://legacy.h21.hani.co.kr/h21/data/L000313/1p9p3d3d.html (접근일: 2015.4.13).

한국겔럽. 2012. “1997년, 2002년 대선 지지율 추이변화.” http://mlbpark.donga.com/mbs/articleV.php?mbsC=bullpen&mbsIdx=757421&cpage=5&mbsW=&select=&opt=&keyword= (접근일: 2015.4.13).

한국일보. 2004. “정동영 비례대표 사퇴신고서 제출.” 『한국일보』 (4월 13일). http://news.hankooki.com/lpage/election/4_15/200404/h2004041316515745940.html (접근일: 2013.8.18).

허행윤. 2002. “최기선 인천시장 자민련 탈당.” 『경기일보』 (2월 21일). http://www.kyeonggi.com/news/articleView.html?idxno=62666. (접근일: 2015.4.13).

홍성규. 2005. “배우자 선거범죄로 당선무효는 연좌제금지 위반.” 『법률신문』 (1월 14일). https://www.lawtimes.co.kr/Legal-News/Legal-News-View?Serial=15169 (접근일: 2015.4.13).

MBC News. 1997. “국민회의 전당대회 결과 김대중 후보 78% 지지 얻어.” http://imnews.imbc.com/20dbnews/history/1997/2003108_13449.html. (검색일: 2015.5.19).

MBC News. 1998. “이회창 총재 대선자금 부인, 특별검사도입 요구.” http://imnews.imbc.com//20dbnews/history/1998/2004833_13450.html (검색일: 2015.5.19).

MBC News. 1998. “이회창 한나라당 신임 총재 영수회담 제의.” http://imnews.imbc.com//20dbnews/history/1998/2004451_13450.html. (검색일: 2015. 04. 15).

MBC News. 1998. "한나라당 전당대회. 조순 총재 재추대 등 당직 개편." http://imnews.imbc.com/20dbnews/history/1998/1976935_13450.html (검색일: 2015. 04. 15).

Nanto, Dick K. 2001. Global Financial Turmoil, the IMF, and the New Financial Architecture. CRS Report for Congress Order Code RL30272. WikiLeaks Document Release. http://wikileaks.org/wiki/CRS-RL30272 (February 2, 2009).

*** 사진**

진성철. 2004. "탄핵무효 마지막 촛불집회."『연합뉴스』(3월 27일). http://news.nate.com/view/20040327n02634. (접근일: 2016.5.22).

이종호. 2004. 노무현 대통령 탄핵안 국회통과.『오마이뉴스』(3월 12일). http://www.ohmynews.com/NWS_Web/View/img_pg.aspx?CNTN_CD=IA000212909#IA000212909. (접근일: 2016.5.22).

대통령기록관(http://pa.go.kr/index.jsp)

중앙선거관리위원회 선거정보도서관(http://elecinfo.nec.go.kr/neweps/main.do)

*** 중앙선거관리위원회 E-Book**(http://museum.nec.go.kr/vote/voteKorea5.do)

제17대 대통령선거 총람

제17대 대통령선거 유권자 의식조사

제17대 대통령선거 투표율분석

제18대 대통령선거 총람

제18대 국회의원선거 총람

제18대 국회의원선거 유권자 의식조사

제18대 국회의원선거 투표율분석

제19대 국회의원선거 총람

제19대 국회의원선거 유권자 의식조사

제19대 국회의원선거 투표율분석

제5대 전국동시지방선거 총람

제5대 전국동시지방선거 유권자 의식조사

제5대 전국동시지방선거 투표율분석

제4대 전국동시지방선거 총람

대한민국선거사 4~6집

대한민국정당사 4~5집

*** 주요 웹사이트**

국가기록원. 한국 자이툰 부대의 이라크 파병
http://www.archives.go.kr/next/search/listSubject Description.do?id=003119 (접근일: 2015.4.13).

국가기록원. 기록으로 보는 남북회담.
http://theme.archives.go.kr/next/unikorea/view Main.do (접근일: 2015.4.13).

국가기록원. 기록으로 보는 대통령선거의 역사.
http://theme.archives.go.kr/next/vote/ mainView.do (접근일: 2015.4.13).

국사편찬위원회. 자료대한민국사. 국사편찬위원회 한국사데이터베이스.
http://db.history.go.kr/front/dirservice/DH/listMainDH.jsp (접근일: 2015.4.13).

국사편찬위원회. 한국근현대신문자료. 국사편찬위원회 한국사데이터베이스
http://db.history.go.kr (접근일: 2015.4.13).

김영삼 민주센터. http://www.kyscd.org/main.do (접근일: 2015.4.13).

노무현재단. 2011. "'문재인의 운명'으로 되돌아본 오해와 진실: 노무현의 '뼈아픈 실책' 대연정 제안." (6월 22일).
http://www.knowhow.or.kr/rmhworld/bbs/view.php?pri_no=999548329&tn=t7&wdate=&gno=999513373&stype=0&search_word=&page=1). (접근일: 2015.4.13).

대검찰청 선거관리시스템.
http://www.index.go.kr/egams/stts/jsp/potal/stts/PO_STTS_IdxSearch.jsp?idx_cd=1747&stts_cd=174701&clas_div=&idx_sys_cd=&idx_clas_cd=1. (접근일: 2015.4.13).

대통령기록관. http://www.pa.go.kr/index.jsp. (접근일: 2015.4.13).

서갑원. "서갑원의 육성증언." http://blog.ohmynews.com/kimsam woong/399417 (접근일:2015.4.13).

선거법령정보. 2000. "중앙선거관리위원회의 의결사항－단체의 선거관련 활동의 한계에 관한 운용기준."
http://m.1390.go.kr/lawmobile/laws.relqv.do?cont_id=201202140095&cont_class_cd=&quan_id=201203038888&cont_nm=. (접근일: 2014.9.29).

성공회대 민주자료관, 진보정당운동의 발자취.
http://www.demos－archives.or.kr/research/document_party.php (접근일: 2015.2.21).

성공회대 민주자료관. "2000년 울산의 패배와 2002년 진보정치 100만표 시대의 개막."

http://www.demos-archives.or.kr/research/document_party.php (접근일: 2015.4.13).

성공회대 민주자료관. "민주노동당, 원탁회의의 성과를 모아 마침내 출범의 돛을 올리다."

http://www.demos-archives.or.kr/research/document_party.php. (접근일: 2015.4.13).

장성민. 2011a. "정계복귀 DJ, 기자들이 따지자 "그 부분은 할 말 없어요"" 인간 김대중 이야기.

http://211.238.14.162/~netjjang/bbs/board.php?bo_table=djstory&wr_id=20&page=2. (접근일: 2013.9.22).

장성민. 2011b. "장 동지, 비밀리에 작업할 조용한 공간을 마련하세요". 인간 김대중 이야기.

http://211.238.14.162/~netjjang/bbs/board.php?bo_table=djstory&wr_id=25&page=2&page=2. (접근일: 2013.9.22).

조선일보 주요기사 전문서비스.

http://www.chosun.com/special/9904/full/index.html. (접근일: 2015.4.13).

중앙선거관리위원회. 선거법령정보. 공직선거법.

http://law.nec.go.kr/lawweb/index.jsp (접근일: 2015.4.13).

한국사데이터베이스. http://db.history.go.kr (접근일: 2015.4.13).

후광 김대중 마을. http://cafe.daum.net/whokwang (접근일: 2015.4.13).

2000년 총선시민연대. 2000. "2000년 총선. 15대 국회의원 공천반대 명단." (1월 24일).

http://www.google.co.kr/url?url=http://www.ccdm.or.kr/aboard/%3FAct%3Dbbs%26subAct%3Dfiledown%26bid%3Dpds_01%26seq%3D4620%26file_seq%3D6869&rct=j&frm=1&q=&esrc=s&sa=U&ei=ErpNVbDzDOTAmQWmlYDYDg&ved=0CC0QFjAH&sig2=pofv7keb2_526ivICrXfeQ&usg=AFQjCNHFq-UclOltCoaE-IP9HhptCVyIew. (접근일: 2015.5.09).

e-나라지표. http://www.index.go.kr. (접근일: 2015.4.13).

부 록

<부록 1> 역대 한국의 주요선거와 정당

시기	주요 집권당	주요 야당	주요선거
제1공화국: (1945.8~)	대한독립촉성국민회 (1946.2~) 자유당 (1951.12~1970) 이승만	한국민주당(1945.9~)· 민주국민당(1949.2~)· 민주당(1955.9~1961.5); 진보당(1955.11~1958.9) 김구·이시영·신익희·조 병옥; 조봉암	초대대선***(1948.7, 이승만), 초대(제헌의회)총선(1948.5) 제2대 총선(1950.5) 제2대 대선(1952.8, 이승만), 제3대 총선(1954.5) 제3대 대선(1956.5, 이승만), 제4대 총선(1958.5) 제4대 대선(1960.3, 이승만),
제2공화국: (1960.4~)	민주당(1955.9~1961.5) 윤보선, 장면	자유당; 신민당 (1960.11~1961.5)	제5대 총선****(1960.7) 제4대 대선(1960.8, 윤보선),
제3공화국: 5.16 이후 (1961.5~)	민주공화당 (1963.2~1980.10) 박정희	민정당(1963.6~)· 민중당(1965.11~)· 신민당(1967.2~1980.10) 윤보선, 유진오	제5대 대선(1963.10, 박정희), 제6대 총선(1963.11) 제6대 대선(1967.5, 박정희), 제7대 총선(1967.6) 제7대 대선(1971.4, 박정희), 제8대 총선(1971.5)
제4공화국: 유신 시대 (1972.10~)	민주공화당 (1963.2~1980.10) 박정희	신민당 (1967.2~1980.10) 김대중, 김영삼, 유진산	제8대 대선*(1972.12, 박정희), 제9대 총선(1973.2) 제9대 대선*(1978.7, 박정희), 제10대 총선(1978.12) 제10대 대선*(1979.12, 최규하),
제5공화국: 전두환 정부 (1979.12~)	민정당 (1981.1~1990.2) 전두환	민주한국당 (1981.1~1988.4); 신한민 주당 (1985.1~1988.4);	제11대 대선*(1980.8, 전두환), 제12대 대선**(1981.2, 전두환), 제11대 총선(1981.3), 제12대 총선(1985.2)

제6공화국: 노태우 정부 (1987~)	민정당 전두환·노태우	통일민주당(1987.4~1990.2), 평민당(1987.11~1991.4), 신민주공화당(1987.11~1990.2) 김대중, 김영삼, 김종필	제13대 대선(1987.12, 노태우), 제13대 총선(1988.4)
김영삼 정부 3당합당 이후 (1990.2~)	민자당(1990.2~)·신한국당·한나라당 김영삼·이회창	평민당·신민주연합당·국민회의; 자민련 김대중, 김종필	제14대 총선(1992.3) 제14대 대선(1992.12, 김영삼), 제15대 총선(1996.4) 제15대 대선(1997.12, 김대중),
김대중 정부 (1997.12~)	국민회의·민주당 김대중·노무현	한나라당; 자민련; 이회창, 김종필	제16대 총선(2000.4) 제16대 대선(2002.12, 노무현),
노무현 정부 (2002.12~)	민주당·열린우리당·대통합민주신당 노무현·정동영	한나라당; 국민중심당; 민주당; 민주노동당 이회창·이명박·박근혜	제17대 총선(2004.4) 제17대 대선(2007.12, 이명박)
이명박 정부 (2007.12~)	한나라당·새누리당 이명박·박근혜	민주당·새정치민주연합; 자유선진당·선진통일당; 민주노동당·통합진보당; 진보신당·정의당 문재인, 안철수	제18대 총선(2008.4) 제19대 총선(2012.4) 제18대 대선(2012.12)

( ) 안의 수는 창당/소멸시기 혹은 선거개최시기, ( )안의 이름은 당선자, 하단의 인명은 중요정치인
* 통일주체국민회의선출; ** 대통령선거인단선출; *** 국회선출; **** 참의원; ·후계정당(정치인)
출처: 중앙선거관리위원회, 역대선거정보

<부록 2> 주요 선거제도 변화

연도	주요선거	개정내용	중앙선관위 관련 신설조항
1995	1회 지선	광역 및 기초단체장, 광역 및 기초의회 의원 선거(4개 동시선거), 선거비용보전제도 도입, 선거운동의 '제한적 금지', 100만원 이상 벌금형(5년), 징역형(10년) 피선거권 제약	선거비용조사권
1996	15대 총선		
1997	15대 대선	옥외집회 금지, 기탁금 상향조정(3억→5억), 선거일 법정화, 모든 비용 신고, 신고계좌 이용, 40일 이내 수입지출 보고서 제출	선거범죄조사권, PC 통신 전담반 운영
1998	2회 지선	지방의원 정수축소, 운동원수 절반축소, 기초단체장 방송연설허용	비방/흑색선전 전담반 설치
2000	16대 총선	299명에서 273명으로 감축, 여성비례대표할당 30%, 선거비용보전제한, 기탁금 상향(국회의원: 1천만원→2천만원, 기초단체장: 1천만원→1천5백만원; 기탁금반환요건강화: 20%)	증거물품수거권과 재정신청권, 선거범죄 혐의자 동행 출석요구권, 선거부정감시단 운영
2002	16대 대선 3회 지선	개정무산 광역의회선거 비례대표제(1인 2표제) 도입(5개 동시선거), 지역구 의원 30% 할당하면 추가보조금 지급, 기탁금 하향조정(기초단체장: 1,500만원→1,000만원, 광역의원: 400만원→300만원; 반환조건: 15%)	위법행위 예방을 위한 현장조치권, 선거기사심의위원회 설치(반론보도청구권), 투표지분류기 활용, 장애인 점자형선거공보 발송
2004	17대 총선	총선 비례대표제(1인 2표제) 도입, 지구당폐지, 예비후보자등록제 도입, 합동연설회 폐지, 정치자금 투명성 제고, 고액 후원금 기부자 공개, 연 10만원 이하 정치자금기부 세액공제, 50배 과태료제도, 선거범죄신고자 포상금제도,	통신관련 선거범죄 및 정치자금범죄조사권, 인터넷 게시물 삭제요청권, 사이버 부정선거감시단 설치, 정치포탈사이트 이용 후보자 정견/공약게시,

		보조금 지급대상 정당의 정책연구소 설립 의무화, 인터넷선거보도위원회·선거방송토론위원회 신설, 정치자금법위반자 처벌강화(1~3년 → 2~5년)	
2005*		비례대표 여성의원 50% 의무화, 선거연령 19세 이상으로 하향조정, 부재자신고요건 완화, 장기체류외국인에게 지방선거 선거권 부여, 기초의회 정당공천제 도입; 인터넷 광고 허용	민간선거 관리(정당, 대학의 장, 조합장)
2006	4회지선	기초의회비례대표의원과 교육감 및 의원 선거도입(8개 동시선거), 기초의회 정당공천허용/비례대표제 도입, 지방의원 유급화, 정당후원회 폐지(시도지사 허용), 주민소환투표 도입	메니페스토 정책선거추진센터 발족
2007	17대 대선		선거공약서배부제 도입
2008	18대 총선		예비후보자 공약집 발간 판매제 도입
2010	5회 지선	재외국민 선거권 부여(재외선거관리위원회 신설)	
2012	19대 총선 18대 대선	재외선거제 도입, SNS 이용 선거운동 허용 선상부재자투표 도입, 사전투표제도 도입	재외선거 투표용지 발급기 도입

* 예비후보자 등록 기간 삼원화(대선-240일, 광역단체장 선거및 총선-120일, 기초단체장 및 지방의원 선거-60일 이전, 선거기간 개시일전 기준); 여론조사 공표 금지 기간 6일로 조정; 토론회 실시 대상선거 확대(광역의회 비례대표, 기초단체장); 위장전입금지기간 180일로 연장; 보궐선거 투표일을 수요일로 변경.

출처: 선거관리위원회(2013, 17~28) 외 다수.

<부록 3-1> 주요 정치일지

연도	주요선거	주요 사건(북한관련 사건)	사회경제적 환경	투표행태	선거행태변화	정당체제
1996	제15대 총선					
1997	제15대 대선	(총풍사건)	한보그룹 사건; IMF 금융위기	경제투표	DJP 선거연합, 김대중 당선	국민회의-자민련 vs. 한나라당
1998	제2회 지방선거	(금강산 관광사업 시작 11월)	노사정위원회발족 (1월)			
1999		조폐공사 파업유도 및 옷로비 사건				
2000	제16대 총선	(제1차 남북정상회담, 6.15 남북공동선언)	김대중 노벨평화상 수상		총선시민연대낙선운동; 노사모 등장	충청지역 JP 약화; 새천년민주당 vs. 한나라당
2001		이용호 게이트	2월 언론세무조사			
2002	제3회 지방선거				국민경선제도 도입	
	제16대 대선	(10월, 2차 북핵위기)	여중생 사망사건 (촛불시위)	이념투표, 세대투표	신행정수도공약 제시, 노무현 당선	새천년민주당 vs. 한나라당
2003		(대북송금특검); 대통령 측근 비리 사건	대선자금 수사시작			
2004	제17대 총선	노무현 대통령 탄핵소추, 김종필 정계은퇴	대선자금 수사발표	계급투표	탄핵역풍, 열린우리당 과반의석 차지, 예비후보자 등록제	민주노동당 원내진출; 열린우리당 vs. 한나라당 (민주당/자민련 몰락)
2005		유전의혹사건(9.19공동성명-북핵파기)				
2006	제4회 지방선거	(7/4 대포동2호 1차발사; 10/9, 1차 핵실험), 박근혜 테러사건			지방의원유급제, 매니페스토운동 시작	

2007	제17대 대선	(제2차남북정상회담), BBK 수사	삼성비자금	이명박 당선	열린우리당 해체
2008	제18대 총선	숭례문방화사건(7월 금강산관광객피살사건), 진보신당 창당		한나라당 과반의석	한나라당 vs. 민주통합당
2009		(4월 은하 2호 발사; 5/25, 2차 핵실험),	노무현 서거(5.23) 김대중 서거(8.18)		
2010	제5회 지방선거	G20정상회의, (천안함 사건 3.26/ 연평도 사건 11.23), 국무총리실 민간인사찰 사건			
2011		통합진보당 창당			
2012	제19대 총선	(12/12 은하 3호 발사)		한나라당 과반의석	새누리당 vs.민주통합당
	제18대 대선	(2013. 2.12, 3차 핵실험)	안철수 대선출마	문재인-안철수 연합 vs. 박근혜	선진통일당해체

<부록 3-2> 주요 정치인들과 정당의 창당

연월	주요선거	이인제	이회창	노무현	김대중
1987	제13대 대선(12.16)			통일민주당 (5.1)	평화민주당 (11.12)
1988	제13대 총선(4.26)	통일민주당+		통일민주당+	
1990			민자당 (1.22) <-+	++ 꼬마민주당	
1991				+->	신민주연합당(4.15) (통합)민주당(9.16)
1992	제14대 총선(3.24)				
1992	제14대 대선(12.18)				
1995	제1회 지선(6.27)		신한국당 (12.6)	++	***>새정치국민회의(9.11)
1996	제15대 총선(4.11)				
1997	제15대 대선(12.18)	<***국민신당 (10.10)	한나라당<-+ (11.24)	+->	
1998	제2회 지선(6.4)	+->새정치국민회의 (9.28)			
2000	제16대 총선(4.13)				새천년민주당(1.20)
2002	제16대 대선(12.19) 제3회 지선(6.13)	***> 자민련(??)			
2003		***>국민중심당(??)		열린우리당 (11.11)<***	
2004	제17대 총선(4.15)				
2006	제4회 지선(5.31)				
2007	제17대 대선(12.19)	***> 민주당(5.?)		+-> (8.20)	***>중도개혁통합당(6.27) 중도통합민주당(6.27) ***>대통합민주신당(8.5)

2008	제18대 총선(4.9)	+->통합민주당(??) ***>무소속출마		통합민주당[5] (2.11)
2010	제5회 지선(6.2)			
2011		***>통합자유선진당(9.8)		
2012	제19대 총선(4.11)	선진통일당 (5.29)	새누리당 (2.13)	
2012	제19대 대선(12.19)	+->새누리당 (10.25)		

+- 정당통합, ++잔류, ***탈당 후 창당, +정계입문

5 통합민주당은 대통합민주신당(열린우리당 탈당파+중도통합민주당(열린우리당 탈당파+새천년민주당) 탈당파+손학규)이 민주당(열린우리당 탈당파+새천년민주당)과 2008년 2월 초 합당신설한 정당이다. 김한길을 비롯한 초기열린우리당 탈당파는 중도통합민주당에서 2007년 8.3일 탈당하여 대통합민주신당 창당에 합류하였다. 잔존세력들은 민주당으로 회귀하고 이인제를 대선후보로 2007년 대선에 참여하였다.

<부록 3-3> 내각제 합의문 전문

가. 국민회의는 단일화 협상의 마무리와 함께 내각책임제 당론을 당헌 및 강령에 명시하고, 양당은 제15대 국회 임기 내에 내각책임제로 개헌 할 것임을 대국민 공약하기로 한다.

나. 내각책임제 헌법은 대통령을 국회에서 간선하고, 수상이 국정 전 반을 책임지는 순수내각제로 한다. 정부의 안정을 위한 장치로서 내각성립 후 1년 동안은 내각불신임결의를 금지하고(다만, 개별국무위원에 대한 불신임은 허용) 독일헌법의 건설적 불신임제도를 채택하기로 한다.

다. 내각책임제를 당론으로 하는 양당이 제15대 국회 임기 내 개헌을 공약하고 대선에서 승리할 경우, 이는 내각책임제 개헌과 그 시기에 관하여 국민의 뜻을 물은 것이므로 대통령이 개헌안을 직접 주도 발의하여 늦어도 1999년 12월 말까지 개헌을 완료하기로 한다.

라. 양당은 공동정부 출범 즉시 개헌안의 추진과 관계법안의 준비를 위하여 (가칭) '내각책임제 개헌추진위원회'를 설치-운영하기로 한다. 위원회는 양당 동수의 대표로 구성하고, 내각책임제를 지지하는 양당 이외 의 세력도 참여할 수 있게 한다.

마. 양당은 내각책임제 정부 출범시에도 공동정부하에서의 공조정신을 견지하면서 연립정부를 구성하고, 새 정부에서 대통령과 수상은 자유민주연합측이 선택의 우선권을 갖기로 한다. 1997년 10월 31일.

출처: 조선일보. http://www.chosun.com/special/9904/full/p__/0714_01.html

<부록 3-4> 국민신당 발기취지문

발기취지문

우리는 지금 새로운 문명의 시대를 맞이하면서 21세기로 접어들고 있습니다.

세계는 정보혁명과 무한경재의 시대로 돌입하고 있습니다.
이러한 대전환의 출발점에서 우리는 민족의 좌표를 밝히고 국민의 역량과 잠재력을 역동적으로 결집해야 하는 엄숙한 과제를 안고 있습니다. 그러나 지금 이 땅에는 구시대의 낡은 정치질서와 병든 가치가 새로운 시대를 열어가는 우리의 발목을 잡고 있습니다.

우리는 더 이상 머뭇거릴 수 없습니다.
권위주의 정치, 지역패권주의 정치, 비생산적인 정치, 이 모든 낡은 것들을 우리는 결코 그냥 두고볼 수 없습니다. 이제 젊고 강하며 희망이 있는 정치리더십이 절실히 요구되고 있습니다.

우리는 세대교체를 통하여 정치의 명예혁명을 반드시 이룩해야 합니다.
미래지향적인 정치, 깨끗하고 신뢰받는 생산적인 정치의 틀을 다시 마련해야 합니다.

우리는 이러한 시대적 소명의 뜻을 모아 새로운 시대를 열어갈 정당을 만들기 위해 여기 모였습니다. 우리의 정당은 한국정치사에 일찍이 없었던 민주적이고, 과학적이고, 창조적인 정당이 될 것입니다.

우리 발기인 일동은 우리당의 나아갈 방향을 다음과 같이 밝히고자 합니다.

첫째, 미래를 주도할 창조적인 인간교육을 최우선으로 하겠습니다. 앞으로 지식정보사회는 사람이 제일 큰 자원입니다. 인재야말로 국가발전과 국가경쟁력의 원천입니다. 우리는 21세기 정보화사회를 이끌어갈 창조적인 사람을 키우기 위한 제도개혁과 실천에 역점을 두겠습니다.

둘째, 자율과 창의의 활기찬 경제를 이룩하겠습니다. 불합리한 규제를 과감히 혁파하고, 각 경제주체가 스스로 주인이 되는 기틀을 마련하겠습니다. 저마다 갖고 있는 능력과 창의를 계발시켜 모든 일터에 신바람을 불어 넣겠습니다.

셋째, 풍요롭고 희망찬 문화복지사회를 구현하겠습니다. 우리민족의 자랑스런 문화를 드높이고, 모든 국민이 깨끗하고 건강한 환경속에서 인간다운 삶을 영위하는 정의로운 사회를 만들겠습니다.

넷째, 깨끗하고 생산적인 국민감동정치를 실천하겠습니다. 민주적이고 깨끗한 정치제도와 문화를 정착시키고, 국민을 편하게 하는 믿음과 감동의 정치를 실현하겠습니다.

다섯째, 평화통일을 조기에 달성하고 국제사회의 주역으로 도약하겠습니다. 겨레가 함께 살며 더불어 번영하는 통일을 지향하겠습니다. 적극적인 국제협력과 주도적인 외교를 통해 세계속의 중심국가로 도약하겠습니다.

오늘 우리는, 우리 당이 21세기 세계중심국가 건설을 위한 유일한 선택임을 선언합니다.

새로운 도전에는 많은 시련과 어려움이 있습니다. 그러나 21세기의 시대적 정신과 미래를 향한 소명은 용기 있는 결단을 요구합니다.

우리는 격변의 대지 위에 결연히 서서 보람찬 미래를 창조하여 국민과 함께 하고자 합니다. 지금 우리는 겸허한 마음으로 민심의 바다에 몸과 혼을 맡겨 새로운 당을 만듭니다. 국민 여러분의 현명한 판단과 선택으로, 한 시대를 마감하고 새로운 미래를 열어갑시다. 국민 여러분의 많은 이해와 협력을 바라며 동참을 기대합니다.

1997년 10월 14일
창당발기인 일동

출처: 중앙선거관리위원회. 대한민국 정당사 5집.

<부록 3-5> 국민신당 창당선언문

창당선언문

대망의 21세기가 눈앞에 다가온 지금,

우리에게는 부강한 세계중심 국가건설이라는 시대적 소명이 주어져 있다. 조국의 평화적 통일이라는 민족적 과제가 주어져 있다. 오늘 우리는 국민의 자긍심을 일깨우고, 21세기 젊고 강한 조국을 건설하기 위해 국민신당 창당의 기치를 드높이 올린다. 지금 이 나라는 일찍이 경험하지 못했던 국가적 위기와 시대적 도전에 직면해 있다. 우리는 사회혼란과 경제위기를 극복하고 치열한 세계경쟁시대의 거센 파도를 넘어야 한다.

지금 이 나라에 필요한 것은 미래에 대한 희망이다. 절망을 떨쳐낼 수 있는 용기이다. 다시 한번 할 수 있다는 자신감이다.

이제 우리 국민신당은 이 나라의 혼란과 침체의 병을 치료하고 흔들림없이 민족을 이끌어가는 구심점으로 우뚝 설 것임을 선언한다!

오늘은 변화와 창조의 시대이다. 역사는 끊임없이 창조가 일어나는 장이고, 미래는 우리의 마음과 행동에 의하여 만들어지는 것이다.

개인의 창의를 발휘하게 하고 온 국민의 마음을 모아야 나라의 올바른 진로가 열린다. 새로운 변화의 시대에 대응하기 위하여 지금 이 시점에서 세대교체에 의거, 사회적 분위기를 혁신하지 않으면 안된다. 원로세대의 지혜와 경륜으로 방향을 잡고, 젊은 세대의 창의성과 추진력을 동력으로 삼아 민족발전의 새로운 틀을 짜야 한다. 지나간 시대를 지배했던 낡은 가치, 지역갈등, 이것을 극복하여 온 국민의 힘을 하나로 모아야 한다.

이제 우리 국민신당은 온 민족의 창의와 힘을 하나로 모아 21세기 강한 한국을 향한 국민행진의 선봉이 될 것임을 선언한다!

우리 국민신당은 자유민주주의를 지향하는 국민정당으로서 모든 국민이 자발적으로 참여할 수 있는 열린 정당이 되고자 한다. 우리 국민신당은 공정하고 효율적인 시장경제를 실현하며 자율과 창의가 넘치는 고도지식 정보화사회를 건설한다. 우리 국민신당은 전통문화를 계승하고, 이를 창조적으로 발전시키며 자연을 보존하고 남녀평등을 실현하며 삶의 질이 높은 문화사회 공동체를 실현한다. 우리 국민신당은 남북간의 교류와 협력을 적극 추진하여 민족의 평화통일을 이룩하고 인류공영에 이바지한다. 이제 우리 국민신당은 온 국민의 활기차고 신명나는 삶의 터전을 가꾸는 역군이 될 것을 선언한다!

그러나 이러한 사회에 이르기에는 우리의 정치가 너무나 병들고 너무나 시대에 뒤쳐져 있다. 국민을 통합하고 나라의 나아갈 바를 제시하기는커녕 국민의 신뢰를 상실하였으며 국민을 불안하게 하고 사회와 국가발전에 가장 큰 걸림돌이 되고 있다. 낡은 정치를 혁파하지 않고는 우리는 한발자국도 나아가지 못할 것이다. 깨끗하고 건강한 정치, 국민의 신뢰를 받고 국민에게 봉사하는 정치만이 희망찬 새 시대를 보장할 수 있다.

이제 우리 국민신당은 국민 속에서 국민과 함께하는 진정한 국민정치시대를 열어갈 정치 명예혁명의 기수임을 선언한다! 나아가 우리 국민신당은 행복과 웃음이 넘치는 가정, 창의와 활력이 넘치는 사회를 건설하는 국민의 다정한 친구가 될 것임을 선언한다! 오늘 세계중심국가, 젊고 강한 한국의 건설을 향한 새로운 역사가 시작되었음을 엄숙히 선언하는 바이다!

1997년 11월 4일
국민신당

출처: 중앙선거관리위원회. 대한민국 정당사 5집.

<부록 3-6> 건설국민승리21(가칭) 발기취지문

우리는 오늘 부패정치와 붕당정치의 사슬을 끊고 21세기를 힘차게 열어가고자 「건설국민승리21」(가칭)(이하 약칭 국민승리21)의 깃발을 세운다. 참여와 민주를 요구하는 국민이 설 자리는 어디에도 없고 부패와 야합만이 판을 치는 정치현실을 혁파하고 희망이 있는 사회, 사람의 모습을 닮은 사회를 건설하고자 우리는 진보의 큰 걸음을 내딛는다.

땀 흘려 일하는 사람들이 정치의 주인으로 나설 때만 우리는 미래를 이야기할 수 있다. 노동자와 농민, 도시서민 그리고 중소기업의 편에서, 그들을 위해 일해왔던 사람들이 앞장설 때만 우리의 21세기는 희망일 수 있는 것이다. 치졸한 보수경쟁을 일삼는 기성정치세력을 물리치고 참된 개혁과 진보의 정치를 펼 때 우리는 정권교체와 세대교체를 뛰어넘는 진정한'세력교체'를 이룰 수 있다. 바로 국민승리21(가칭)이 이 일을 해내고자 한다. 땀 흘려 일하는 사람들이 정치의 주인으로 나설 수 있도록 국민승리21의 대통령후보가 앞장서려는 것이다. 대통령선거에서 이룬 성과를 바탕으로 새로운 진보적 대중정당 건설의 토대를 튼튼히 쌓고자 하는 것이다.

진보는 우리의 희망이자 현실이다. 부패의 어두운 그늘 속에서도 개혁과 진보의 새싹은 피어나는 것이다. 수구의 망령을 눌러 버리고 정권교체의 허울 뒤에 가려져 있는 보수회귀의 칼날을 꺾어 버리고, 세대교체의 기만 속에 숨겨진 문민독재의 유산을 엎어버리고 진정 무엇이 6월 항쟁 정신의 계승이고 무엇이 21세기의 희망인지 우리는 분명히 국민 앞에 밝히고자 한다.

국민승리21은 나라의 주권이 국민 대중에게 있음을 분명히 선언한다. 또한 땀흘려 일하는 보통 봉급생활자들과 평범한 납세자들이 정치의 진정한 주인이 되어야 함을 밝힌다. 국민승리21은 21세기 한국의 미래가 수구나 보수가 아니라 민주와 진보에 달려있음을 선언한다. 분단과 예속과 억압의 악순환을 끊고 통일과 자주·민주를 위해 앞장서 온 사람들이 진보정치의 주역이 되어야함을 천명한다.

국민승리21은 인간이 인간다운 삶을 누리는, 인간의 모습을 한 민족통일국가 건설을 위해 진보적 대중정당으로 발전해 갈 것을 역사 앞에 당당히 선언한다.

미래를 꿈꾸는 이들은 모두 오라! 세상을 바꾸려는 포부를 가진 이들도 모두 달려오라! 희망을 이야기하는 사람들에게 국민승리21은 언제나 활짝 열려 있다. 오늘의 힘찬 출발에 함께 우리는「건설국민승리21」(가칭)의 창당 발기를 선언한다.

1997년 11월 7일

건설국민승리21 (가칭) 발기인 일동

출처: 중앙선거관리위원회. 대한민국 정당사 5집.

<부록 4-1> 광역자치단체장 선거 당선자 소속정당(1995-2014)

지역	제1회 (1995.6.27)	제2회 (1998.6.4)	제3회 (2002.6.13)	제4회 (2006.5.31)	제5회 (2010.6.2)	제6회 (2014.6.4)
서울특별시	● 조순	● 고건	○ 이명박	○ 오세훈	○/●	●
부산광역시	○ 문정수	○ 안상영	○ 안상영/ ○ 허남식	○ 허남식	○	○
대구광역시	√/○ 문희갑	○ 문희갑	○ 조해녕	○ 김범일	○	○
인천광역시	○/◇ 최기선	◇/√ 최기선	○ 안상수	○ 안상수	●	○
광주광역시	● 송언종	● 고재유	● 박광태	△ 박광태	●	●
대전광역시	◇ 홍선기	◇ 홍선기	○/● 염홍철	○ 박성효	◇	●
울산광역시		○/● 심완구	○ 박맹우	○ 박맹우	○	○
경기도	○ 이인제	● 임창열	○ 손학규	○ 김문수	○	○
강원도	◇ 최각규	○ 김진선	○ 김진선	○ 김진선	●/	●
충청북도	◇/○ 주병덕	◇/○ 이원종	○ 이원종	○ 정우택	●	●
충청남도	◇ 심대평	◇ 심대평	◇ 심대평	○ 이완구	●	●
전라북도	● 유종근	● 유종근	● 강현욱	● 김완주	●	●
전라남도	● 허경만	● 허경만	● 박태영/△ 박준영	△ 박준영	●	●
경상북도	○ 이의근	○ 이의근	○ 이의근	○ 김관용	○	○
경상남도	○ 김혁규	○ 김혁규	○ 김혁규/○ 김태호	○ 김태호	√/○	○
제주특별자치도	√/● 신구범	● 우근민	● 우근민/○ 김태환	√ 김태환	√	○

○ 새누리당계, ● 민주당계, △ 새천년민주당, ◇ 자민련계, √ 무소속; / 당적변경이나 재보궐선거
출처: 중앙선거관리위원회, 역대선거정보

<부록 4-2> 역대 광역자치단체장선거의 정당별 당선자수(제1회~제5회: 1995~2010)

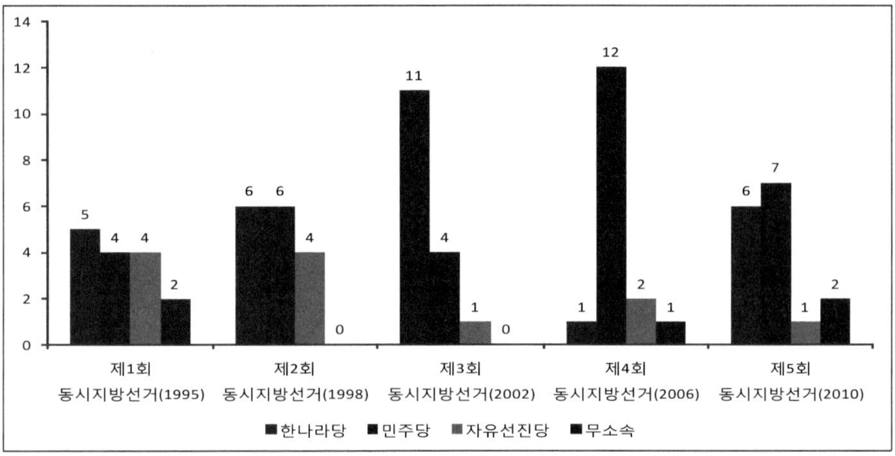

출처: 중앙선거관리위원회, 역대선거정보

<부록 4-3> 2000년 총선시민연대의 공천 반대자 선정의 변

공천 반대자 선정의 변
절대절명의 정치개혁과제에 대한 온 국민의 소망을 담아

우리 정치가 절대절명의 위기상황을 맞고 있습니다. 이 위기는 정당 차원의 위기나 정치권 내부의 위기가 아니라 우리 정치 전반의 총체적 위기입니다. 우리 정치는 국민과 철저하게 분리되어 있으며 국민적 요구를 대변하지 못하고 있습니다. 부패하고 타락한 정치의 일그러진 모습은 우리 정치권의 일상의 얼굴이 되었습니다. 그 결과 정치가 당면한 개혁과정에서 개혁을 촉진하고 지원하기보다는 오히려 개혁의 발목을 잡으며 해방 이후 최대 국난인 IMF를 극복하는 과정에서도 소모적인 갈등과 정쟁으로 국민의 불신과 지탄을 자초하였습니다. 이것은 우리 정치가 헌법에서 부여한 직무를 수행하지도 못할 뿐만 아니라 이를 위한 스스로의 자정능력을 상실하였다는 것을 의미합니다. 이 정치와 더불어 우리가 수많은 도전과제가 기다리고 있는 불확실한 21세기를 해쳐나갈 수 없다는 것이 국민적 합의사항이라 할 수 있습니다.

2000년 총선시민연대가 여러 어려움을 예상하면서도 낙천낙선운동을 전개하게 된 것은 이러한 정치로는 사회발전은 물론 최소한의 정치개혁도 불가능하다는 판단에서 비롯된 것입니다. 우리가 낙천낙선운동을 선언한 이래 우리의 선언은 정치권은 물론, 전 사회적인 논란의 대상이 되어 왔습니다.

여야 정치인의 상당수는 총선시민연대의 낙천낙선운동을 시민단체의 본분을 벗어난 불법적 행위로 매도했고 심지어 특정 정치세력의 사주를 받은 하수인으로 규정하기도 했습니다. 그러나 이와는 정반대로 유권자의 대다수는 폭발적인 지지와 관심을 보여주었습니다. 유권자들의 호응은 우리도 미처 예상하지 못할 만큼 강력한 것이었고, 그 소문은 국제사회에까지 전해져 21세기 참여정치시대의 첫 장을 여는 조용한 유권자 혁명으로까지 인식되기에 이르렀습니다.

정치권의 강한 반발과 선관위의 위법판정은 곧 유권자들이 강력한 지지여론에 묻혀 버렸습니다. 이 운동의 어느 순간에선가 낡은 정치권과 성숙한 사회는 더 이상 양립할 수 없음이 확연해지기 시작했습니다. 이 극적인 과정이야말로 낙천낙선운동의 역사적 시대적 정당성을 잘 말해주고 있습니다. 한 순간에 형성된 거대한 흐름은 이 격류를 얕잡아보고 낡은 사고에 젖어 선거법을 담합처리하려 했던 정치권은 물론, 이 운동을 시작한 우리 자신에게도 폭풍처럼 다가왔습니다.

낙선운동은 이제 2000년 총선의 당연한 전제로, 부패무능불성실 정치인에 대한 심판은 확고부동한 당위로 자리잡았습니다. 이것은 우리가 만들어낸 것이 아니라 유권자들 스스로가, 그리고 새로운 시대가 그렇게 만든 것입니다.

사상 초유의 유권자 행동의 한 가운데서 부지불식간에 그 조타수 역할을 부여받게 된 우리의 부담은 말로 다할 수 없을 만큼 큰 것이었습니다. 우리 스스로 다음과 같이 묻고 있습니다. 총선시민연대가 불을 지핀 이 거대한 운동이 한낱 한풀이에 그치지 않고 다가오는 새 천년의 첫 총선에서 과연 부패무능정치인들에 대한 실질적인 유권자 심판을 이루는 데까지 나아갈 수 있을 것인가? 과연 이 열기가 새로운 시민참여정치의 터전을 만들고 국회를 진정한 국민의 심부름꾼들로 채우는 선거혁명으로까지 전진할 수 있을 것인가?

이 유권자 폭풍의 핵심이라 할 수 있는 공천반대자 명단의 작성과정은 한마디로 전쟁 같은 불면의 밤의 연속이었습니다. 온 국민과 정치권이 지대한 관심 속에 기다리고 있는 공천반대자 명단작성에, 이 운동에 대한 우리 모두의 소망과 사명감, 그리고 책임감을 다해, 그리고 만약 있을지도 모를 잘못을 방지하기 위해 최대한의 신중함과 엄밀함, 공명정대함으로 이 명단을 작성했음을 감히 밝히는 바입니다.

총선시민연대의 공천반대 대상자 조사팀은 우리가 확보할 수 있는 모든 자료를 확보하기 위해서 국회도서관과 법원, 인터넷, 참여단체의 의정자료 D/B를 샅샅이 뒤지고 참여단체들과 일반시민들의 제보자료를 축적했습니다. 과거 심사대상자들이 낸 서적과 논문, 이들에 대한 언론보도 내용 등을 검토하는가 하면 심지어 전과사실, 피의사실을 확인하기 위하여 당사자 본인은 물론 관련자에게 직접 확인하는 등 실사작업도 벌였습니다. 뿐만 아니라 총선시민연대는 선정의 공정성을 기하기 위해 국회의원 전원에게 소명자료 요청서를 보내 언론 등을 통해 문제가 된 사례에 대한 사전해명을 요구하였고, 우리가 수집한 자료들과 일일이 대조하였습니다. 나아가 관련 전문가들의 견해를 청취했고 시민적 상식에 입각한 법률적 판단을 위해 자문변호사단의 소견을 물었습니다. 나아가 여론조사를 실시하여 공천반대 사유와 기준을 조사하는 한편, 시민단체 회원들과 일반 시민들 가운데 선정된 유권자 100인 위원회를 통해 선정기준과 부적격 대상인사를 심의토록 하였습니다.

물론 우리의 작업이 완벽하다고는 할 수 없습니다. 오히려 우리는 작업의 매 과정마다 거대한 장벽과 만나곤 했습니다. 우리가 상대하는 국회는 한번도 유권자 앞에 투명하게 자신을 공개한 바 없는 성역이었으며, 국민 앞에 자신을 드러낼 아무런 준비도 갖추지 못한 상태였음을 절감해야 했습니다. 의정활동을 평가하는 데 필수적인 소위원회 속기록이나 표결의 기록은 그 동안 시민단체들의 요구에도 불구하고 아예 갖추어져 있지 않았습니다. 본회의 출결 상황은 1998년 12월 이후에나 갖추기 시작하였으며 법안발의 건수조차 완벽한 기록을 찾아 볼 수 없어 일일이 복사본을 뒤져야 했습니다.

한편, 이 과정에서 부패와 무능이라는 정치권의 실체를 접한 자료조사팀은 각종 비리의혹과 이권담합, 감언이설과 이율배반으로 얽힌 여야국회의원들의 현실에 혀를 내두를 수밖에 없었습니다. 조사과정에서 우리는 현역정치인의 70%를 교체해야 한다는 국민의 여론이 단순한 정서적 반발이 아닌 실체적 근거를 갖는 것이라는 확신을 갖게 되었습니다. 정치권에서의 '다선'과 '중진'은 곧 나태와 불법의 경력을 의미한다고 해도 과언이 아니었습니다. 그러나 국회의원들은 국민이 그들에게 부여한 면책특권과 국정감사권, 입법권을 남용하여 법을 조롱하고 법의 심판을 회피하고 있었습니다. 심지어 정해진 재판일자조차도 이유 없이 연기하거나 제멋대로 불출석하는 방약무인한 태도를 연출하기도 했습니다.

만약 우리가 더욱 손쉽게 진실에 접근할 수 있었다면 15대 국회의원중 과반수 이상의 정치인들이 공천반대자에 포함되어야 했을 것입니다. 지금의 정치현실 속에서 우리가 관심을 가지고 있는 주요 부패 관련 자료를 완벽하게 확보하는 데는 근본적인 한계가 있었습니다. 이런 점에서 오늘 발표하는 공천반대자 명단은 최소한의 명단입니다. 따라서 선정결과가 부분적으로 국민들의 기대에 미치지 못할 수 있으며, 경우에 따라서는 일부 정치인들에게 비판의 여지를 제공할 수도 있을 것입니다. 그러나 분명히 말씀드릴 수 있는 것은 우리가 확실한 사법처리 결과나 명백한 실정법상의 근거에만 의존해서 실증주의적인 방식으로 공천반대자를 선정한 것은 아니라는 사실입니다. 드러난 사실에만 의존하는 실증주의적 방식은 그동안 우리사회의 왜곡된 검찰권행사와 사법질서에 비추어 상당 부분 사실과 배치될 수도 있을 뿐만 아니라 국민 일반의 정서와도 괴리될 수 있기 때문입니다. 그러므로 우리는 기소여부, 확정판결여부, 무죄여부를 떠나 단순히 금품을 수수하였다는 것만으로 공천반대자로 선정한 것입니다. 우리는 이러한 관점에서 공개된 부패사안과 사법처리 과정과 결과를 중심으로 하되 바람직한 정치행태와 정치문화의 관점에서 반대 여부를 엄밀하게 종합적으로 고려하여 공천반대자를 선정하였습니다.

사실 총선시민연대 내부에는 반복적으로 전개된 대상자 선정과정에서 좀 더 많은 정치인들을 포함시켜야 한다는 의견이 만만치 않았습니다. 특히 우리의 선정방침이 함량미달의 다른 많은 정치인들에게 도리어 면죄부를 줄 수도 있다는 지적은 경청할 만한 것이었습니다. 공천반대 인사 외에도 공천반대자 선정과정에서 우리가 고민했던 내용, 혐의사실과 본인의 해명사유, 그리고 우리의 판단내용을 별도의 문서로 작성하여 각 정당에 송부하고 언론에 공개하는 것은 바로 이러한 지적을 수용하여 보완하기 위한 것이었습니다. 각 정당은 우리가 최종적으로 선정한 부적격자 외의 인사들에 대해서도 재검증해야 할 것입니다. 총선시민연대는 이러한 과정을 통해 소수의 공천반대 대상자 외의 정치인들이 모두 다 면죄부를 받은 것이 아니라는 점을 다시 한 번 분명하게 재확인하고자 합니다.

이제 우리의 조사와 판단의 결과물을 정당과 유권자 앞에 내어 놓습니다. 물론 최종적 판단은 정당 공천심사기구와 유권자의 몫입니다. 그러나 우선 각 정당은 이 결과를 공천과정에서 충분히 반영함으로써 부패·무능·저질 정치인들이 다시는 유권자 앞에 설 수 없도록 하여야 합니다. 총선시민연대는 우리의 공신력을 다해 이 명단을 발표한 만큼, 만약 이들이 또다시 공천이 되고 총선에 나선다면 우리의 모든 역량을 다해 국민과 함께 이들의 낙선을 위한 범국민적 운동을 전개할 것임을 명백히 합니다.

총선시민연대는 우리의 공익적 양심과 최선의 노력을 다해 이 명단을 작성했다고 자부합니다. 우리의 작업은 특정인의 명예나 위신을 손상시키기 위한 의도에서 하는 것이 아니라 온 국민이 절망하고 있는 정치현실을 더 이상 방관할 수 없다는 절박한 심정에서 최후의 수단으로 선택된 것이라는 점을 말씀드리고자 합니다. 낡은 정치의 청산은 하면 좋고 안 해도 그만인 그런 것이 아니라 이 땅의 모든 시민들이 두 눈을 부릅뜨고 힘 모아 이룩해야 할 절대절명의 개혁과제입니다. 오늘의 명단발표가 2000년 총선에서 거역할 수 없는 유권자 심판의 물결로 이어져 새로운 참여민주주의의 역사를 열기를 간절히 기원합니다.

2000. 1. 24

2000년 총선시민연대

출처: 2000년 총선시민연대(2000.1.24)

<부록 5> 제14대 국회의원 선거(1992, 지역구) 결과(의석수, 의석비)

시도명	당선인수	민주자유당		민주당		통일국민당		새정치개혁당		무소속	
합계	237	116	48.9	75	31.6	24	10.1	1	0.4	21	8.9
서울	44	16	36.4	25	56.8	2	4.5	1	2.3	0	0.0
부산	16	15	93.8	0	0.0	0	0.0	0	0.0	1	6.3
대구	11	8	72.7	0	0.0	2	18.2	0	0.0	1	9.1
인천	7	5	71.4	1	14.3	0	0.0	0	0.0	1	14.3
광주	6	0	0.0	6	100.0	0	0.0	0	0.0	0	0.0
대전	5	1	20.0	2	40.0	0	0.0	0	0.0	2	40.0
경기	31	18	58.1	8	25.8	5	16.1	0	0.0	0	0.0
강원	14	8	57.1	0	0.0	4	28.6	0	0.0	2	14.3
충북	9	6	66.7	1	11.1	2	22.2	0	0.0	0	0.0
충남	14	7	50.0	1	7.1	4	28.6	0	0.0	2	14.3
전북	14	2	14.3	12	85.7	0	0.0	0	0.0	0	0.0
전남	19	0	0.0	19	100.0	0	0.0	0	0.0	0	0.0
경북	21	14	66.7	0	0.0	2	9.5	0	0.0	5	23.8
경남	23	16	69.6	0	0.0	3	13.0	0	0.0	4	17.4
제주	3	0	0.0	0	0.0	0	0.0	0	0.0	3	100.0

출처: 중앙선거관리위원회, 역대선거정보(14대 국회의원선거), 의석을 차지하지 못한 공명민주당과 민중당은 제외되었음.

<부록 6> 제15대 국회의원 선거(1996, 지역구) 결과(의석수, 의석비)

시도명	당선인수	신한국당		새정치국민회의		통합민주당		자민련		무소속	
합계	253	121	47.8	66	26.1	9	3.6	41	16.2	16	6.3
서울	47	27	57.4	18	38.3	1	2.1	0	0.0	1	2.1
부산	21	21	100.0	0	0.0	0	0.0	0	0.0	0	0.0
대구	13	2	15.4	0	0.0	0	0.0	8	61.5	3	23.1
인천	11	9	81.8	2	18.2	0	0.0	0	0.0	0	0.0
광주	6	0	0.0	6	100.0	0	0.0	0	0.0	0	0.0
대전	7	0	0.0	0	0.0	0	0.0	7	100.0	0	0.0
경기	38	18	47.4	10	26.3	3	7.9	5	13.2	2	5.3
강원	13	9	69.2	0	0.0	2	15.4	2	15.4	0	0.0
충북	8	2	25.0	0	0.0	0	0.0	5	62.5	1	12.5
충남	13	1	7.7	0	0.0	0	0.0	12	92.3	0	0.0
전북	14	1	7.1	13	92.9	0	0.0	0	0.0	0	0.0
전남	17	0	0.0	17	100.0	0	0.0	0	0.0	0	0.0
경북	19	11	57.9	0	0.0	1	5.3	2	10.5	5	26.3
경남	23	17	73.9	0	0.0	2	8.7	0	0.0	4	17.4
제주	3	3	100.0	0	0.0	0	0.0	0	0.0	0	0.0

출처: 중앙선거관리위원회, 역대선거정보(15대 국회의원선거),

기타정당: 대한민주당, 무당파국민연합, 21세기한독당, 무당파전국연합, 기독성민당, 통일한국당, 친민당은 의석수 확보에 실패함.

<부록 7> 선거범죄 추이(1997~2007)

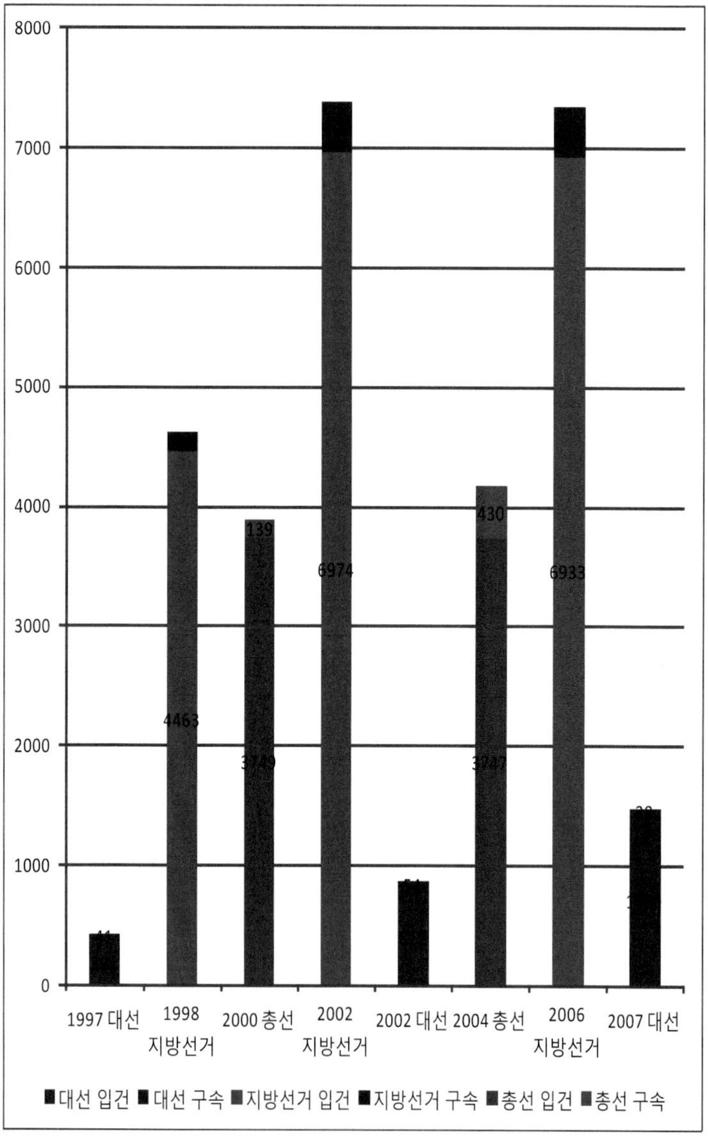

출처: 대검찰청(선거관리시스템)

<부록 8> 민주화 이후 한국의 주요경제지표 (1985~2011)

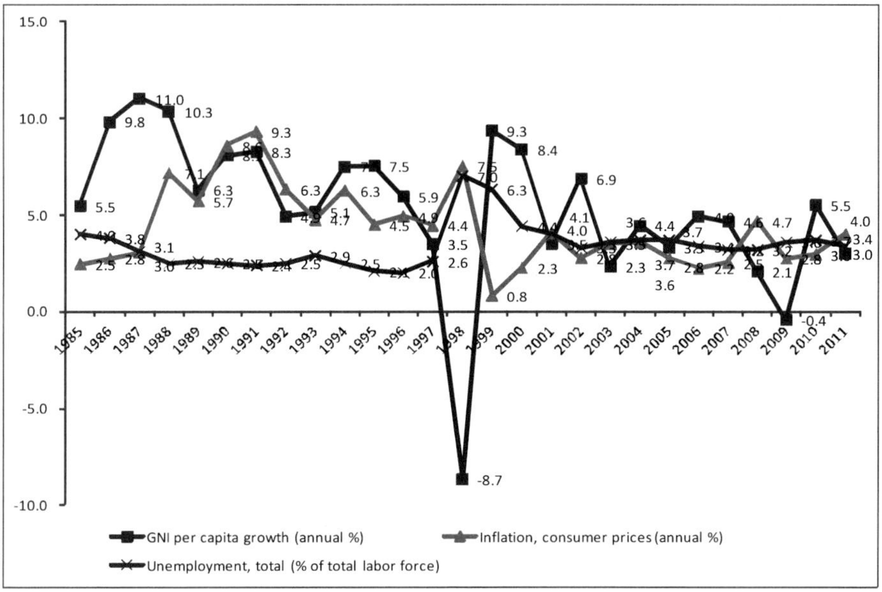

출처: World Development Indicators, The World Bank

<부록 9> 소득불평등 지수(도시2인 이상 가구의 시장소득, 1990~2011)

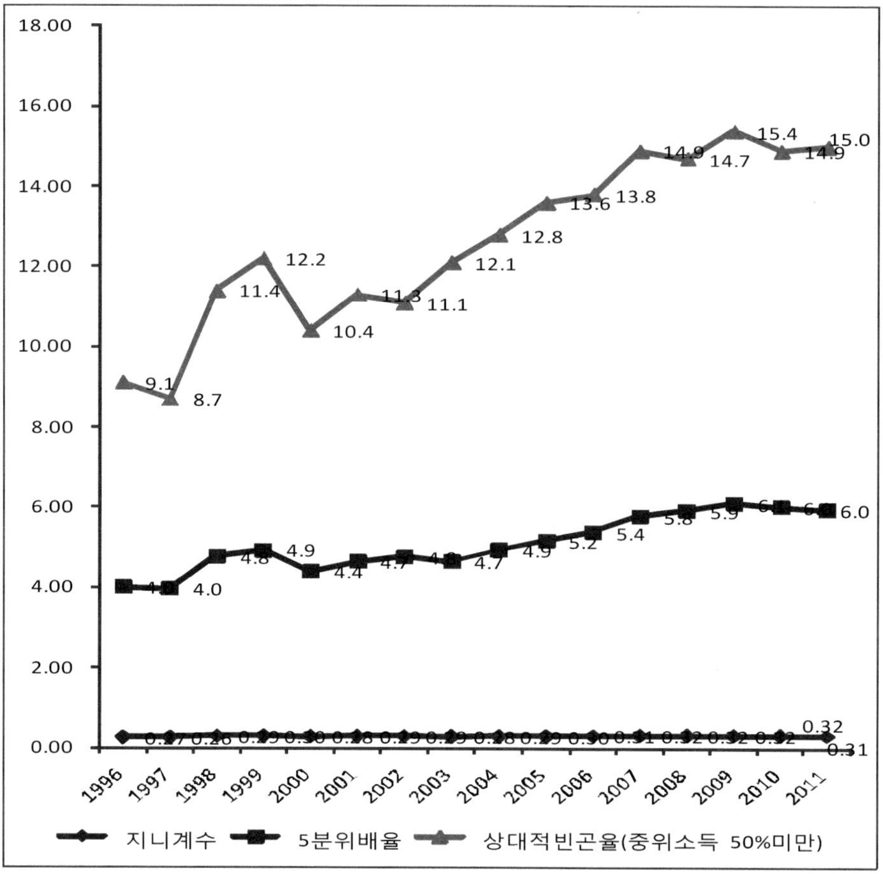

출처: 통계청, 국가통계포털.

<부록 10－1> 김대중 대통령의 새천년민주당 탈당 성명 전문(2002.5.6)

존경하는 국민 여러분!

최근 저희 자식들과 몇몇 주변인사들로 인해서 일어난 사회적 물의와 국민 여러분의 질책에 대해서 무어라 사과를 드려야 할지 모르겠습니다. 다시 한번 진심으로 사과의 말씀을 드립니다. 저희 내외도 이 문제로 고민의 나날을 보내고 있습니다. 그리고 검찰의 수사를 통해서 사건이 엄정하게 처리되기를 충심으로 바라고 있습니다. 국민 여러분께서도 검찰수사 결과를 지켜봐 주시기 바랍니다.

저는 이러한 가운데서도 제가 할 임무에 대해서 추호도 차질없이 진행시키고자 힘쓰고 있습니다. 월드컵, 아시안 게임, 경제도약, 남북관계 발전 등 내일의 국운융성을 좌우할 문제를 차질없이 진행시키겠습니다. 그리고 부정부패를 척결하는 한편 다가오는 양대 선거를 역사상 가장 공명정대하게 치러 내겠습니다. 국민 여러분의 애국적 충정에서의 성원을 간곡히 부탁드립니다.

존경하는 국민 여러분!

저는 저의 전 정치인생을 바쳐온 새천년민주당을 오늘로서 탈당하기로 결정했습니다. 저는 앞으로 남은 임기동안 여야의 협력 속에서 오직 국정에만 전념하기 위해서 그와 같은 결심을 한 것입니다. 평생의 정치생활 속에서 고락과 영욕을 같이 한 동지들에게 그간의 지원에 대해서 깊이 감사드립니다. 수십년 동안 저를 일관되게 지지하여 저의 오늘이 있게 해 주신 국민 여러분께도 충심으로 감사 드립니다. 저는 남은 임기 동안에도 지금 까지 걸어온 국정개혁에의 길을 확고히 지켜나갈 것입니다. 국민 여러분의 계속적인 지원을 부탁드리며, 여러분의 건승과 행복을 기원합니다.

감사합니다.

출처: 임경구(2002.5.6).

<부록 10−2> 노무현·정몽준 후보단일화 합의문

〈합 의 문〉

양측은 TV합동토론과 관련하여,

1. KBS, MBC, SBS 등 중앙의 공증과 TV방송사를 대상으로 노무현−정몽준 후보간 TV합동토론의 특별편성 및 보도를 양측 선대위원장 명의로 17일 중 요청키로 한다.
2. 양측은 상기 TV방송3사의 고정토론프로그램에 양후보가 출연해 합동토론을 갖는 것도 고려키로 한다.
3. 또는 정치적 중립성이 담보되는 단체가 주최하고 이를 TV방송3사가 중계하는 양 후보의 합동토론을 추진키로 한다.
4. 양측은 오는 11월 20일 이후 23일 사이에 TV합동토론을 갖는 것으로 하되 이 기간 중에는 TV합동토론일정을 최우선으로 한다.
5. 양 후보의 TV합동토론에 관해서는 노무현 후보 측에서는 김한길 선대위 미디어본부장이, 정몽준 후보 측에서는 민창기 선대위 홍보위원장이 양 후보를 각각 대리한다.

양측은 공동선거 운동과 관련하여,

1. 후보를 맡지 않으신 분이 선거대책위원장을 맡아 단일 후보의 선거 승리를 위해 최선을 다한다.
2. 양측은 공동 선거대책위원회를 구성하여 선거운동을 함께 해 나간다.
3. 공동선거대책위원회는 기획본부와 상황실을 비롯해 통합 가능한 선대위 조직을 공동으로 구성하고, 연설원의 지원, 지역별 공동선거대책위원회의 구성 등 가능한 모든 방법을 통해 공동 선거운동을 벌인다.

양측은 여론조사와 관련하여, 조사에 영향을 미치지 않게 하기 위하여 합의문을 일체 공개하지 않고, 조사결과 발표시에 함께 공개하기로 하였다.

2002.11.17

노무현 후보측 후보단일화 추진단 이해찬 이호웅 유선호 김한길 홍석기

정몽준 후보측 후보단일화 추진단 이 철 민창기 박범진 김 행 오철호

출처: 이성규·최경준(2002.11.18)

<부록 11> 노무현의 2003년 4월 2일 국회시정연설(대연정 구상)

제238회 임시국회 국정연설

존경하는 국회의장, 그리고 국회의원 여러분,

이 자리를 지켜보고 계신 국민 여러분,

이곳 민의의 전당에서 국민의 대표이신 국회의원 여러분을 모시고 국정운영에 관한 저의 소견을 말씀드리게 된 것을 영광스럽게 생각합니다.

사실 제가 운이 좋은 대통령이었다면 보다 많은 의원들을 여당으로 모시고, 첫 번째 국회 국정연설을 할 수 있었을 것입니다. 그것도 미래의 국가 청사진에 관해 말씀드릴 수 있었을 것입니다. 그러나 오늘 우리가 처한 상황은 그렇지 못합니다.

저는 이라크전 파병문제부터 말씀드리지 않을 수 없습니다. 많은 의원님들과 국민들이 파병을 반대하고 계십니다. 가장 큰 이유는 이번 전쟁이 명분이 없다는 것입니다. 명분이 있고 없음에 대해서 논쟁하고 싶은 생각은 없습니다.

또한 반대명분 중에는 이번 전쟁에 우리가 파병을 할 경우 장차 미국이 북한을 공격하려 할 때 이를 반대할 명분이 없어진다는 주장도 있습니다. 이것은 명분론을 전제로 한 현실론인 것 같이 보입니다. 그렇습니다. 명분은 중요합니다. 앞으로 세계 질서도 힘이 아닌 명분에 의해서 움직여져야 합니다. 명분에 의해서 움직여 가는 시대가 와야 합니다. 그러나 유감스럽게도 아직은 명분이 아니라 현실의 힘이 국제정치 질서를 좌우하고 있습니다. 국내정치에서도 명분론보다는 현실론이 더 큰 힘을 발휘하는 경우가 더 많습니다.

저는 명분을 중시해 온 정치인입니다. 정치역정의 중요한 고비마다 불이익을 감수하면서도 명분을 선택해 왔습니다. 그래서 때로는 지나치게 이상을 추구한다는 비판을 듣기도 했습니다. 심지어는 정치인으로서의 자질에 의심을 받기도 했습니다. 1990년 '3당 합당'때도 그랬고, 1995년 통합민주당이 분당될 때도 그랬습니다.

지난 대통령 선거 때 정몽준 후보와 단일화가 이루어진 이후 정 후보는 공동정부를 요구해 왔습니다. 그 당시 저를 돕던 많은 분들은 그 제안을 수용하라고 강력히 권고했습니다. 그렇게 하지 않으면 선거에 진다는 것이 그 이유였습니다. 그러나 저는 받아들이지 않았습니다. 차라리 저는 패배를 택하겠다고 대답했습니다. 목전에 승패가 갈라질 수 있는 절박한 상황이었지만 저는 명분을 선택했습니다.

그런 제가 이번에는 파병을 결정하고 여러분의 동의를 요청하고 있습니다. 저의 결정에 나라와 국민의 운명이 달려 있기 때문입니다. 저에게는 국민 여러분의 안전을 지켜야 할 책임이 있습니다.

대통령 선거에서 낙선하는 것은 제 개인의 문제이고, 더 나가더라도 동지들의 문제일 뿐입니다. 그러나 대통령이 된 지금 저의 선택은 제 개인의 선택일 수 없습니다.

그 결정에 나라의 운명이 달려 있기 때문입니다.

제가 대통령에 당선되었을 즈음, 미국의 여러 사람들이 수시로 대북 공격 가능성을 언급하고 있었습니다. 그중에는 책임 있는 당국자들도 있었습니다. 제가 대북 공격에 반대하면 한·미 공조가 흔들리고, 제가 한·미 공조를 위하여 대북 공격을 찬성하면 곧 전쟁이 기정사실화될 수 있을 것만 같은 상황이었습니다.

전쟁만은 막아야 했습니다. 그래서 저는 공개적으로 반대의사를 표명했습니다. 과거에도 여러 차례 한·미간에는 이견과 갈등이 있었지만 대화를 통해 이를 회복해 온 경험이 있기 때문에 저는 이번에도 이견은 해소될 수 있는 것이라고 믿었습니다. 다행히 이견은 해소되었거나 해소되어 가고 있습니다. 지금은 미국의 책임 있는 당국자 그 누구도 대북 공격 가능성을 말하지 않습니다. 오히려 적극적으로 평화적 해결을 거듭 강조하고 있습니다.

지난 3월 29일 외교통상부 장관이 미국을 방문하였을 때, 콜린 파월 미 국무장관과 라이스 안보보좌관은"북한과 이라크는 상황과 조건이 다르기 때문에 북핵 문제도 군사적인 수단을 사용하지 않고 외교적인 방법을 통해 평화적으로 해결하겠다."는 것을 재차 확인했습니다. 그러나 이제 겨우 발등의 불을 껐을 뿐이라고 생각합니다. 아직 위험은 남아 있습니다.

저는 생각하고 또 생각했습니다. 많은 전문가들의 조언도 들었습니다. 명분에 발목이 잡혀 한·미 관계를 갈등관계로 몰아가는 것보다, 오랫동안의 우호관계와 동맹의 도리를 존중하여 어려울 때 미국을 도와주고 한·미 관계를 돈독히 하는 것이 북핵 문제를 평화적으로 해결하는 길이 될 것이라는 결론을 내렸습니다.

존경하는 의원 여러분,
그리고 국민 여러분,

우리가 원하지 않는 한 한반도에서는 어떤 전쟁도 없을 것입니다. 우리와의 합의가 없는 한 미국은 북핵 문제를 일방적으로 처리하지 않을 것입니다. 이 약속은 반드시 지켜질 것입니다.

저는 그동안 대등한 한·미 관계를 여러 차례 강조해 왔습니다. 그러나 대등한 한·미 관계는 국민의 생존이 안전하게 보장되었을 때 비로소 가능한 것입니다. 대등한 한·미 관계를 위하여 국민의 생존을 위협하는 결정을 한다면, 그것은 무모한 결정이 될 수도 있는 것입니다. 그래서 저는 당선자 시절부터'선-북핵 해결, 후-SOFA 개정'을 말해 왔습니다. 앞으로 대등한 한·미 관계를 위해서 지속적으로 노력해 나가겠습니다.

이라크 사태도 그 명분을 두고 많은 논란이 있습니다. 마찬가지로 북핵 문제의 해결과정에서도 명분상의 논란이 있을 수 있습니다. 미국이나 국제사회도 명분에 따라서만 태도를 결정하지는 않을 수도 있습니다. 북핵 문제의 평화적인 해결을 위해서는 무엇보다 굳건한 한·미 공조가 중요한 것입니다.

저는 어려운 우리 경제도 생각했습니다. 저는 전쟁 가능성에 대한 불안이 우리경제를 어렵게 하는 것이라고 생각하여 미국의 대북 공격을 공개적으로 반대하기도 하고, 한반도에 전쟁이 없을 것임을 국제투자가들에게 누누이 강조했습니다. 그러나 많은 투자자들을 만나 본 결과 그들은 제 생각과는 달랐습니다. 전쟁의 위험에 대한 현실적 가능성보다는 한·미 관계의 갈등요소를 더 큰 불안요인으로 인식하고 있었습니다. 우리의 파병 결정은 이들의 불안을 해소하는 데 크게 기여하고 있습니다.

존경하는 국민 여러분,

마음을 하나로 모아 주십시오. 저를 믿고, 또 우리 국회를 믿고 힘을 모아 주십시오. 한반도의 평화는 반드시 지켜 내겠습니다. 그리고 평화와 번영의 동북아시대를 반드시 성공시켜 내겠습니다.

존경하는 의원 여러분,

결단을 내려 주시기 바랍니다. 용기 있는 결단을 내려 주시기 바랍니다. 여러분의 선택에 우리의 운명이 달려 있습니다. 대통령의 성의를 보고 결정할 문제가 아닙니다. 바로 여러분이 국민의 대표로서 당당하게 소신을 가지고 국민의 운명을 결정해 주셔야 합니다.

… (중략) …

저와 정부도 최선을 다하고 있습니다. 반드시 극복해 내겠습니다. 어렵다고 단기부양책을 쓰지는 않겠습니다. 1989년 말 '6공 정부'는 경기 부양을 위해 막대한 돈을 증권시장에 쏟아 부었습니다. 이로 인해 집값, 전세값이 폭등했습니다. 많은 직장인들이 서울에서 지방으로 밀려났습니다. 그마저도 감당할 수 없었던 사람들은 스스로 목숨을 끊기도 했습니다. 그리고 우리 경제의 체질은 나빠져 버렸습니다. 1993년'문민정부'는'신경제 100일 계획'이라는 이름을 내세우고 또다시 돈을 푸는 정책을 썼습니다. 그리고 5년 후 우리 경제는 IMF 위기라는 파탄을 맞고 말았습니다.

반면에, 1997년 외환위기 이후 '국민의 정부'는 구조조정과 개혁을 추진했습니다. 그 결과 우리 경제의 체질은 훨씬 더 튼튼해진 것이 사실입니다. 기업의 재무구조는 획기적으로 개선되었고, 상호지급보증의 고리도 끊어졌습니다. 더 이상 청와대나 실력자의 전화를 받고 대출해 주는 은행도 없어졌습니다.

… (중략) …

존경하는 의원 여러분,

앞서 말씀드린 대로 그동안 우리 경제는 많은 개혁을 이루어 왔습니다. 그러나 'SK 글로벌 사건'에서 보듯이 아직 충분하지 않습니다.

무엇보다도 투명성을 더욱 높여야 합니다. 이제는'이중장부'의 시대는 아닙니다. 시장이 이를 용납하지 않습니다. 이중장부를 가지고는 세계 시장에서 경쟁할 수 없습니다. '증권 관련 집단소송제'를 조기에 도입하고, '기업회계제도'를 국제기준에 맞게 개선해 나가야 합니다.

지배구조의 개선도 필요합니다. 지금과 같은 불합리한 지배구조로는 합리적인 의사결정이 어렵습니다. 비효율적인 투자를 유발하고 종국에는 경제를 위험에 빠뜨릴 수도 있습니다. '사외이사제도'의 내실화를 기하는 방안을 강구할 필요가 있습니다. 불공정한 거래관행도 아직 남아 있습니다. 시장지배력이 남용되거나 약자와 이해관계자의 권익이 부당하게 침해되어서는 안 됩니다. '부당내부거래'를 지속적으로 시정해 나가겠습니다.

참여정부는 지속적인 개혁을 통해서 투명하고 공정한 시장을 만들어 나갈 것입니다.

… (중략) …

저의 임기 말에는 선진국 수준의 투명하고 공정한 시장을 만들겠습니다. 현재 40위인'투명성지수(TI)'순위를 아시아 최고 수준인 20위권으로 반드시 올려놓겠습니다.

… (중략) …

노사문화도 이제 달라져야 합니다. 불신과 대결의 노사관계를 가지고는 더 이상 앞으로 나아갈 수 없습니다. 대화와 타협의 노사문화를 가꾸어 나가야 합니다. 이제는 노동조합도 파업과 투쟁을 결정하기 전에 먼저 대화와 타협을 위해 노력해야 합니다. 대화와 타협을 위해서는 노사간의 신뢰가 중요합니다. 신뢰의 첫 번째 조건은 투명성입니다. 기업은 경영정보를 투명하게 공개하고 대화에 나서야 합니다.

정부도 노력하겠습니다. 공권력으로 문제를 해결하기 전에, 대화와 타협이 이루어지도록 적극적으로 중재하고 조정해 나가겠습니다. 갈등을 조정하는 것은 정부가 해야 할 본연의 임무입니다. 정치가 해야 할 의무입니다.

경제가 어려워지면 맨 먼저 서민들이 고통을 받게 됩니다. 집값·전세값은 반드시 안정시키겠습니다. 이 문제만큼은 대통령인 제가 의지를 가지고 직접 챙겨나가겠습니다. 사교육비 문제도 해결해 나가겠습니다. 학교에서 열심히 공부하면 좋은 대학에 갈 수 있도록 공교육의 질을 높이겠습니다. 또 어느 대학을 나와도 성공할 수 있도록 우리 사회를 개혁해 나가겠습니다.

저는 앞서 시장개혁을 말씀드렸습니다. 그러나 시장개혁만으로 시장은 개혁되지 않습니다. 시장은 우리의 일상생활 속에 있습니다. 일상생활 속의 생각과 행동이 달라져야 시장이 달라지는 것입니다. 투명하고 공정한 시장을 위해서는 투명하고 공정한 사회문화가 먼저 정착되어야 합니다.

반칙과 뒷거래가 성공하고, 특혜와 이권이 통하는 사회에서는 시장이 바로 설수 없습니다. '원칙과 신뢰', '투명과 공정', '분권과 자율', '대화와 타협'을 저는 국정원리로 강조하고 있습니다. 이러한 가치들이 우리의 일상생활 속에 뿌리내릴 때, 비로소 진정한 시장개혁이 이루어질 것입니다. 건강한 사회, 상식이 통하는 사회가 되어야 합니다. 건강한 사회가 되기 위해서는 먼저 정부와 정치가 개혁되어야 합니다.

존경하는 의원 여러분,

저는 정치개혁을 말하기 전에 대통령인 저부터 솔선수범하겠습니다.

이제 대통령의 초법적인 권력행사는 더 이상 없을 것입니다. 국가정보원·검찰·경찰·국세청, 이른바'권력기관'을 더 이상 정치권력의 도구로 이용하지 않겠습니다. 저는 이들 권력기관을 국민 여러분께 돌려드리겠습니다. 더 이상 정치사찰은 없을 것입니다. 표적수사도 없을 것입니다. 도청도 물론 없을 것입니다. 야당을 탄압하기 위한 세무사찰도 없을 것입니다. 이제 권력을 위한 권력기관은 국민을 위한 봉사기관으로 거듭날 것입니다.

또 이미 밝혔듯이 감사원의 회계감사 기능을 국회로 이양하겠습니다. 그렇게 하면 국회의 감사기능과 정책역량이 향상될 것입니다. 국회의 감사역량이 더욱 개선되면 결국 행정의 투명성도 제고될 것입니다.

권력기관뿐 아니라 일반 공직사회도 개혁하겠습니다. 개혁의 전담기구를 두고 일상적인 개혁이 이루어지도록 해 나가겠습니다. 공직사회의 효율성을 높여 국민에 대한 봉사 수준을 높여 나가겠습니다. 재정제도도 투명성과 효율성을 높여 나가겠습니다.

공직사회의 개혁을 말하면 사람들은 부처의 통폐합과 구조조정을 머릿속에 떠올립니다. 그러나 저는 작은 정부를 말하지 않았습니다. 저는 작은 정부가 아니라 효율적인 정부라야 한다고 생각하고, 또 그렇게 말해 왔습니다. 효율성을 높여 공무원들이 이전보다 두 배 더 국민들에게 봉사하도록 하겠습니다. 저는 공무원이 개혁의 주체가 돼서 공직사회를 스스로 개혁하도록 유도해 나가겠습니다. 공무원 스스로 무엇을 개혁할 것인가를 찾고 개혁을 주도해 나가시기 바랍니다. 개혁을 위해 적극적으로 노력하는 공무원에게는 더 많은 기회가 주어질 것입니다. 낡은 기득권에 안주하는 공무원은 낙오할 것입니다.

존경하는 의원 여러분,

우리 정치는 많이 달라지고 있습니다. 지난 대통령 선거에서 여야 모두 이전과는 비교할 수 없을 만큼 적은 비용으로 선거를 치렀습니다. 그것도 비교적 투명하게 치러냈습니다. 놀라운 변화가 아닐 수 없습니다.

이젠 정당이 달라질 차례입니다. 정당을 당원들에게 돌려주어야 합니다. 이미 각 정당들이 상향식 공천제도를 채택했습니다. 그러나 지구당 위원장 스스로가 임명한 대의원들이 다시 자신을 선출하는 시스템으로는 진정한 의미의 상향식 공천이라고 말하기 어려울 것입니다.

권리와 의무를 다하고 적극적으로 참여하는 자발적인 당원들을 확보하고 그 당원들에 의해서 상향식 공천이 이루어져야 합니다. 그러나 그렇게 되기까지는 상당한 시간이 필요할 것입니다. 그동안에는 국민들이 참여하는'국민공천제도'의 도입을 제안드립니다. 의원 여러분께서 결심하시면 할 수 있는 일입니다.

정치자금은 더 투명해져야 합니다. 아울러 제도는 합리적으로 보완되어야 합니다. 현행 정치자금 제도로는 누구도 합법적으로 정치를 하기 어렵게 되어 있습니다. 예를 들면, 당 대표나 후보 경선을 위한 선거자금 제도, 그리고 지방자치선거에 나서는 후보자를 위한 정치자금 제도는 마련되어 있지 않습니다. 이렇게 부실한 제도를 만들어 놓고는 투명한 정치를 할 수 없습니다.

아울러 뜻있는 젊은이들이 친구나 친지들로부터 도움을 받아 떳떳하게 정치에 입문하고 출발할 수 있는 길도 열어 주어야 합니다. 현역의원이나 지구당위원장이 아니면 후원금을 모금할 수 없는 현행 제도로는 합법적으로 정치자금을 마련할 길이 없습니다.

따라서 현역의원이나 지구당위원장이 아닌 사람도 상식에 벗어나지 않는 수준에서 후원금을 모을 수 있고, 또 그 일부를 최소한의 생계자금으로 사용하는 것까지도 허용해야 합니다. 정치하는 사람에게 '뭐 먹고 사느냐'고 물었을 때, 확실한 부업을 가진 경우 말고는 답변하기가 난감합니다. 그것이 우리 정치의 현실 아닙니까? 국민들께 솔직히 말씀드리고 제도를 개선해 나가야 합니다.

지역구도는 반드시 해소되어야 합니다. 지역구도를 이대로 두고는 우리 정치가 한 발짝도 앞으로 나갈 수 없습니다. 내년 총선부터는 특정 정당이 특정 지역에서 2/3 이상의 의석을 독차지할 수 없도록 여야가 합의하셔서 선거법을 개정해 주시기 바랍니다. 이러한 저의 제안이 내년 17대 총선에서 현실화되면, 저는 과반수 의석을 차지한 정당 또는 정치연합에게 내각의 구성권한을 이양하겠습니다.

이는 대통령이 가진 권한의 절반, 아니 그 이상을 내놓는 결과가 될 것입니다. 많은 국민들이 요구하는'분권적 대통령제'에 걸맞은 일이기도 합니다. 헌법에 배치된다는 지적도 있습니다만, 국무총리의 제청을 받아 대통령이 국무위원을 임명하는 현행 제도 아래서, 국무총리의 제청권을 존중하면 가능한 일입니다. 나라의 장래를 위해서 충심으로 드리는 저의 간곡한 제안입니다. 받아들여 주시면 좋겠습니다.

… (중략) …

존경하는 의원 여러분,

요즈음 파병문제를 놓고 국회가 논란을 거듭하는 것을 보고, 많은 국민들은 대통령이 장악력이 없는 것 아니냐는 우려를 하고 있습니다. 이제 대통령이 국회의원에게 지시하던 시대는 지났습니다. 그런 시대가 계속되어서도 안 됩니다. 저는 국회를 존중하고 의원 개개인을 존중하는 대통령이 되겠습니다. 설사 힘없는 대통령이란 말을 듣더라도 국회를 장악하거나 지시하는 대통령이 되려는 시도도 하지 않겠습니다.

국회의원 여러분께서도 비판할 때는 비판하고 힘을 모아야 할 때는 힘을 모아 주시는, 성숙한 모습으로 협력해 주시기 바랍니다. 대통령의 권력을 제한하는 문제에 있어서는 신식기준을 제시하고, 어려운 문제를 처리하는 과정에서는 과거 대통령이 막강한 권력으로 국회를 지배하던 때로 회귀하려는 듯한, 이중의 잣대가 적용되어서는 안 될 것입니다.

파병문제로 여야간 '특검법안' 개정 협상이 지연되고 있습니다. 조속히 마무리 지어 주시기를 간곡히 부탁드립니다. 상대가 누구이든 외교상의 신뢰와 약속은 지켜져야 합니다. 남북대화가 우리측 사정으로 지장을 받아서도 안 됩니다. 한·칠레 FTA 비준과, 'FTA 체결에 따른 농·어업인 지원에 관한 특별법'의 제정에도 각별한 관심을 가져 주실 것을 당부드립니다. 우리 함께 협력해서 국민들에게 봉사합시다. 경청해 주셔서 감사합니다.

출처: 노무현 사료관. http://archives.knowhow.or.kr/archives/index.php?bId=437

<부록 12> 민주화 이후 역대 선거의 투표율(대선, 총선, 지방선거)

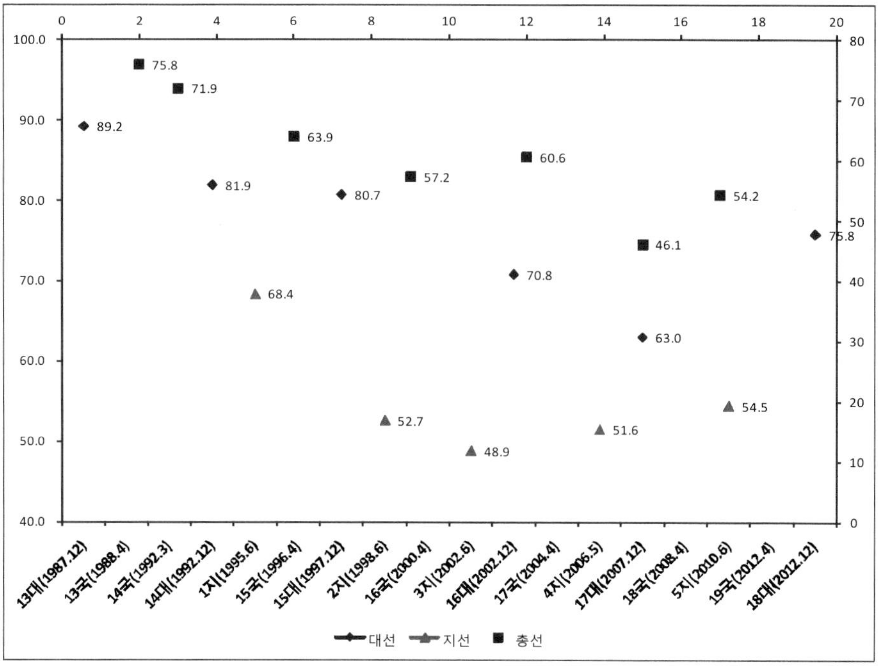

출처: 제19대 국회의원선거 투표율 분석(2012, 15); 제18대 대통령선거 투표율 분석(2012, 16); 제5회 전국동시지방선거 투표율 분석(2010, 12)

<부록 13> 열린우리당 창당선언문

열린우리당 창당선언문

우리는 오늘 부패정치, 밀실정치, 지역분열로 얼룩진 구시대를 마감하고, 국민통합, 참여민주주의, 깨끗한 정치의 새로운 시대를 실현할 정당인 열린우리당의 창당을 엄숙히 선언한다.

오늘 우리는 정경유착과 부정부패, 밀실야합으로 날을 지새우고, 틈만 나면 국정의 발목 잡기로 일관하는 당리당략의 낡은 정치, 국민을 분열시키며 기득권을 지켜왔던 지역주의 낡은 정치가 그 생명을 마감하고, 변화와 개혁을 열망하는 국민의 요구와 시대의 흐름에 부응하는 정책정당, 국민참여정당, 국민통합정당의 새로운 시대가 도래하였음을 선포한다.

열린우리당의 창당은 지난 대선에서 국민이 보여준 참여정치의 열기를 하나로 결집하여, 국민이 정치의 주인이 되는 참여민주주의의 새로운 역사를 창조하기 위함이며, 정치발전을 가로막아온 망국적인 지역감정과 지역주의 정치를 타파하고 지역과 세대, 계층과 이념, 양성간의 차별을 뛰어넘는 국민통합의 정치를 실현하기 위함이며, 부정부패와 정경유착을 근절하고, 국민의 염원인 정치개혁을 이룩하여 깨끗한 정치, 국민에게 사랑받는 정치를 실현하기 위함이며, 민족을 분열과 대립으로 몰아가는 냉전, 수구세력의 부활을 저지하고, 한반도에서 전쟁의 먹구름을 걷어내고 한반도의 평화를 정착시키는 동시에 통일한국을 앞당기기 위함이다.

이제 정치가 변해야 한다.

정치권의 변화는 시대와 국민의 요구에 부응하는 새로운 정당, 새로운 개혁주체세력을 통해서만 가능하다는 사실을 우리는 절감하고 있다.

이에 우리는 민주화와 개혁을 위해 헌신했던 분들, 산업화시대를 이끌어온 양심적 주역, 새로운 시대정신과 전문능력을 갖춘 분들, 그리고 무엇보다 새로운 정치를 염원하는 국민의 힘을 하나로 결집해가는 열린우리당의 출범을 내외에 선포하면서, 국민통합과 정치개혁이라는 우리에게 맡겨진 역사적 소명을 실현하기 위한 우리의 결의를 다음과 같이 천명한다.

하나, 우리는 정치발전을 가로막아온 망국적인 지역감정과 지역주의 정치를 타파하고, 지역과 세대, 계층과 이념, 양성간의 차별을 뛰어넘는 진정한 국민통합정치를 실현할 것을 결의한다.

하나, 우리는 부정부패와 정경유착을 근절하고, 국민의 염원인 정치개혁을 이룩하는 데 앞장설 것을 엄숙히 결의한다.

하나, 우리는 민족을 분열과 대립으로 몰아가는 냉전, 수구세력의 부활을 저지하고, 한반도의 평화정착과 남북통일을 이룩하는 데 앞장설 것을 결의한다.

하나, 우리는 지난 대선에서 국민이 보여준 참여정치의 열기를 결집하여, 국민이 정치의 주인이 되는 참여민주정치의 새로운 역사를 개척해 나갈 것을 결의한다.

하나, 우리는 양심적이고 개혁적인 각계각층의 역량을 총결집하여 다가오는 17대 총선에서 제1당이 되어 국민통합과 정치개혁이라는 우리에게 맡겨진 역사적 소명을 다할 것을 결의한다.

2003년 11월 11일

열린우리당 당원 일동

출처: 오마이뉴스(2007.5.7).

<부록 14-1> 참여정부평가포럼에서 행한 대통령 발언의 선거법위반여부 발표문

발표문

중앙선거관리위원회는 오늘 제8차 전체 위원회의에서, 지난 6월 2일 '참여정부평가포럼'에서 행한 대통령의 선거관련 발언의 공직선거법 위반여부에 관하여 심도있는 논의와 검토를 거쳐 다음과 같이 결정하였습니다.

먼저, 공직선거법 제9조가 규정한 공무원의 선거중립의무 위반여부에 관하여는, 대통령이 국정의 최고책임자이자 국민전체에 대한 봉사자로서 선거에서의 중립을 유지하여 공정한 선거가 실시되도록 총괄 감독해야 할 의무가 있음에도 불구하고 대통령 선거가 가까워져 오고 있는 시기에 다수인이 참석하고 일부 인터넷 방송을 통하여 중계된 집회에서 차기 대통령선거에 있어 특정 정당의 집권의 부당성을 지적하고, 후보자가 되고자 하는 자를 폄하하는 취지의 발언을 한 것은 대통령의 정치적 활동의 자유에 속한 단순한 의견개진의 범위를 벗어나 선거에 영향을 미치는 행위로서 위 법조가 정한 공무원의 선거중립 의무를 위반하였다고 결정하였습니다.

다음, 공직선거법 제60조·제254조 제2항이 정한 선거운동금지 위반여부에 관하여는 강연의 대상이 참여정부평가포럼 회원으로 국한되었고, 위와 같은 특정 정당이나 후보자가 되고자 하는 자에 대한 비판발언 내용은 참여정부의 정책에 대한 긍정적 평가와 함께 야당과 언론의 부정적 평가에 대한 반박과정에서 이루어진 것이어서 이를 후보자를 당선되게 하거나 낙선되게 할 목적으로 능동적·계획적으로 한 선거운동에 해당한다고 보기에는 미흡하여 위 법조에 위반하지 않는다고 판단하였습니다.

끝으로 참여정부평가포럼이 공직선거법 제87조 제2항의 사조직에 해당하는지 여부에 관하여는 위 포럼의 발족후 지금까지의 모든 활동 내용을 검토한 결과 후보자의 선거운동을 위한 사조직이라고는 보기 어렵다고 판단하였습니다.

우리선거관리위원회는 이번 사안이 선거운동에 해당한다고는 보기 어려우나 대통령의 선거에 있어서의 중립의무에 위반한다는 점을 명백히 하고 대통령에게 선거중립의무를 준수하고 앞으로 유사한 사안으로 선거법 위반 논란이 일어나는 일이 없도록 자제를 요청하는 공문을 즉시 발송하기로 하였습니다.

2007년 6월 7일
중앙선거관리위원회

<부록 14-2> 노무현 대통령의 선거관련 발언에 대한 중앙선거관리위원회 발표문

발 표 문

중앙선거관리위원회는 오늘 제9차 전체위원회의에서, 최근 대통령의 선거관련 발언의 공직선거법 위반여부에 대하여 심도 있는 논의를 거쳐 다음과 같이 결정하였습니다.

대통령은 국정의 최고책임자이자 국민전체에 대한 봉사자로서 선거에서의 중립을 유지하며 공정한 선거가 실시되도록 해야 할 의무가 있음에도,

6월 8일 원광대학교 강연과 6월 10일 6.10 민주항쟁 기념사 및 6월 13일 한겨레신문 인터뷰에서 특정 정당 및 후보자가 되고자 하는 자를 폄하하고 특정 정당에 대한 지지를 표명하고 여권의 대선 전략에 대해서 언급한 것은 공무원의 선거에서의 중립의무를 규정한 공직선거법 제9조를 위반하였다고 결정하였습니다.

다만, 대통령의 이러한 발언이 사전선거운동에 해당하는지의 여부에 관하여는 앞으로의 상황을 지켜본 뒤 결론을 내리기로 하였습니다.

우리 위원회는 지난 6월 7일 참여정부평가포럼에서의 대통령의 발언이 선거중립의무에 위반됨을 결정하고 대통령에게 선거중립의무 준수를 요청하였음에도, 재차 이러한 사태가 발생한 데 대해 깊은 유감을 표명하고 다시 한번 선거법 준수를 촉구하는 공문을 발송하기로 하였습니다.

우리 위원회에서는 다가오는 대통령선거가 공명정대하게 치러질 수 있도록 엄정한 법집행을 재삼 다짐함과 아울러 선거관리위원회의 독립성과 중립성을 훼손하는 행위에 대해서는 단호히 대처해 나가기로 결의하였습니다.

2007년 6월 18일

중앙선거관리위원회

<부록 15> 정동영 노인폄하발언(2004. 3.26)과 사과문(2004. 4. 2)

노인폄하발언

"미래는 20대와 30대들의 무대이고, 그런 의미에서 한 걸음만 더 나아가 생각해보면 60대 이상 70대는 투표 안해도 괜찮다"; "꼭 그 분들(60,70대)이 미래를 결정해놓을 필요는 없다. 그 분들은 어쩌면 이제 무대에서 퇴장하실 분들이니까… 그 분들은 집에서 쉬셔도 되고"; "다시 말하면 20,30대는 지금 뭔가 결정하면 (자신의) 미래가 결정되는 이해관계가 걸려 있으니 투표에 참여하는 게 이익"

출처: 이용훈· 이지은(2004.4.1).

정동영 의장 사과문 전문

죄송합니다. 엎드려 용서를 구합니다. 2~30代 젊은이들의 투표참여를 독려한다고 한 말이 크게 잘못됐습니다. 어르신들께서 나라의 건설과 민주화에 기여했듯이 2~30代 젊은이들도 나라를 위해 헌신해야 한다는 취지였습니다. 백배 사죄한다고 해서 어찌 그 노여움을 풀 수 있겠습니까. 저의 실언이 어르신들 마음에 상처를 드린 것에 대해 진심으로 속죄합니다. 송구스럽습니다. 정말 진심이 아니었습니다. 잘못된 발언이었음을 다시 한번 사죄드립니다. 진노하셨을 어르신들께 거듭 죄송하다는 말씀을 올립니다. 제가 행한 잘못된 발언을 모두 거두고 이렇게 정정하여 바로잡겠습니다.

"2~30代 젊은이들이 더 열심히 참여하고 뛰어야 합니다. 그래야 피와 땀과 눈물로 오늘의 이 나라를 있게 한 어르신들의 인생과 노후를 의미 있고 편안하게 해 드릴 수 있습니다.

또한 어르신들도 함께 뛰어주셔야 합니다. 우리사회의 여러 문제 해결을 위해 어르신들의 지혜를 활용해야 합니다. 국민통합을 위해 젊은 사람들의 에너지와 어르신들의 지혜를 하나로 모아 노소통합을 먼저 이룩해야합니다. 그래야 이 나라의 과거 역사뿐 아니라 미래역사도 더욱 의미 있고 충실하게 열어갈 수 있습니다"

… (중략) …

용서해주시고 지켜봐 주십시오. 더 조심하고 더 열심히 노력하겠습니다.

2004. 4. 2.

열린우리당 당의장 정 동 영

출처: 한겨레 신문(2004.4.2).

<부록 16> 제15대·제16대 대선지지율 추이

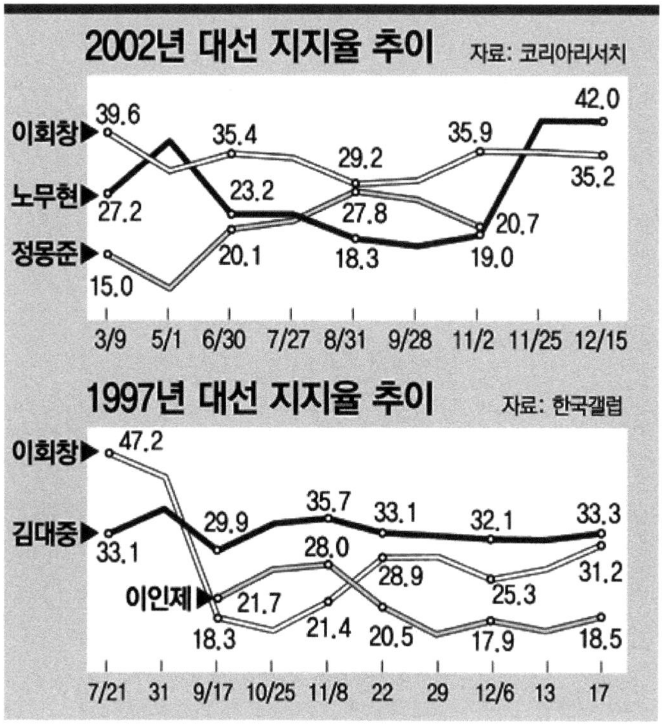

출처: 동아일보(2007/10/18, http://news.donga.com/3/all/20071018/8501684/1)

<부록 17-1> '부산정권' 발언관련 문재인의 고백

… (중략) … 기자가 "이번 지방선거를 어떻게 예상하고 있으며, 어떤 선거가 되기를 바라느냐"고 질문했다. 나는 작심하고 부산시민들의 지역주의를 비판했다. "노 대통령 당선이 부산의 지역주의를 완화시키는 계기가 될 것으로 기대했는데, 오히려 지역주의가 더 강고해져 유감이다. 대통령이 부산 출신이고 또 부산에 애정을 많이 가지고 있으니, 부산 시민들이 웬만하면 부산정권이라 생각하고 애정을 가져줄 만한데 전혀 안 그렇지 않느냐, 나는 부산사람들이 왜 참여정부를 부산정권으로 생각하지 않는지 이해가 안 간다. 이번 지방선거가 그러한 강고한 지역주의를 허무는 선거가 됐으면 좋겠다." 정확하진 않지만 대강 그런 취지로 답했다 … (중략) … 그 자리에 없었던 어느 신문이 내가 한 발언 중 '부산정권' 부분만 끄집어내, 내가 부산정권을 내세우면서 지역주의를 부추겼다고 시비를 걸었다. 그런데 열린우리당 사람들이 그 기사를 보고 발끈해서 정색을 하고 나를 비난하고 나섰다. 망국적인 지역감정을 조장하는 발언이라고도 하고, 국민을 모욕하는 발언이라고도 하고, 광주·호남 사람들의 지지로 참여정부가 출범한 것을 잊은 부적절한 발언이라고도 했다. 그러자 거의 모든 언론이 그 비난을 크게 보도하면서 순식간에 엄청난 일이 돼 버렸다. 정말 당혹스럽고 후회스러웠다. '부산정권' 같은 오해소지가 많고, 시비소지가 많은 말을 내입으로 한 것도 후회됐고, 선거 돕는다고 그 기자간담회에 갔던 것도 후회됐다. 그보다 더 당혹스러웠던 것은 열린우리당이었다. … (중략) … 그 발언의 파문으로 인해 특히 민주당과 대결했던 호남지역에서는 상대후보의 공격소재가 되면서 어려움을 많이 겪었다고 들었다. 참으로 미안한 일이었다. 피해를 입은 분들께 사과드린다.

출처: 문재인(2011, pp.330~332)

<부록 17-2> 국민참여통합신당 창당 발기 취지문

[새로운 정치 잘사는 나라를 향하여]

존경하는 국민 여러분! 국민참여통합신당 발기인 동지 여러분! 우리는 지난 대선에서 역사적인 승리를 이룩하였습니다 민주화의 그늘에 암처럼 번져버린 낡은 정치를 누르고 국민통합의 새로운 시대를 맞이하였습니다. 그리고 부패와 위선, 지역주의와 결별하고 새로운 정치를 선언하였습니다.

새로운 정치는 모두에게 꿈과 기회가 열려 있는 공정한 사회, 선진한국으로 도약하는 지름길입니다. 우리의 목표는 선진한국입니다. 권력과 기회, 부의 가치가 국민의 손에 쥐어진 깨끗한 한국을 만드는 것입니다. 하지만 부정부패와 소수의 특권, 밀실야합과 지역주의에 물든 낡은 정치가 국민의 권력, 국민의 부, 국민의 기회를 빼앗고 있습니다. 새로운 정치는 국민과 함께 이 장애물을 제거하고 모든 국민들이 꿈을 가지고 그 꿈을 성취하게 하는 것입니다. 우리는 오늘 새로운 정치의 실현과 선진한국으로의 도약을 위하여 국민참여 통합신당 참여 발기인 국민참여운동본부를 발족합니다. 아울러 굴곡의 50년 한국 정치역사에 무한한 책임을 느끼며 새로운 정치시대를 활짝 열 것을 약속드립니다.

우리의 약속을 핵심 5대 과제로 요약하면 지역주의 청산, 정당민주화, 정치자금의 투명화, 국정안정화를 통한 정책정당, 글로벌마인드를 갖춘 현대정당입니다.

국민참여통합신당은 사회에 공헌하고 봉사하는 정당입니다 국민참여 통합신당은 당의 이익을 떠나 국가와 국민의 이익을 위해 일하는 국정책임정당, 경제우선 정당입니다. 국민참여통합신당은 국민의 목소리를 경청하는 듣는 정당 정책을 국민이 만드는 눈높이 정당이며 정책정당입니다. 국민참여통합신당은 미래의 통량인 젊은 일꾼을 키워주고 평화통일을 추구하며 전자정당을 실현하는 미래형 정당입니다. 국민참여통합신당은 지역분열정치를 극복하고 양성평등 성 세대 종교 문화 이념의 차이를 넘어 연대와 협력을 추구하는 국민통합정당입니다. 국민참여 통합신당은 당원을 잡은 사람이 독식했던 공천원을 당원과 국민들에게 돌려주는 명실상부한 국민공천권시대를 열어나갈 것입니다.

우리는 새로운 정치의 모습을 발기인 모집과정에서부터 실현할 것입니다. 참여로 투명한 창당기금을 만들고 공개로 국민이 신뢰하는 깨끗한 정치를 만들겠습니다. 철저하게 발기인의 결정으로 하나하나 일궈나가는 국민참여 통합신당을 추진할 것입니다. 존경하는 발기인 동지 여러분. 우리는 다음총선에서 100석 이상의 전국정당으로 국정을 책임지는 다수당이 될 것입니다. 국민의 선택을 믿습니다. 국민은 지역주의에 기반하는 노쇠한 정당을 선택하지 않을 것입니다 당의 민주적 의사결정을 스스로 포기하며 공당으로서 기능을 상실한 정당을 선택하지 않습니다 한국정치의 미래를 제시하지 못하고 눈앞에 기득권을 추구하는 정당을 지지하지 않습니다.

존경하는 국민여러분 ! 우리는 국정책임정당입니다 참여정부의 국정안정화를 위해 건강한 비판과 협력을 아끼지 않을 것입니다. 국민여러분 우리는 지난해를 통해 불가능하다고 생각했던 일들을 가능하게 만들었습니다. 월드컵 4강 신화가 그랬고 노무현 대통령 당선이 그랬습니다. 이 모두가 국민의 자율과 참여에 의해 만들어진 국민승리의 역사입니다. 우리는 이신화가 국민참여통합신당을 통해 다시한번 구현되리라 믿습니다.

2003.10.13

국민참여통합신당 주비위원회

출처: 폴리뉴스. http://m.polinews.co.kr/section_view.html?no=5100

<부록 18> 고 노무현 대통령 영결식 김대중 대통령의 추도사

<우리가 깨어 있으면 노무현은 죽어서도 죽지 않습니다.>

나는 지금도 그날을 잊을 수가 없습니다. 동교동에서 독일 《슈피겔》 지와 인터뷰를 하다가 비서관으로부터 노무현 전 대통령의 서거 소식을 전해 들었습니다. 그때 나는 "내 몸의 반이 무너진 것 같다."고 했습니다. 왜 그때 내가 그런 표현을 했는지 생각해봅니다.

그것은 우리가 함께 살아온 과거를 돌아볼 때 그렇다는 것만이 아니었습니다. 나는 노 전 대통령 생전에 민주주의가 다시 위기에 처해지는 상황을 보고 아무래도 우리 둘이 나서야 할 때가 머지않아 있을 것 같다고 생각해왔습니다. 그러던 차에 돌아가셨으니 그렇게 말했던 것입니다.

나는 상주 측으로부터 영결식 추도사 부탁을 받고 마음속으로 준비하고 있었습니다. 그런데 하지 못했습니다. 정부 측에서 반대했다고 들었습니다.

그때 나는 어이없기도 하고 그런 일을 하는 정부에 연민의 정을 느꼈습니다. 마음속에 간직한 추도사는 하지 못한다고 해서 없어지는 게 아닙니다. 영결식장에서 하지 못한 마음속의 그 추도사를 《노무현, 마지막 인터뷰》의 추천사로 대신합니다. 노무현 대통령 당신, 죽어서도 죽지 마십시오. 우리는 당신이 필요합니다. 노무현 당신이 우리 마음속에 살아서 민주주의 위기, 경제 위기, 남북관계 위기, 이 3대 위기를 헤쳐 나가는 데 힘이 되어주십시오.

당신은 저승에서, 나는 이승에서 우리 모두 힘을 합쳐 민주주의를 지켜냅시다. 그래야 우리가 인생을 살았던 보람이 있지 않겠습니까. 당신같이 유쾌하고 용감하고, 그리고 탁월한 식견을 가진 그런 지도자와 한 시대를 같이했던 것을 나는 아주 큰 보람으로 생각합니다.

저승이 있는지 모르지만 저승이 있다면 거기서도 기어이 만나서 지금까지 하려다 못한 이야기를 나눕시다. 그동안 부디 저승에서라도 끝까지 국민을 지켜주십시오. 위기에 처해 있는 이 나라와 민족을 지켜주십시오.

노무현 전 대통령의 서거 소식을 접하고 우리 국민들은 엄청난 충격을 받았고 조문객이 500만에 이르렀습니다. 나는 그것이 한과 한의 결합이라고 봅니다. 노무현의 한과 국민의 한이 결합한 것입니다.

노무현 전 대통령은 억울한 일을 당해 몸부림치다 저세상으로 갔습니다. 우리 국민들도 억울해하고 있습니다. 나도 억울합니다. 목숨 바쳐온 민주주의가 위기에 처해 있으니 억울하고 분한 것입니다.

우리의 민주주의가 어떻게 만든 민주주의입니까. 1980년 광주에서 얼마나 많은 사람이 죽었습니까. 1987년 6월 항쟁을 전후해서 박종철 학생, 이한열 학생을 포함해 민주화 과정에서 얼마나 많은 사람들이 죽었습니까.

그런데 독재정권, 보수정권 50여 년 끝에 국민의 정부, 참여정부가 10년 동안 이제 좀 민주주의를 해보려고 했는데 어느새 되돌아가고 있습니다. 민주주의가 되돌아가고 경제가 양극화로 되돌아가고, 남북관계가 위기를 맞고 있습니다. 나는 이것이 꿈 같습니다, 정말 꿈같습니다.

이 책에서 노 전 대통령은 "각성하는 시민이어야 산다.", "시민이 각성해서 시민이 지도자가 될 정도로 돼야 한다."고 말했습니다. 이것은 내가 말해온 '행동하는 양심'과 같은 것입니다. 우리 모두 행동하는 양심, 각성하는 시민이 됩시다. 그래야 이깁니다. 그래야 위기에 처한 민주주의를 살려낼 수 있습니다.

그 길은 꼭 어렵지만은 않습니다. 자기가 할 수 있는 범위 내에서 행동하면 됩니다. 무엇보다 바르게 투표하면 됩니다. 인터넷 같은데 글을 올릴 수도 있습니다. 여론조사에서 민주주의 안 하는 정부는 지지 못한다고 할 수도 있습니다. 민주주의가 위기일 때, 그것조차 못한다면 좋은 나라와 민주국가 이런 말을 우리가 할 수 있겠습니까.

국민 여러분,

노무현 대통령은 타고난, 탁월한 정치적 식견과 감각을 가진 우리 헌정사에 보기 드문 지도자였습니다. 노무현 대통령은 어느 대통령보다도 국민을 사랑했고, 가까이 했고, 벗이 되고자 했던 대통령입니다.

노무현 대통령은 항상 서민 대중의 삶을 걱정하고 그들이 사람답게 사는 세상을 만드는 것을 유일하게 자신의 소망으로 삼았습니다. 노무현 대통령은 부당한 조사 과정에서 갖은 치욕과 억울함과 거짓과 명예훼손을 당해 결국 국민 앞에 목숨을 던지는 것 외에는 자기의 결백을 밝힐 길이 없다고 해서 돌아가신 것입니다. 우리는 그것을 다 알고 500만이 통곡했습니다.

그분은 보기 드문 쾌남아였습니다. 우리는 우리 시대에 인간적으로나 정치적으로나 노무현 대통령과 같은 훌륭한 지도자를 가졌던 것을 영원히 기억해야겠습니다. 그리고 그분이 바라던 사람답게 사는 세상, 남북이 화해하고 평화적으로 사는 세상, 이런 세상을 위해서 우리가 뜻을 계속 이어가서 끝내 성취하도록 노력해야 할 것입니다.

만일 우리가 그렇게 노력하면 노무현 대통령은 서거했다고 해도 서거한 것이 아닙니다. 반대로 우리가 아무리 500만이 나와서 조문했다고 하더라도 노무현 대통령의 그 한과 억울함을 푸는 노력을 하지 않으면 그분의 죽음은 허망한 것으로 그치게 될 것입니다. 우리 모두 노무현 대통령을 역사에 영원히 살리도록 노력합시다.

민주주의를 사랑하는 여러분,

나는 비록 몸은 건강하지 못하지만 그래도 마지막 날까지, 민주화를 위해 목숨 바친 사람들이 허무하게 생각하지 않도록, 민주주의를 지키기 위해 내가 할 일을 하겠습니다. 여러분들은 연부역강(年富力强)하니 하루도 쉬지 말고 뒷일을 잘해주시길 바랍니다.

나와 노무현 대통령이 자랑할 것이 있다면 어떤 억압에도 굴하지 않고 민주주의, 서민경제, 남북평화를 위해 일했다는 것입니다. 이제 후배 여러분들이 이어서 잘해주길 부탁합니다.

나는 이 책 《노무현, 마지막 인터뷰》가 그런 후배 여러분의 정진에 큰 보탬이 될 것이라 믿어 의심치 않습니다.

노무현 전 대통령이 인터뷰하고 오연호 대표 기자가 쓴 이 책을 보니 정치인 노무현은 대통령이 되기 전후에 국민의 정부와 김대중을 공부했다고 합니다. 여러분은 이 책으로 참여정부와 노무현을 공부하십시오.

그래서 민주정부 10년의 가치를 재발견해 계승하고, 극복할 것이 있다면 그 대안을 만들어내서, 결국 민주주의를 위기에서 구하고 더욱 풍요롭게 만들어가길 부탁드립니다. 우리가 깨어 있으면 노무현 전 대통령은 죽어서도 죽지 않습니다.

2009년 5월 29일

15대 대통령 김대중

<부록 19> 김대중·노무현 시대의 재보궐선거 결과

연도	월일	국회의원 당선자(정당)	지방선거 당선자(정당)
1998	4.2	한 4	
	7.21	한 4, 새국 2, 자 1	
	11.26		기초단체장: 무 1
1999	3.30	새국 1, 자 1	기초단체장: 한 1
	6.3	한 2	
	8~12	한 3, 무 1, 새국 3, 민노 1	기초단체장: 한 3, 새국 3, 무 1, 민노 1
2000	1.25		기초단체장: 한 2
	6.8		기초단체장: 한 4, 새민 1, 자 2 광역의원 32, 기초의원 57
	10.26		기초단체장: 자 1, 무 1
2001	4.26		기초단체장: 한 4, 자 1, 무 2 광역의원 6, 기초의원 14
	10.25	한 3	
2002	8.8	한 11, 새민 2	
	12.19	한 1	기초단체장: 무 1 광역의원 3, 기초의원 4
2003	4.24	한 2, 개혁국민정당1	기초단체장: 한 1, 무 1, 광역의원: 한 1, 새민 2, 무 0, 민노 0, 자 1, 기초의원 23
	10.30		기초단체장: 한 1, 자 1, 국중 1, 무 1, 광역의원: 한 6, 새민 1, 무 2, 기초의원 66
2004	6.5		광역단체장: 한 3, 새민 1, 기초단체장: 한 13, 새민 1, 무 2, 열 3, 광역의원 38, 기초의원 53
	10.30		기초단체장: 한 2, 새민 2, 열 1, 광역의원: 한 5, 새민 1, 무 1,

			기초의원 35
2005	4.30	한 5, 무 1	기초단체장: 한 5, 새민 1, 무 1, 광역의원: 한 8, 새민 1, 무 1, 기초의원 21
	10.26	한 4	
2006	7.26	한 3, 새민 1	
2007	4.25	한 1, 새민 1, 국중 1	기초단체장 : 한 1, 무 5, 광역의원: 한 3, 무 6, 기초의원: 열 1, 한 17, 민6, 국중 2, 무 12
	12.19		기초단체장: 대통 3, 한 4, 국중 1, 무 5, 광역의원: 대통 4, 한 7, 무 1, 기초의원: 대통 2, 한 20, 무 3

* 한: 한나라당, 새국: 새정치국민회의, 자: 자민련, 무: 무소속, 새민: 새천년민주당, 국중: 국민중심당, 열: 열린우리당, 민노: 민주노동당, 대통: 대통합민주신당

<부록 20> 노무현의 대통령 연임제 제안: "개헌과 관련하여 국민 여러분께 드리는 말씀"

국민 여러분께 드리는 말씀

국민 여러분, 새해, 여러분의 건강과 행복을 기원합니다.

올해는 87년 6월 민주항쟁 20년이 되는 해입니다. 또한 6월항쟁의 결실로 개정된 현행 헌법이 시행된 지 20년을 맞는 해이기도 합니다. 헌법은 국가와 공동체의 기본 규범이자 시대정신과 가치가 제도화된 틀입니다. 현행 헌법 아래 우리는 국민의 손으로 직접 대통령을 선출하고, 국민의 선택에 따라 정권을 교체하는 민주주의를 실현했습니다. 또한 권위주의와 특권구조를 청산하고, 공정하고 투명한 민주사회의 기틀을 완성했습니다.

그러나 20년이 지난 현 시점에서 우리 헌법은 이제 새로운 시대정신에 부합하는 규범을 담아야 할 필요성이 높아지고 있습니다.

오래전부터 정치권과 학계, 시민사회에서 헌법 개정에 대한 문제 제기가 있었습니다. 지난 '97년 대통령 선거 때는 '내각제 개헌'이 공약으로 제시되었고, 2002년 대통령 선거에서도 양당의 후보 모두가 '임기 안에 국민의 뜻을 모아 개헌을 추진하겠다.'고 공약한 바 있습니다.

헌법은 대한민국 공동체의 최고 규범이므로 그 개정은 국민적 합의가 전제되어야 합니다. 각자가 이상적으로 생각하는 개헌을 주장하다 보면, 가치와 이해관계가 충돌하면서 합의를 이루기도, 실현하기도 어렵습니다. 지금까지 개헌 주장과 논의가 지속적으로 제기되었지만 진전되지 못했던 것은 그 때문이라고 생각합니다.

따라서 저는 국민적 합의 수준이 높고 시급한 과제에 집중해서 헌법을 개정하는 것이 필요하다는 판단에서 대통령 4년 연임제 개헌을 제안합니다.

87년 개헌과정에서 장기집권을 제도적으로 막고자 마련된 대통령 5년 단임제는 이제 바꿀 때가 되었습니다. 선거의 공정성과 투명성이 비약적으로 제고되고 국민의 민주적 역량이 성숙한 오늘의 대한민국 현실에서 단임제가 추구했던 장기집권의 우려는 사라졌고, 오히려 많은 부작용이 나타나고 있습니다.

단임제는 무엇보다 대통령의 책임정치를 훼손합니다. 대통령의 국정수행이 다음 선거를 통해 평가받지 못하고, 또한 국가적 전략과제나 미래과제들이 일관성과 연속성을 갖고 추진되기 어렵습니다. 특히 임기 후반기에는 책임있는 국정운영을 더욱 어렵게 만들어 국가적 위기를 초래하기도 합니다.

대통령 5년 단임제를 임기 4년에 1회에 한해 연임할 수 있게 개정한다면 국정의 책임성과 안정성을 제고하고, 국가적 전략과제에 대한 일관성과 연속성을 확보하는 데 크게 기여할 것입니다.

대통령 임기를 4년 연임제로 조정하면서, 현행 4년의 국회의원과 임기를 맞출 것을 제안합니다. 현행 5년의 대통령제 아래서는 임기 4년의 국회의원 선거와 지방자치단체 선거가 수시로 치러지면서, 정치적 대결과 갈등을 심화시키고, 적지 않은 사회적 비용을 유발하여 국정의 안정성을 약화시킵니다.

대통령 4년 연임제와, 대통령과 국회의원 임기 일치 문제는 정치권, 학계, 시민사회, 국민들 사이에서 이미 오래전부터 공론화되어왔고 합의 수준도 높습니다. 2002년 대선에서도 후보들이 공약해왔고, 지금 여야의 정치 지도자들도 필요성을 말한 바 있고, 지난해 말 정기국회에서도 대표연설과 대정부질문 등을 통해 제기된 바 있습니다.

정치권 일부에서는 다가오는 대통령 선거에서 공약하고 차기 정부에서 개헌을 추진하자고 합니다. 하지만 차기 정부에서의 개헌은 사실상 불가능합니다. 차기 국회의원은 2012년 5월에 임기가 만료되고, 차기 대통령은 2013년 2월에 임기가 만료되므로 단임 대통령의 임기를 1년 가깝게 줄이지 않으면 개헌이 불가능하게 되어 있기 때문입니다.

대통령이든 국회의원이든 임기를 줄인다는 것은 대통령이나 국회의원 어느 쪽도 수용하기 어려우므로 사실상 불가능한 일입니다.

따라서 우리 헌법상 대통령과 국회의원의 임기를 특별히 줄이지 않고 개헌을 할 수 있는 기회는 20년 만에 한번 밖에 없습니다. 이번을 넘기면 다시 20년을 기다려야 합니다.

대통령 선거를 앞둔 시점에 대통령이 갑작스럽게 개헌을 제안하는 것은 어떤 정략적인 의도가 있는 것 아니냐는 비판이 있을 것입니다. 그러나 결코 어떤 정략적인 의도도 없습니다.

대통령 4년 연임제, 대통령과 국회의원의 임기를 일치시키는 개헌은 대통령 선거를 앞둔 어느 정치세력에게도 유리하거나 불리한 의제가 아닙니다. 누가 집권을 하든, 보다 책임있고 안정적으로 국정을 운영할 수 있는 기반을 만들자는 것입니다. 따라서 단지 당선만 하려는 사람이 아니라 책임있게 국정을 운영하려는 사람이라면 누구라도 이 개헌을 지지하는 것이 사리에 맞을 것입니다.

저는 그동안 정치권의 논의를 기다려 왔습니다. 그러나 이제는 더 이상 기다릴 만한 시간적인 여유가 없는 것 같습니다. 저는 후보로서 그리고 당선자로서 국민에게 약속한 공약에 대하여 무거운 책임감을 가지고 있습니다. 그리고 저는, 스스로 개헌 발의권을 가지고 있으면서, 지금 당장 정치권 전체의 합의가 이루어져 있지 않다는 이유만으로 국가의 미래를 위하여 반드시 해야 할 중차대한 국가적 과제를 처리하지 않고 미루다가, 20년 만에 한번 오는 기회를 떠내려 보낸다는 것은 대통령의 책임을 다하지 않는 것이라는 생각을 가지고 있습니다.

그래서 저는 오늘 국민 여러분에게 이 제안을 드립니다. 저는 지금부터 국민 여러분과 여야 정치권의 의견을 수렴할 것입니다. 찬반 의견뿐만 아니라, 4년 연임제의 범위 안에서 바람직한 개헌의 내용에 관해서도 의견을 들을 것입니다. 저에게 주어진 권한과 의무를 행사하지 않아야 할 명백한 사유가 없는 한, 너무 늦지 않은 시기에 헌법이 부여한 개헌 발의권을 행사하고자 합니다.

국민적 합의 수준이 높고 이해관계가 충돌하지 않는 의제에 집중한다면, 빠른 시일 내에 국회의 의결과 국민투표를 통해 개헌을 완료할 수 있을 것입니다.

21세기 새로운 한국을 위하여 권력구조 문제를 비롯하여 우리 헌법의 많은 부분을 손질해야 한다는 의견이 있다는 사실은 저도 잘 알고 있습니다. 그러나 이번에 대통령과 국회의원의 임기를 일치시키는 개헌을 해놓지 않으면, 앞으로 20년 동안은 논의만 무성할 뿐, 개헌은 이룰 수 없는 상황이 되고 말 것입니다. 이번 개헌이 이루어지고 나면, 이제 시기의 제한이 없이 우리 헌법을 손질하는 개헌이 가능해질 것입니다.

지금 우리는 변화의 속도가 국가의 흥망을 좌우하는 시대에 살고 있습니다. 변화가 필요할 때 변화하지 않으면 세계 경쟁에서 낙오할 수밖에 없습니다. 개혁이 필요할 때 개혁을 이루는 것이 성공하는 대한민국으로 가는 길입니다.

당장의 정치적 이해관계를 셈할 일이 아닙니다. 셈을 하더라도 셈을 정확하게 하면 모두에게 이익만 있을 뿐, 누구에게도 손해가는 일이 아니라는 것은 금방 이해할 수 있는 일입니다.

대한민국의 미래와 정치 발전을 위해서는 불합리한 제도는 고쳐서 합리적인 제도 위에서 다음 정부가 출범하여 보다 강력한 추진력으로 책임있게 국정을 수행하는 게 바람직합니다. 정치권과 국민 여러분의 결단을 당부드립니다.

감사합니다.

2007년 1월 9일 대통령 노무현

<부록 21> 총선참여 정당수와 당선자배출 정당수(1대~19대)

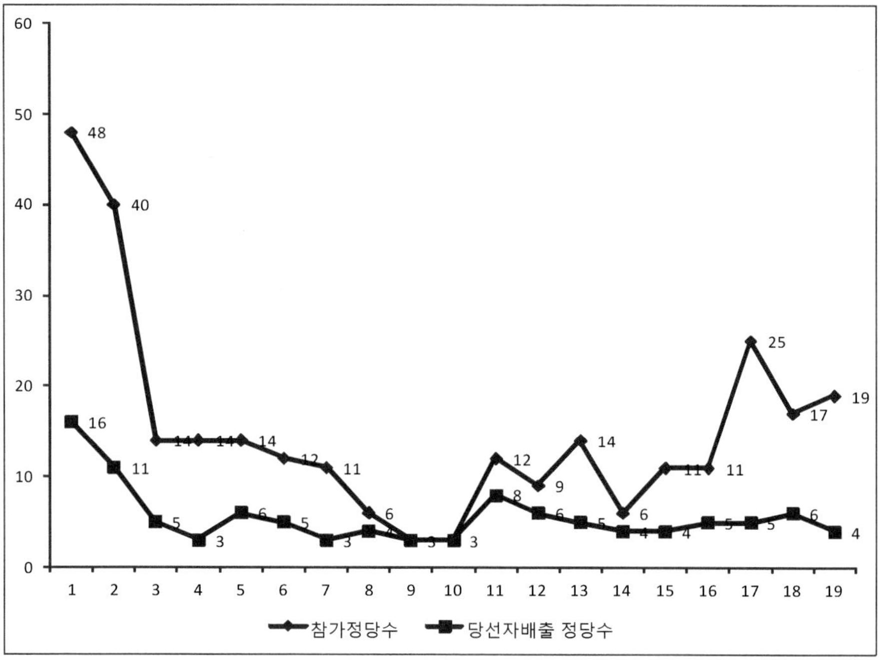

출처: 홍득표(2009, 270) 표 1, 중앙선거관리위원회 역대선거정보.

<부록 22> 지역균열지수

	정당	전국득표율(%)	지역득표율(%)	지역균열지수
13대	민정당/통일민주당	57.8	79.4	1.37
(1988)	평민당	19.3	69.1	3.58
	공화당	15.6	42.1	2.70
14대	민자당(경상)	38.5	70.1	1.82
(1992)	민주당	29.2	62.1	2.13
	민자당(충청)	38.5	40.1	1.04
15대	신한국당	34.5	43.8	1.27
(1996)	국민회의	25.3	71.6	2.83
	자민련	16.2	47.0	2.90
16대	한나라당	39.0	56.0	1.44
(2000)	새천년민주당	35.9	66.8	1.86
	자민련	9.8	34.8	3.55
17대	한나라당	35.7	52.1	1.46
(2004)	열린우리당/새천년민주당	45.4	81.2	1.79
	자민련	2.8	15.6	5.57
18대	한나라당/친박연대	50.7	69.5	1.37
(2008)	통합민주당	25.2	66.8	2.65
	자유선진당	6.8	29.3	4.30
19대	새누리당	42.8	58.2	1.36
(2012)	민주통합당/정통민주당	36.7	66.4	1.81
	자유선진당	3.2	15.1	4.72

출처: 정병기(2012)

<부록 23> 김영삼 정부와 이명박 정부 시기까지의 사건사 연표

해당 시기	일자	사건사명	내용	비고
김영삼 정부	1996.4.11	제15대 총선		
	1997.11.21	IMF 금융위기	국제통화기금(International Monetary Fund, 이하 IMF) 구제금융신청	
	1997.11.3	DJP 연합	김대중·김종필의 '야권후보 단일화 합의문 서명식'	
김대중 정부	1997.12.18	제15대 대선	대선 4수만에 김대중 당선	
	1998.2.25	국민의 정부 출범	국민회의와 자민련의 공동정부 출범	
	1998.6.4	제2회 지방선거	국민회의-자민련 연합의 승리; 집권당 선전	
	2000.1.11	낙선운동	경제정의실천시민연합(경실련)의 낙천대상자 명단 발표	
	2000.4.13	제16대 총선	집권당 선전	
	2000.6.13~15	1차 남북정상회담	김대중-김정일 정상회담, 6.15 공동선언 발표	
	2002.1~7	김대중 정부 비리 사건	이용호 게이트로 인해 신승남 검찰총장이 사퇴(1.14); 김근태 의원의 불법정치자금 공개 파문(3.3); 진승현 게이트로 인해 권노갑 민주당 고문 구속(5.24); 김홍걸 구속(5.24), 김홍업 구속(7.10)	
	2002.3.9~4.26	민주당 국민참여경선	노무현 대선후보선출	
	2002.5.31~6.30	한일 월드컵 개최	한국 월드컵 4강 진출과 정몽준 인기 상승	
	2002.6.13	제3회 지방선거	민주당 참패와 대선후보교체론 부상	
	2002.6.13	여중생 사망사건	두 명의 여중생이 미군의 장갑차에 치어 사망	
노무현 정부	2002.12.19	제16대 대선	노무현 당선, 3김 시대의 종결	
	2004.3.12	노무현 대통령 탄핵 국회가결	정치적 중립 위반혐의로 노무현대통령 탄핵안가결(5.14 헌법재판소 기각)	

	2004.4.15	제17대 총선	열린우리당 압승, 자민련 몰락, 민주노동당 약진	
	2006.5.31	제4회 지방선거	한나라당 압승	
	2007.10.2~4	2차 남북정상회담	평양에서 노무현-김정일 정상회담, 2007 남북정상선언문 발표	
이명박 정부	2007.12.19	제17대 대선	이명박 당선	
	2008.4.9	제18대 총선	한나라당 승리(과반수 의석 차지)	
	2010.3.26	천안함 사건	남한의 초계함인 천안함 침몰	
	2010.6.2	제5회 지방선거	민주당 선전	
	2010.11.23	연평도 사건	연평도에 북한군이 포격	
	2011.12.17	김정일 사망	김정일(1941~2011) 사망	
	2012.4.11	제19대 총선	새누리당 승리	
	2012.12.19	제19대 대선	박근혜 당선	

<부록 24> 김영삼 정부와 이명박 정부 시기까지의 정당 연표

해당 시기	일자	내용	비고
김영삼 정부	1997.10.10	이인제의 국민신당 창당(~1998.9 해산)	
	1997.11.21	한나라당 창당(~2012.2.12 해산)	
김대중 정부	2000.1.20	국민회의(1995.9.5 창당) 해산과 새천년민주당(~2006.6.27)창당	
	2000.1.30	민주노동당 창당(~2012.1 해산)	
	2002.4.26	한국미래연합 창당	
노무현 정부	2003.11.11	열린우리당 창당(~2007.8.18 해산)	
	2006.4.7	자민련 해산	
	2006.1.17	국민중심당 창당(~2008.2.12. 해산)	
	2007.8.5	대통합민주신당 창당	
	2007.8.20	열린우리당 해체	
이명박 정부	2008.2.12	자유선진당 창당	
	2008.2.17	통합민주당 창당(대통합민주신당+민주당)	
	2011.12.12	통합진보당 창당	
	2011.12.16	민주통합당 창당(시민통합당+민주당)	
	2012.5.29	자유선진당이 선진통일당으로 개명	
	2012.2.12	새누리당 창당	
	2012.10.25	선진통일당과 새누리당 합당	

찾아보기

[기타]

[저자 약력]

지 병 근

고려대학교 중어중문학 학사 및 정치외교학 석사
University of Missouri 정치학 박사
고려대학교 아세아문제연구소 선임연구원
고려대학교 평화연구소 연구교수
호남정치학회·호남국제정치학회 부회장
현) 조선대학교 정치외교학과 부교수
한국정당학회 부회장
21세기정치학회 편집이사
한국민주시민학회 연구이사

주요 논문

2008. Economic Origins of Electoral Support for Authoritarian Successors. Comparative Political Studies.

2008. Anti–Americanism and Electoral Politics in Korea. Political Science Quarterly.

2009. Public Support for Regional Integration in Northeast Asia. International Political Science Review.

2011. South–North Divide and Political Tolerance. Korea Observer(공저).

2016. Book Review: New Challenges for Maturing Democracies in Korea and Taiwan. Pacific Affairs.

2010. 후보선출권자의 개방과 분권화가 대안인가?「현대정치연구」

2012. 투표율 상승이 민주통합당에게 이로울까?「한국정치연구」

2013. 한국인의 이념적 성향과 민주주의 인식.「국가전략」

2014. 민주주의와 정교분리.「한국정치학회보」

2015. 민주화 이후 지역감정의 변화와 원인.「한국정당학회보」

외 다수

주요 저서

2011. Public Diplomacy and Soft Power in East Asia. Palgrave–Macmillan(공저)

2012. Governmental Changes and Party Political Dynamics in Korea and Japan. Bokutakusha(공저)

2009.「현대비교정치이론과 한국적 적용」 법문사(공저)

2013.「변화하는 한국유권자 5」 동아시아연구원(공저)

2015.「한국의 선거 VI: 2014년 지방선거 분석」 오름(공저)

2015.「민주당계승정당연구」 전남대학교출판부(공저)

외 다수

한국의 선거 60년사 ⑤

김대중·노무현 정부 시기의 선거

초판인쇄 2016년 9월 26일
초판발행 2016년 9월 30일

지은이 지병근
펴낸이 김중용

총괄기획 박노일
편 집 심성보·김인숙

펴낸곳 마인드탭 MIND TAP
경기도 파주시 책향기로 441, 1004동 1004호(동패동, 책향기마을)
등록 제406-2014-000093호
전 화 070)7550-3758 팩 스 02)718-8554
홈페이지 www.mindtap.co.kr 이메일 pnc@pncmedia.co.kr
ISBN 979-11-86672-38-9 94340
979-11-86672-36-5 (세트)

※ 마인드탭은 피앤씨미디어의 자매 브랜드입니다.

정 가 20,000원